HIGH
LINE

지난 2011년 뉴욕 시에 재밌는 공원이 들어섰답니다. 바로 뉴욕의 새로운 랜드마크가 된 '하이라인 공원'이지요. 하이라인 공원은 30년이나 방치된 낡은 고가 철로를 철거하는 대신 하늘에 떠 있는 녹색 공원, 도심 속 자연의 길을 선택한 결과물이었답니다. 그리하여 하이라인 공원은 최근 서울의 세운상가 관련 재개발 계획에서도 그렇고 도심 재개발에 관한 논의에서 빠지지 않고 등장하는 롤모델이 되었지요.

하이라인 공원이 조명을 받는 것은 건축조경사적 측면과 도시 공간의 재해석 차원에서 역사적인 한 걸음을 내딛었기 때문이기도 했지만 무엇보다 지자체에서 기획한 재개발이 아닌 시민들이 힘을 합쳐 만든 풀뿌리 민주주의의 놀라운 결실이었다는 점이 특별했기 때문이랍니다. 도심의 흉물로 손가락질 받던 녹슨 철로를 뉴욕의 랜드마크로 재탄생시킨 힘은 놀랍게도 그곳에 사는 동네 주민과 시민들이었지요.

바로 두 젊은이가 그 주인공이었답니다. 고가 철거를 위한 지역 공청회에서 만난 두 젊은이는 낡고 쓸모없는 것이라고 무조건 철거해서 없애는 방식에 동의하지 않았지요. 대신 지난 세월의 유산을 보존해서 잘 가꿔야 한다는 데 뜻을 같이 했답니다. 그리고 '하이라인 친구들'이라는 시민단체를 만들었지요. 이 두 젊은이의 주장에 영화배우 에드워드 노턴, 기업가 마사 스튜어트 등 유명 인사들은 물론 뉴욕의 수많은 시민들이 지지하면서 마침내 이익집단로부터 철거를 막아냈기에 이르렀지요. 그리고 뉴욕 시는 그들이 상상력을 발휘할 수 있도록 도움을 주었답니다. 덕분에 100여 년 전 산업 시대가 낳은 버려진 유물이 오늘날 뉴욕의 대표적인 관광 상품이 되었지요.

하이라인의 대성공 이후 전 세계 도시 재개발 기획에 일대 전환이 생겼습니다. 낡은 것은 무조건 부숴버리고 새롭고 근사한 무언가를 올리는 게 능사가 아니라 함께 살면서 쌓아온 도시의 시간 그 자체가 가치로 창출될 수 있음을 인식하게 된 것이지요. 하이라인 공원 이야기에는 지금 우리 시대가 필요로 하는 지속가능한 도시와 더불어 사는 삶을 성찰하게 하는 길이 담겨 있습니다.

《하이라인 스토리》는 '불가능'을 '가능'으로 만들어낸 도전, 하이라인 친구들 결성부터 공원개장까지 10년간의 시간과 열정이 담긴 책입니다. 자발적 시민운동이 낳은 위대한 성과이자 도시에 새로운 생명을 불어넣은 창조와 역사의 기록입니다. 새로운 도시 기획과 새로운 삶을 꿈꾸는 사람들에게 《하이라인 스토리》는 꿈을 현실로 만드는 길을 알려주고 있습니다.

박원순 서울특별시장

HIGH LINE

하이라인 스토리

뉴욕 도심의
버려진 고가 철도를
하늘공원으로 만든
두 남자 이야기

조슈아 데이비드
로버트 해먼드 지음
/
정지호 옮김

푸른숲

HIGH LINE: **The Inside Story of New York City's Park in the Sky**
by Joshua David and Robert Hammond

This Korean edition was published by Prunsoop Publishing Co. in 2014
by arrangement with Farrar, Straus and Giroux, LLC,
NewYork through KCC(Korea Copyright Center Inc.), Seoul.

이 책은 (주)한국저작권센터(KCC)를 통한 저작권자와의 독점계약으로
(주)도서출판 푸른숲에서 출간되었습니다.

차례

기적의 철길

"불가능한 일을 맡아 해낸 보잘것없는 두 사람."

이 말은 하이라인의 뜻밖의 성공에 대해 한 기자가 글을 쓰면서 우리 두 사람을 묘사한 문구다.

그렇다. 이 일을 처음 시작했을 때 우리는 보존이나 건축, 공동체 동원, 원예, 모금, 시청과의 공동 업무, 공원 관리에 대해서 아는 바가 거의 없었다.

그러나 이런 전문 지식이 없었다는 점이 오히려 하이라인 공원을 만든 성공의 열쇠가 되었다. 아는 것이 없었기에 다른 사람들에게 도움을 요청할 수밖에 없었다. 바로 그들이 우리 주변에 모여 우리를 안내하고 우리가 할 줄 모르는 일을 해주면서 하이라인을 가능하게 만든 장본인들이다.

이 책에서 언급한 사람이나 사업에 동참한 수천 명의 이웃, 자원봉사자, 후원자, 설계사, 공무원, 하이라인 운영진 중 아무나 붙잡고 얘기를 다시 들어보면 이들은 아마 우리와는 또 다르게 기적 같은 하이라인 이야기를 전해줄 것이다. 이들의 이야기나 우리의 이야기나 모두 진실이다.

이 책에 모든 이야기가 담겨 있지는 않다. 중요한 역할을 한 이들의 이름과 사건이 많이 빠져 있다.

그러나 하이라인을 거닐다 보면, 공원 구석구석에 숨겨진 이야기가 모두 떠오른다. 다른 사람들도 이런 숨어 있는 이야기를 느낄 수 있기를, 그리고 힘써 함께 일한 모두의 열정이 하이라인에 스며들어 오늘날 기적을 일궈낼 수 있었다는 것을 같이 느낄 수 있기를.

조슈아 데이비드, 로버트 해먼드

하이라인 연대기 1847~1999

1847년

뉴욕 시는 당시 이미 북적이던 산업 부두 지역인 맨해튼의 웨스트사이드 거리에 철로를 건설하는 사업을 승인한다. 곧 '허드슨 리버 레일로드Hudson River Rail Road'를 비롯한 여러 철도 회사의 열차가 부두변과 10번가, 11번가에 늘어서 있는 공장과 창고로 화물을 수송한다.

1866년

열차와 도로 교통수단 간의 사고가 이미 심각한 상황에 이르렀다. 당시 상원위원회는 다음과 같이 보고한다. "도로에서 화물 여객 열차를 운행하는 일은 너무 오랫동안 지속되어 온 악행이자 신속하게 해결해야 할 과제다."

1869년

코닐리어스 밴더빌트Cornelius Vanderbilt는 '허드슨 리버 레일로드' 등 자기 소유의 철도 회사 지분을 통합해 '뉴욕 센트럴 허드슨 리버 레일로드' 회사를 설립한다.

1908년

교통 혼잡과 체증이 웨스트사이드 지역의 상업 활동에 지장을 준다. 당시 5백여 명의 사람들은 '죽음의 거리Death Avenue'의 위험한 상황을 해소하기 위한 항의 시위를 했다. '죽음의 거리'란 당시 일반 도로에서 열차를 운행하던 10번가, 11번가, 12번가 일부를 지칭하던 말이다.

1920년대

지상 철로를 철거할 때까지 사고가 더 이상 발생하는 것을 막기 위한 미봉책으로 철도 회사는 '웨스트사이드 카우보이West Side Cowboys'라는 인력을 고용해, 이들이 열차 앞쪽에서 말을 몰며 붉은 깃발을 흔들어 미리 경고 신호를 보내도록 조치했다.

1924년

뉴욕 시 운송위원회는 맨해튼 북단의 스파이튼 다이빌Spyten Duyvil과 웨스트 60번가 사이에 설치된 모든 지상 철로 건널목을 철거할 것을 명한다.

1925년

철로 건널목 철거 계획을 '웨스트사이드 발전안The West Side Improvement'이라 명명한다. 나중에 철도 회사와 뉴욕 시는 이를 건널목 철거 프로젝트의 공식 명칭으로 지정한다.

1927년

뉴욕 시와 철도 회사 측은 부동산과 지역권(남의 토지를 특정 목적으로 이용할 수 있는 권리 — 옮긴이)을 상호 교환하는 데 사전 합의하고, 이로써 뉴욕 거리에서 화물 선로를 철거할 수 있게 된다. 철도 회사 측은 "…커넬 가에서 북쪽으로 30번가 조차장까지 고가 선로 설치"를 제안한다.

1929년

선로 건설 계약이 드디어 성사되고, '죽음의 거리' 선로에서 워커 시장이 대못을 뽑아 금으로 도금해 보존하기로 한다. 뉴욕 시와 철도 회사 사이의 40년 분쟁이 평화롭게 끝난 것을 기념하자는 의미였다.

1931년

새 구조물 위에 선로 건설을 시작한다. 철강 인부들이 손으로 거대한 틀을 조립하고 수십만 개의 리벳(대갈못)을 두꺼운 철재에 박아 넣었다. 이와 함께 클라크슨 가에 위치한 33만 4천 제곱미터의 세인트존스 파크 역에서도 공사를 시작한다. 이 터미널은 190대의 하이라인 철도 차량을 2층 기지에 직접 수용할 목적으로 설계했다.

1933년

하이라인에서 처음으로 열차 운행을 시작해 'R. C. 윌리엄스 앤 컴퍼니R. C. Williams & Company' 창고로 화물을 수송한다. 당시 사람들은 하이라인을 단순히 '고가 선로'라고 불렀다. '하이라인'이라는 별칭은 1980년대 후반까지는 널리 사용되지 않았다.

1934년

6월 28일 하이라인을 공식 개통한다. 〈뉴욕 타임스〉는 하이라인 운영비를 8천 5백만 달러로 추산했고, 시 당국은 "뉴욕 역사상 가장 위대한 공공 발전 시설로 꼽힌다"고 칭송했다.

1934 ~ 1960년

웨스트 34번가에서 클라크슨 가의 세인트존스 파크 역까지 하이라인을 전격적으로 운영한다.

1960년

새로운 간선도로망 건설로 인한 화물 트럭 수송의 부분적인 증가로 철도 수송량이 감소하자 '뉴욕 센트럴 레일로드'는 세인트존스 파크 역을 서둘러 매각하고 뱅크 가 남쪽의 하이라인 최남단 구간 운행을 중지한다. 곧이어 뉴욕 시는 뱅크 가 남쪽의 하이라인 구간을 철거한다.

1968년

'펜 센트럴Penn Central'이 '뉴욕 센트럴 레일로드'를 인수한다.

1976년

연방 정부가 '펜 센트럴'을 비롯해 북동부 및 중서부에 남아 있던 6개 철도 운송 회사를 합병해 통합 철도 회사인 '콘레일Conrail'을 창립한다. 하이라인은 '콘레일'의 자산이 된다.

1980년

하이라인에서 마지막 열차를 운행한다. 보도에 따르면 이 열차는 냉동 칠면조를 실은 세 량짜리 유개화차有蓋貨車였다고 한다.

1983년

'콘레일'이 하이라인 소유권 포기를 위한 첫 법적 절차를 밟으며, "불충분한 수익 공고문"을 발표한다.

첼시 주민인 피터 오블레츠Peter Obletz는 '웨스트사이드 철도개발재단The West Side Rail Line Development'을 설립하고, 추후의 공공 이익을 위해 철도 구조물과 그 지역권 보존 방안으로 철도 서비스 재개 목표를 세운다. 의회는 '전미 트레일 시스템 시행 개정안National Trails System Act'을 통과시켜, 이용하지 않는 선로를 추후의 운송을 위해 보존함과 동시에 보행로나 자전거 길로 개조할 수 있도록 '레일뱅킹railbanking 사업'(기존 선로를 철거해 보행로나 자전거 도로로 개조하는 사업 — 옮긴이)을 허용한다. 레일뱅킹 사업을 통해 용도가 전환된 곳은 유기된 것으로 간주하지 않기 때문에 재산권을 구조물 지층 주인에게 반환하지 않고도 트레일 관리자에게 매각 또는 임대하거나 기부할 수 있다.

뉴욕 건축가 스티븐 홀Steven Holl은 하이라인을 보고 상상에 사로잡힌다. 그는 혁신적인 '주택 가교' 계획을 통해 유기된 구조물을 주거 공간이나 상업, 열린 공간으로 재이용하자고 제안한다.

1984년

피터 오블레츠가 만든 단체는 하이라인을 언젠가 선로로 이용할 목적으로 매입을 신청한다. 주간통상위원회Interstate Commerce Commission(ICC)는 이 입찰을 승인한다. 오블레츠는 하이라인을 '콘레일'로부터 10달러에 사들이기 위해 접촉하고, 주 당국과 훗날 '첼시 부동산 지주 단체'라는 명칭으로 활동할, 하이라인 구조물 아래의 땅 주인들이 결성한 부동산 단체의 공격을 막아내기 시작한다.

'암트랙Amtrack'(전미여객철도공사)은 웨스트 34번가 북쪽 하이라인 지역권에서 열차를 운행하기 위해 교섭을 시작한다. 계약이 마무리되어 1990년대 초반에 공사를 완료하면, '암트랙'은 예전 화물 선로를 승객 운송에 이용할 수 있고 펜 역에서 열차 운행을 통합할 수 있을 것으로 예상했다.

1986년

뉴욕 시는 피터 오블레츠의 하이라인 매입을 반대하는 서류를 주간통상위원회에 제출한다. 곧이어 주간통상위원회는 초기 결정을 뒤집으면서 오블레츠와 그 재단이 철도를 운영할 역량이 없는 것으로 간주한다고 발표한다. 매각 합의는 무효화된다.

1989년

'첼시 부동산 지주 단체'는 주간통상위원회에 탄원서를 제출해 하이라인 강제 유기 명령을 요구한다. '콘레일'이 원치 않더라도 하이라인을 유기해 철거해야 한다는 내용이었다.

1991년

'록로즈 부동산개발회사Rockrose Development Corporation'가 옛 산업 창고를 아파트 단지로 바꾸기 위해 하이라인 최남단 5개 블록을 철거한다. 이로써 하이라인 구조물의 종착지는 미트패킹 지구의 갱스부르트 가로 옮겨진다.

1999년

'CSX 운송'이 '콘레일' 경영권을 인수한다. CSX는 하이라인 소유권을 인수한 직후, 지역계획협회Regional Plan Association(RPA)에 실현 가능한 하이라인 재사용안을 연구하도록 위탁한다. 지역계획협회는 하이라인을 지하철, 버스 또는 트럭 환승지나 폐기물 전환 시설, 통근자 철도 수송 시설이 아닌 경철도나 그린웨이(자전거 · 보행자 전용도로나 산책로 — 옮긴이)로 이용하는 데 초점을 맞출 것을 권장한다.

1999년 7월

CSX 대변인은 〈뉴욕 타임스〉 기사를 통해 회사는 하이라인 재사용 권장안을 우호적으로 고려하겠다고 선언한다.

1999년 8월

〈뉴욕 타임스〉 기사를 읽고 웨스트빌리지 주민인 로버트 해먼드와 첼시 주민인 조슈아 데이비드는 하이라인에 대해 집중 토론하기 위해 첼시의 '펜 사우스Penn South'에서 열린 커뮤니티 공청회에 참석한다. 당시 전혀 모르는 사이였던 로버트와 조슈아는 각자 하이라인의 철거를 막는 일에 관심을 갖게 된다. 몇 개월 뒤, 이들은 '하이라인 친구들Friends of the High Line'을 공동 창립한다.

하이라인 STORY

버려진 2.4킬로미터

로버트 / 1993년에 대학을 졸업하고 그 이듬해, 나는 워싱턴 가와 10번가 교차로에 위치한 웨스트빌리지의 한 아파트로 이사했다. 웨스트빌리지에 마음이 끌린 건, 뉴욕의 여러 다른 모습이 한데 뒤죽박죽 섞여 있었기 때문이다. 그곳에는 여전히 산업적인 특성이 남아 있었고 신 · 구 주택 건물이 자리했다. 허드슨 강도 끼고 있었다. 당시 허드슨 강은 아직 공원으로 변모하기 전이었다. 부두에서는 여전히 썩는 냄새가 났다.

나는 동네를 많이 돌아다니는 편이었는데, 내가 살던 오토매틱 슬림스Automatic Slim's라는 곳에서 몇 블록 떨어진 곳에 술집이 하나 있었다. 술집 밖 담장에는 열차가 공장 건물 안으로 들어가는 흑백사진 한 장이 붙어 있었다. 지금도 길 건너편을 보면 그 사진 속 건물을 볼 수 있다. 열차는 건물 3층을 직통해 운행했다.

양쪽이 잘려나간 선로도 여전히 남아 있다. 나는 동네를 산책하다가 사진 앞에 멈춰 서서 그 건물을 바라보곤 했다. 내가 사는 동네에 기차가 다녔다는 생각을 하면 기분이 좋았다.

조슈아 / 1986년 첼시로 이사 왔을 때, 게이 술집 몇 군데를 빼고 10번가 서쪽으로는 눈길을 줄 만한 곳이 거의 없었다.

1993년, 지금 사는 아파트로 이사 와 첫 밤을 보냈다. 우리 집 거실은 인도보다 층높이가 약간 낮아서, 밖을 보면 21번가를 걷는 사람들의 허리 아래가 눈에 잡혔다.

때는 여름, 나는 무릎을 꿇은 채 마룻바닥에 페인트칠을 하고 있었다. 밖을 내다보니 아주 짧은 반바지를 입고 창 옆을 지나가는 남자 다리의 행렬이 눈에 들어왔다. '존 디케이Zone DK'라는 클럽은 그쪽 방향으로 좀 더 떨어진, 웨스트사이드 하이웨이 바로 앞에 있었다. 사람들이 캄캄한 어둠 속으로 들어가 뭔가 일을 벌이는 음침한 게이의 장소였다. '스파이크Spike'와 '이글Eagle'도 그쯤에 있었다. 나는 '스파이크'를 좋아했다. '이글'에는 그다지 많이 가지 않았다.

하이라인은 우리 집에서 한 블록 정도 떨어져 있었다. 철로는 가디언 에인절 교회Church of the Guardian Angel 뒤에서 뻗어나와 21번가를 가로지른 다음 주택 몇 채 뒤로 모습을 감췄다. 당시는 하이라인에 별 관심이 없었다.

로버트 / '플로랑Florent' 레스토랑에 가느라 미트패킹 지구도 좀 지나다녔다. 그 동네에서도 하이라인이 일부 보였다. 첼시에 위치한 갤러리도 몇 군데 다녔는데 그곳에서도 하이라인은 거리 위를 가로질러 지나갔다. 그러나 그때까지도 이 모든 것들이 연결되어 있을 줄은 꿈에도 몰랐다.

조슈아 / 철도 조차장 근처에 할머니 소유의 오래된 '뷰익'을 주차해놓았다. 하이라인은 그쪽에도 자리했다. 하이라인 아래로는 매춘부가 득실거렸다. 그때는 28번가의 모든 창녀들이 모여 있던 어두운 금속 철교가 21번가를 지나는 바로 그 다리라는 것을 전혀 몰랐다. 당시 하이라인은 대부분 건물들 뒤에 감춰져 있었기 때문이다.

로버트 / 대학에서 역사를 전공했고, 졸업 후 '어니스트 앤 영Ernest & Young'에서 컨설팅 업무로 첫 일자리를 잡았다. 하지만 금세 싫증을 느껴 일을 그만두었다. 이후 수년간 여러 다양한 기업의 창업을 돕는 일을 했다. '스카이몰SkyMall'의 경쟁사인 기내 카탈로그 제작 업체의 창업을 돕기도 했다. 비행기 밖에서는 코털깎이를 팔았다. '더바디닷컴the body.com'이라는 HIV/AIDS 관련 웹사이트의 개설을 돕기도 했다.

또한 독학으로 짬짬이 그림을 그려서 소규모 전시회도 몇 차례 열었다. 요컨대 나는 예술가 기질이 있었지만 사업에 적을 두고 있었다.

조슈아 / 맨해튼의 옛 지도를 보면 해안선이 지그재그 모양의 점선으로 연결되어 있다. 10번가 동쪽은 주거 지역으로, 첼시에서 괜찮은 타운하우스 구역이었

하이라인은 맨해튼을 관통해 쭉 연결된
2.4킬로미터의 열차 선로였다.
이 산업 유물이 오랫동안 자리를 지켜오다
철거 직전에 놓였다는 사실에 무척 관심이 갔다.

다. 10번가 서쪽의 모든 건물은 매립지 위에 지어졌고 주변 동네와 산업 시설은 선로 근처에 발달했다.

1980년대 중반, 이곳이 변화하기 시작했다. 1985년경, 웨스트 19번가에 비디오, 음악, 춤을 비롯한 여러 예술의 중심지인 '키친Kitchen'이 들어섰다. 1987년경에는 웨스트 22번가에 '다이어 아트센터Dia Center for the Arts'가 들어섰다. 이후 1990년대 초부터 중반에 걸쳐 '폴라 쿠퍼Paula Cooper', '매슈 마크스Matthew Marks', '바버라 글래드스톤Barbara Gladstone' 같은 갤러리가 생겨나기 시작했다. 1999년에는 갤러리의 수가 대거 늘어났고, 웨스트 22번가에 '콤 데 가르송Comme des Garçons' 매장이 문을 열었다. 이를 계기로 패션, 스타일, 디자인 잡지가 이쪽 지역으로 관심을 돌리기 시작했고, 나는 웨스트 첼시에서 일어나는 변화에 관해 글을 한 편 써달라는 부탁을 받기도 했다.

이들 잡지는 내가 잘 아는 세계였다. 나는 15년 동안 자유 기고가로 일했고 〈배너티 페어Vanity Fair〉, 〈고메이Gourmet〉, 〈레드북Redbook〉, 〈브라이즈Brides〉에서는 가끔 편집 일을 맡아보기도 했으며 부업으로 연회에서 웨이터로도 일했다. 여행을 하며 많은 글을 기고했지만, 여행이라는 고립된 틀에서 벗어나려고 노력하면서 의식적으로 관심이 가는 이야기만, 되도록 건축에 관해 담아보려고 노력했다. 펜Penn에서 대학을 다니던 시절, 나는 건축가가 되고 싶었고 그 과정의 첫 필수과목인 환경 디자인을 수강했다. 교수님은 우리를 바깥 잔디로 데려가 건물과 나무를 그려보게 했다. 그때 교수님이 나에게 말하기를, 나뭇잎을 그렇게 형편없이 그려서는 건축가가 되기는 글렀다고 했다.

로버트 / 1999년 여름, 〈뉴욕 타임스〉에서 줄리아니 시장 행정부가 하이라인을 철거하려 한다는 기사를 읽었다. 신문에 작게 실린 하이라인 지도를 보니, 하이라인은 맨해튼을 관통해 쭉 연결된 2.4킬로미터의 열차 선로였다. 이 산업 유물이 오랫동안 자리를 지켜오다 철거 직전에 놓였다는 사실에 무척 관심이 갔다.

그즈음, 나는 인터넷 사업을 시작하려는 '워치 월드Watch World'라는 소매 업

22개 도시 블록에 은신처처럼 걸쳐 있는,
우리와 다른 시대의 산업 유산 위에 올라서서
여기저기 거닐어보는 것은 근사한 일이 아닐까?

체에서 일하고 있었다. 내 생애 처음으로 문 달린 사무실을 얻은 터라 처음으로 회사 일 이외의 다른 일을 할 수 있었다. 어쨌거나 하이라인에 관여하기로 결심한 것도 다 그 덕분이다.

처음에는 이미 일을 추진하고 있는 사람을 도와줘야겠다는 생각뿐이었다. 이곳은 뉴욕이고, 뉴욕에서 존폐 위기에 처해 있는 것은 모두 분명 특정 단체와 결부되어 있지 않나? 그래서 나는 도시계획 업종 종사자에게 전화를 돌려 그 단체를 아냐고 물어보기 시작했다.

대학 시절 친한 친구이자 맨해튼 어퍼이스트사이드 시의회 의원으로 당선된 기포드 밀러Gifford Miller에게 전화를 걸었다. 그는 구舊 선로를 보존하겠다는 발상은 바보 같은 생각이라고 못을 박았다. 그래도 나는 주위에 계속 전화를 했다. 지역 커뮤니티 위원회(주민 자치 위원회 성격을 띠고 있는 모임으로 뉴욕 시 산하에 총 59개가 있다. 자치권을 가진 지자체는 아니지만 실질적으로 막강한 권한을 가진 민주적 선진 조직으로 평가 받고 있다—옮긴이)에 전화를 걸어 보존계획위원회Preservation and Planning Committee 위원장인 에드 커클런드Ed Kirkland와 통화를 했다. 에드는 하이라인을 보존하는 생각에 그다지 관심을 보이지 않았고, 관심 있는 사람도 전혀 모른다고 답변했다. 그런데 그 후 늦여름에 전화를 다시 걸어와서는 8월 어느 밤에 하이라인을 주제로 커뮤니티 위원회 공청회가 잡혀 있다고 알려주었다.

조슈아 / 기삿거리를 찾느라 웨스트 첼시의 모든 블록을 위아래로 이리저리 돌아다녔다. 현재 '프린티드 매터Printed Matter'가 자리한 10번가와 22번가는 예전에 인터폰 매장이 있던 곳으로, 아파트 현관의 인터폰 장치를 판매했다. 이 밖에 포마이카 제조 업체, 유리 절단 업체를 비롯해 산업 용품 공급 업체가 모여 있었지만 이제 거의 자취를 감췄다.

하이라인에 관심을 갖고 제대로 올려다본 건 그때부터였다. 이 구조물이 도시의 모든 블록을 통과하고 있어 어디를 가나 눈에 들어왔다. 약 9미터 정도 높이로, 맨 윗부분은 볼 수 없었지만 녹슬어가는 아르데코 양식의 난간 때문에 예전 모습이 아니라는 느낌은 들었다. 하이라인 아래 공간은 양극단을 오가는 모습이었다. 어둡고 불쾌한 산업 현장의 느낌이 들면서도 숭고한 교회 분위기도 났다. 뜨거운 여름에는 그늘이 져서 시원한 공간이었다. 당시에는 사람들이 그곳을 뭐라고 불렀는지 모르겠다. 내 친구 존은 섹스를 즐기는 곳이라고 했다. 자기는 '스파이크'나 '이글'에서 나와 그곳 아래로 사람들의 눈을 피해 들어가 재주껏 즐긴 게 한두 번이 아니라고 했다. 하이라인 위에서도 이런 섹스는 자행될 터였고, 노숙자가 모여 살기도 할 것이고, 그러다 보면 떠들썩한 난장판과 소동이 벌어질 만했다.

더 많은 사람들에게 하이라인에 대해 물어보다 결국은 블록 협회 회의에서 만난 적이 있는 에드 커클런드와 통화하기에 이르렀다. 에드는 오랫동안 한 동네에서 산 터라 첼시에 대해 모르는 게 없었다.

그는 하이라인이 갱스부르트 가에서 34번가까지 끊김 없이 이어져 있다고 말해주었다. 갱스부르트 가 남쪽의 하이라인 구간은 철거되었다. 클라크슨 가부터 베순 가까지의 구간은 1960년대에 철거되었고, 베순 가와 갱스부르트 가 사이 구간은 1991년에 철거되었지만, 갱스부르트 가 북쪽 선로는 그대로 남아 있고, 비록 열차는 다니지 않지만 엄밀히 말해 여전히 선로로 볼 수 있다고 했다. 이곳을 보는 사람들은 누구나 하이라인이 유기되었다고 말하겠지만, 하이라인은 철도 공식 용어로 '유기'된 상태는 아니었다. 하이라인은 여전히 뉴욕 센트럴 구 선로와 연결해 올버니까지 이어질 수 있는, 철도 지역권이 살아 있는 시설물이었다.

하이라인이 매우 큰 시설물이고 22개 블록에 걸쳐 그대로 보존되어 있다는 사실이 흥미롭게 다가왔다. 어느 시점에 가서는 하이라인 일부가 철거되어 뭔가 다른 시설물이 들어설 것 같았고, 하이라인이 구시대 산업 유물의 집합체이긴 해도 모두가 하나로 연결된 단일 유산이라는 생각이 들었다.

이런 생각을 전해주면 대다수 사람들이 하이라인에 대해 갖고 있는 관심이 불꽃처럼 살아날 것 같았다. 22개 도시 블록에 은신처처럼 걸쳐 있는 이 오래된 고가 구조물이 특별하게 느껴졌다. 우리와 다른 시대의 산업 유산 위에 올라서서 여기저기 거닐어보는 것은 근사한 일이 아닐까?

바로 그 무렵, 〈뉴욕 타임스〉는 철도 회사 CSX가 하이라인을 인수했다는 기사를 실으면서 뉴욕 시는 하이라인의 철거를 원하는데 이에 CSX는 레일-트레일 전환 사업(철도를 산책길로 전환하는 사업, '레일뱅킹 사업'이라고도 한다—옮긴이)에 대한 논의의 문을 열어놓았다는 소식을 전했다. 나는 기사에 언급된 사람들에게 전화를 걸어 이 사업을 추진하는 단체가 있는지 물었다. 그런 단체는 존재하지 않았다. 역사 단체도 공원 단체도, 그 어디에서도 관여하지 않았다.

기사에 언급된 사람 중에 데브라 프랭크Debra Frank라는 CSX 측 대변인이 있었다. 데브라는 CSX가 하이라인에 대한 연구를 외부 기관에 위임했고 그 연구 결과를 커뮤니티 위원회 모임에서 발표할 거라고 일러주었다.

로버트 / 그 주에 휴가를 얻어 파이어 아일랜드Fire Island에 가 있었는데, 사실 그날 회의에 참석하기 위해 해변에서 돌아왔다. 커뮤니티 위원회 모임에는 한 번도 참석한 일이 없었다. 전에는 그런 회의에 가고 싶은 마음이 전혀 들지 않았기 때문이다.

조슈아 / 회의는 늦여름인 8월 중순의 지루하고 뜨거운 저녁, 뉴욕 펜사우스Penn South의 한 회의실에서 열렸다. 여름날의 뉴욕은 떠날 능력만 있다면 누구도 남아 있지 않을 그런 곳이었다.

펜사우스 단지는 의류 공장 노동자 노조원 주택 단지로, 1950년대에 지어졌다. 현재 이 건물에는 많은 노인들이 거주하고 있다. 그곳은 그 자체로 돌아가는 세상이다. 상점도 없고 표지판도 거의 없으며 거리를 걷다 들어갈 만한 곳도 전혀 없다. 8번가와 27번가 어디쯤에 위치한 회의실은 찾기 힘들었다.

나는 로버트 옆에 앉았다. 그에게 호감을 느꼈기 때문이다.

"커뮤니티 위원회 모임에 괜찮은 사람이 잔뜩 모일 리는 없는데, 구태여 여기 멋진 사람을 두고 딴 자리에 앉을 필요가 있을까?" 나는 혼잣말로 중얼거렸다.

로버트 / 회의에는 20명 정도가 참석했다. 회의는 CSX로부터 하이라인의 이용 방안 연구를 의뢰받은 지역계획협회의 프레젠테이션으로 시작되었다. 이들은 하이라인 철거부터 화물 운송 활용 방안을 비롯해 공원 조성까지 여러 가지 의견을 제시했다. 그리고 연방 정부의 레일-트레일 전환 프로그램을 언급했다.

지역계획협회의 발표가 끝나자 여러 사람이 자리에서 일어나 하이라인 재이용 방안이 왜 나쁜지 주장을 펼쳤다. 15년 동안 하이라인 철거를 위해 활동해 온 첼시 부동산 지주 단체 대표인 더그 새리니Doug Sarini는 하이라인이 동네를 망치는 주범이라고 말했다. 언젠가는 붕괴될 것이다, 지역 경제 발전을 가로막는다, 위험하다, 구조물 아래가 어둡다 등등의 장황한 주장이 오갔고 사람들은 정말 격분한 듯 보였다. 그들의 반응이 어찌나 드센지 나는 깜짝 놀랐다. 회의 때 발언할 작정이었지만 그들의 말을 듣고는 결국 아무 말도 하지 못했다.

당시는 우리가 하려는 일이 얼마나 복잡한 것인지 몰랐다.
이 일을 직업으로 삼을 거라고는
꿈에도 생각지 못했고 그러고 싶지도 않았다.

회의가 끝난 뒤 자리에 남아 하이라인 보존에 관심이 있는 사람을 찾아보려 했다. 내 옆에 앉았던 남자를 빼고는 아무도 관심을 보이지 않았다. 그는 자기 이름은 조슈아이고 근처에 사는 여행작가라고 소개했다.

나는 이렇게 운을 뗐다. "뭐 다들 그렇지만, 저는 너무 바쁜 사람이라서요. 하지만 당신이 뭔가를 시작하면 도울 수는 있습니다." 그러자 조슈아가 말했다. "글쎄요, 저도 너무 바빠서요. 아마 로버트 당신이 먼저 일을 벌여야 할 겁니다." 우리는 명함을 교환하고 나중에 얘기하자고 약속했다.

조슈아 / 사람들은 늘 명함을 주고받지만, 그냥 그걸로 끝이다. 뉴욕에서 누군가와 명함을 주고받은 뒤에 일이 성사된 건수를 꼽아보니 얼마 되지 않았다.

로버트 / 아무도 하이라인 보존에 관심을 보이지 않았던 커뮤니티 위원회 첫 모임이 바로 '하이라인 친구들Friends of the High Line'의 시작이었다. 조슈아와 나는 주위를 두리번거리다 아무도 이 일에 나서지 않을 거라는 사실을 깨닫고, 뭔가를 하려면 우리 자신부터 시작해야 한다고 느꼈던 것 같다.

조슈아 / 로버트는 헤럴드 스퀘어 근처, 임시 사무실처럼 보이는 곳에서 근무했고, 우리는 몇 주 뒤 그곳에서 다시 만났다. 당시는 하이라인을 철거하는 일보다 더 좋은 방안이 뭐가 있을지 알아보는 건 고사하고, 무엇을 하려는지도 정확히 몰랐던 것 같다. 이미 첫 회의에서, 이 일에는 어마어마한 노력이 필요하다는 사실을 충분히 느낀 탓에, 서로가 먼저 총대를 메도록 떠밀었다. 우리 둘 다 먼저 나서서 주도할 마음은 없었다.

로버트 / 당시는 우리가 하려는 일이 얼마나 복잡한 것인지 몰랐다. 곧 CITU(잠정적 트레일 용도 허가서), STB(지상운송위원회), ULURP(동일 토지 이용 검토 절차), RFP(제안요청서) 같은 알파벳 약자로 가득 찬 수프에서 허우적거릴 거라는 사실을, 도시계획, 건축, 도시 정책 관련 용어를 입에 달고 살 거라는 사실을, 수백만 달러를 조성하고 수년의 시간을 하이라인 프로젝트에 바쳐야 한다는 사실을 전혀 몰랐다. 이 일을 직업으로 삼을 거라고는 꿈에도 생각지 못했고 그러고 싶지도 않았다. 나는 이쪽 일에 관한 한 기본 지식이 전혀 없었다. 그저 경력이 쌓이는 걸 즐길 따름이었다.

조슈아 / 지역계획협회의 연구 결과에 따르면, 하이라인을 공원으로 조성하는 사업이 모르긴 몰라도 하이라인 재이용 방안 중에서 가장 마음이 끌리고 절차면에서도 가장 간소한 방법이었다. 우리 역시 사람들이 하이라인에 올라가 이곳을 이용하게 할 방안을 알아내고 싶었던 터라 부분적으로는 이 방안이 마음에 들었다. 사업 조직을 준비하려면 먼저 이름을 정해야 했다. '하이라인 공원협회High Line Park Association'가 우리가 생각해낸 이름이었다.

로버트 / "승산은 얼마나 되니?" 어머니가 물었다. 나는 대답했다. "희박해요." 어머니가 다시 물었다. "그런데도 시간을 거기에 허비해야 하는 거니?"

이곳에서는 뭔가 놀라운 일이 벌어진다

조슈아 / 노동절(미국 노동절은 9월 첫번째 월요일이다—옮긴이)이 지나고 여행을 떠났다. 〈트래블 홀리데이〉의 의뢰를 받아, 1900년대 초반에 건설된 미국의 첫 국토 횡단 고속도로인 링컨 하이웨이를 따라 국토 횡단 여행을 하기로 되어 있었다. 미국의 각 주는 자체적으로 작은 2차선 도로를 건설한 다음 이들 도로를 짜맞추듯 연결했다. 어떤 곳에서는 예전의 2차선 도로를 찾아볼 수 있지만 대부분은 외곽 고속도로나 대형 고속도로가 건설되면서 그 흔적이 사라져버렸다.

국토 횡단 여행중에, 남아 있는 구 구속도로의 보존에 관심이 있는 사람들을 만났다. 이들은 소규모로 링컨 하이웨이 협회Lincoln Highway Association를 창단했다.

하룻밤은 아이오와 주에서 농사를 짓는 부부와 같이 보냈다. 부부는 지역단체 대표직을 맡고 있었는데 나를 차에 태워 다니며 자신들이 맡은 링컨 하이웨이 구간과 WPA(루스벨트 대통령이 만든 공공사업 촉진국. 주로 도로, 다리 등을 건축한 뉴딜 정책의 가장 큰 단체—옮긴이) 시대에 만들어진 콘크리트 다리를 보여주면서 이것들을 국가 사적지에 등재하기 위해 어떤 노력을 했는지 들려주었다.

이들은 아이오와의 농사꾼이었다. 유물 보존 교육 같은 건 전혀 받지 않았다. 그런데도 도로 구간을 할당받아 관련 팸플릿을 만들고 표지판을 세우며 소규모 프로젝트를 수행하기 위해 기금을 조성하고 있었다.

'이들이 할 수 있다면 나도 할 수 있어. 특별한 지식이 필요한 일이 아냐.' 이런 생각이 머리를 스쳤다.

로버트 / 대학 시절 가장 친한 친구인 마리오 팔룸보Mario Palumbo는 코크Koch 행정부 시절에 시 정부에서 일했던 부동산 개발업자 필 애런즈Phil Aarons와 같이 일하고 있었다. 필과 필의 아내 셸리는 수많은 예술 단체와 특이한 비영리 조직 일에 관여했다.

나는 마리오, 필, 셸리와 저녁 식사를 하러 갔다. 필은 뉴욕 경제개발공사New York Economic Development Corporation(EDC)에서 근무하면서 코크 시장과 일하던 시절에 하이라인 문제를 검토해본 적이 있었다. 필은 처음에 내 말을 듣고 단념하라고 말했지만, 그날 저녁 식사 이후 하이라인에 관해 조사한 자료를 다음 날 이메일로 보내왔다. 이후 나는 계속 그와 연락했다. 필은 미 전역에서 '리츠 칼튼'과 '포 시즌스' 같은 대형 호텔 업체의 부동산 복합 프로젝트 일을 주로 맡아 하고 있었다.

9월에 나는 서른번째 생일을 맞아 마리오와 유럽으로 휴가를 떠났다. 독일에서 필 부부와 우연히 마주쳤는데, 마리오는 하이라인 프로젝트를 추진해보라고 계속 나를 부추겼다.

조슈아 / 처음에는 필이 관여하는 게 의심스러웠다. 뉴욕에서 사회생활을 하면서 그나마 깨달은 점이 있다면 부동산업자는 나쁜 사람들이라는 것이다. 부동산업자와는 항상 다툼이 생기고 상종할 사람들이 아니다.

로버트 / 조슈아와 나는 매우 달랐다. 나는 사업과 관련된 일을 했고 사업을 좋아했다. 내 생각에 조슈아는 공동체 정신으로 똘똘 뭉친 아주 서민적이고 개발을 끔찍이 싫어하는 사람으로, 최대한 좋은 말로 포장하면 뉴욕의 전형적인 진보주의자였다.

조슈아 / 로버트는 스터릿리하이 빌딩Starrett-Lehigh Building에 있는 작업실에서 그림을 그렸다. 방이라기보다는 복도에 가까운, 길고 좁은 특이한 공간으로 남쪽으로 나 있는 창문 너머로 웨스트 첼시와 강이 내려다보였다. 의자는 하나뿐이었다. 한 사람이 앉으면 나머지 사람은 서 있거나 벽에 기대야 했다. 창밖을 내다보면 하이라인이 조금 보였다. 선로는 건물 뒤에서 불쑥 나와 거리를 가로지르다 다시 사라졌다. 나는 그곳에서 마리오와 필을 만나 얘기를 나누었다. 마리오가 너무 잘생겨서 깜짝 놀랐다. 필은 하이라인 같은 구조물이 결국에는 어떻게 되는지 분명히 알고 있다는 투로 말했다. 하이라인을 공원으로 조성하는 사업에 관해 얘기를 나누자, 그는 실제로 공원으로는 만들 수 없을 거라고, 뉴욕에는 개인 소유의 각종 공공장소가 지구 개편 사업을 통해 도시 블록마다 조성되어 있다고 말했다. 이런 장소는 공원 같은 모습에 공원 같은 느낌을 주지만 엄밀히 말해 공원은 아니라고.

얘기를 끝낸 뒤 우리는 밖으로 나갔다. 건물 앞에 검은색 승용차가 대기하고 있었다. 내가 아는 사람 중에 검은색 승용차가 대기중인 사람은 필이 처음이었다.

로버트 / 필과 조슈아와 나는 CSX의 데브라 프랭크를 만났다. 철도 회사에서 우리를 만나주다니, 너무 흥분되는 일이었다. 모임 장소는 세계무역센터의 고층이었다. 그곳 창밖을 바라보며 북쪽으로 펼쳐지는 뉴욕의 전형적인 풍경을 감상했던 게 기억난다. 그곳에서는 하이라인이 보이지 않았지만 하이라인을 생각했던 것 같다. 이제 창공에서 뉴욕을 다른 방식으로 보게 될 거라고.

조슈아 / 그 자리에는 CSX 측 변호사인 데이비드 리처즈David Richards와 데브라가 있었다. 우리는 하이라인을 산책로로 이용하는 계획에 관심이 있다고 입장을 밝혔고, CSX 측은 우리에게 그 배경에 대해 얼마간 설명해주었다.

지상운송위원회Surface Transportation Board(STB)는 하이라인에 대해 조건부 유기 명령을 내렸다. 판결은 1992년으로 거슬러 올라간다. 원래 조건부 유기 명령은 지상운송위원회가 합류하기 전, 철도를 연방 차원에서 관리하고 있던 주간통상위원회에서 내린 것이다. 조건부 유기 명령이란 특정 조건이 맞으면 하이라인을 철거할 수 있다는 의미였다. 즉 부동산 소유주는 철거와 모든 책임 비용을 감당할 자금이 충분하다는 것을 입증해야 했다. 철도 회사 측도 7백만 달러를 기부해야 했지만, 부동산 지주는 모든 철거 비용을 포함한 책임 금액을 떠안을 금융 비용을 여전히 마련하지 못했다. 철거 비용이 얼마일지는 아무도 몰랐다. 몇몇 사람들은 2천만 달러 내지 3천만 달러가 필요할 거라는 견해를 내놓았다.

데브라는 하이라인에 대한 철도 회사 측 입장도 설명해주었다. 철도 회사 측 입장은 기본적으로 중립이었다. "CSX는 하이라인 관리 사업에서 벗어나고 싶어 합니다." 데브라는 이런 식으로 철도 회사의 입장을 표명했다. CSX는 하이라인과 관련해 세금을 내야 하고 유지 보수도 해야 하며 두루 책임도 져야 한다. 그런데 앞으로 하이라인을 어떻게 이용해야 할지 답이 보이지 않는다고 했다. 그러나 철거나 용도 변경에 대해서는 중립적인 입장이었다. 철거하는 게 결국 최상의 시나리오라면 그쪽 가능성도 열어두고, 하이라인을 공원화하는 것이 최상의 시나리오라면 그 가능성도 열어두겠다는 입장이었다. 이들은 앞으로 양쪽 방안을 계속 고려해볼 작정이었다.

로버트 / 우리는 '세계의 창Windows on the World' 레스토랑으로 올라갔고 필은 샴페인을 주문했다. 너무 순진하게도 우리는 일을 낙관했다. 그저 일을 계속 진행할 수 있고 뭔가 해낼 거라고 생각했다. 조직 이름을 무엇으로 정할지도 계속 궁리했다.

조슈아 / 필은 '하이라인 공원협회'라는 이름은 어울리지 않는다고 했다. 하이라인이 끝내 공원으로 조성되지 못할 가능성이 있기 때문이라고. 우리는 생각해두었던 이름 몇 개를 내놓았다. '보존'이니 '연맹'이니 하는 커뮤니티 단체 이름이 나왔다. 하지만 필은 시 공무원이 우리를 어떻게 바라볼지, 부동산 지주들이 우리를 어떻게 생각할지 염두에 둬야 한다고 조언했다. 되도록 중립적인 이름으로 가자고 얘기했고 '하이라인 친구들'이란 이름을 제안했다. '친구들'이란 단체는 흔하다. 온갖 종류의 '친구들' 단체가 있다. 이 이름은 '공원'이나 '보존' 같은 단어가 없어서인지 친근했고 자극적이지도 않았다. 당시 그 자리에서 듣자마자 이 이름이 마음에 쏙 들었는지는 기억나지 않지만 필의 논리는 이해되었다.

로버트 / 처음에 '하이라인 친구들'로 하자고 결정했을 때는 썩 내키지 않았다. 나는 좀 다른 것을 원했다. 그러나 어쨌든 샴페인을 마시면서 이 이름으로 결정을 내렸다.

조슈아 / 우리는 건배를 하고 자리에서 일어났다. '세계의 창'은 그날이 처음이자 마지막 방문이었다.

로버트 / 데브라 프랭크가 우리를 처음으로 하이라인에 데려갔다. 우리는 첼시 마켓Chelsea Market을 통해 올라갔다. 첼시 마켓은 1년 전에 개장했는데 여전히 꽤 한산했다. 데브라 프랭크와 에드 커클런드, 조슈아, 나, 그 밖의 다른 두 명은 중앙 광장 서쪽 끝에서 만났다.

조슈아 / 우리는 건물 밖으로 돌아 나가 16번가의 트럭 주차 구역으로 갔다. 화물을 싣고 내리는 곳과 화물 엘리베이터가 있었는데 엘리베이터 내부는 예쁜 여자 사진으로 도배되어 있었다. 어디서도 본 적 없는 그저 섹시하기만 한 배우 사진이었다. 엘리베이터를 타고 3층으로 올라갔다. 그곳은 한때 첼시 마켓 자리에 위치했던, 나비스코Nabisco 공장의 화물을 싣고 내리던 열차 플랫폼이었다.

첼시 마켓을 만든 어윈 코헨Irwin Cohen은 도시 유물 광수집가다. 그는 본래 첼시 마켓을 오래된 가로등 기둥과 고철 폐품으로 장식했다. 이런 잡동사니 고물을 보관하는 창고는 플랫폼 위층에 있었다. 창고에는 그곳 소속의 금속 기술 장인이 일하고 있었는데 어윈은 이 사람에게 플랫폼을 작업실로 사용하도록 허락해주었다. 그래서인지 녹슨 금속 조각품이 여기저기 널려 있었다. 낙서도 가득했다.

로버트 / 밖으로 나와 야생화로 뒤덮인 열차 선로 위에 섰다. 그전에 내가 뭘 기대했는지는 모르겠다. 아마 그저 자갈이나 철도에 까는 부순 돌멩이, 선로뿐인, 폐허보다 더한 모습일 거라고 생각했을 것이다. 어쩌면 노숙자들이 득실거릴 거라고 예상했을지도. 야생화는 전혀 기대하지 않았다. 자갈 사이로 그저 풀 몇 포기 자라나 있는 게 아니었다. 그곳은 야생화와 야생식물이 점령하고 있었다. 우리는 앤 여왕의 레이스처럼 허리춤까지 올라와 있는 야생식물을 헤치고 걸어 다녀야 했다. 그곳은 맨해튼 중심부의 또 다른 세상이었다.

조슈아 / 우리는 북쪽으로 방향을 잡아 10번가 광장 쪽으로 걸어갔다. 한쪽으로는 허드슨 강이 보이고 멀리 '자유의 여신상'이 눈에 들어왔다. 다른 쪽 난간에 기대면 바로 밑으로 10번가를 달리는 자동차 행렬을 볼 수 있었다. 그런 다음 커브를 돌아가니 믿어지지 않는 직선로가 눈앞에 쭉 펼쳐졌다. 17번가부터 30번가까지 13개 블록에 걸쳐 있었고 엠파이어스테이트 빌딩이 한눈에 들어왔다. 경치가 얼마나 아름다운지 어안이 벙벙할 정도였다. 대단한 공간미가 느껴졌다. 이곳을 수백만 번 지나다녔으면서도 이런 데가 있다는 걸, 평이한 광경 속에 이런 곳이 숨어 있다는 걸 전혀 알아채지 못했다.

사람들은 감춰진 것은 그 규모가 작다고 생각한다. 그래야 가려진 채 그 자리에 그대로 남아 있을 수 있을 테니까. 그러나 감춰진 이곳은 거대했다. 어쨌든 모든 사람이 알아채지 못한 뉴욕의 거대한 공간이었다.

그 첫 방문을 계기로 로버트와 나는 이곳에 마음이 꽂혔다. 여기서는 뭔가 놀라운 일이 벌어질 수도 있었다.

이곳에서는 세월의 흐름이 강하게 느껴졌다. 하이라인이 무슨 목적으로 건 사람들은 감춰진 것은 그 규모가 작다고 생각한다.
그래야 가려진 채 그 자리에 그대로 남아 있을 수 있을 테니까.
그러나 감춰진 이곳은 거대했다.
여기서는 뭔가 놀라운 일이 벌어질 수도 있었다.

설되었는지 알아볼 수 있으면서도 그 순간이 훌쩍 지나가버린 느낌이다. 선로 주변에는 에드워드 호퍼Edward Hopper(화가 겸 판화가. 미국 도시의 고독한 이미지, 주유소, 모텔, 사무실 등을 주로 묘사했다—옮긴이)의 그림에 나오는 건물처럼, 벽돌로 지어진 창고와 굴뚝, 여닫이창이 있는 공장이 쭉 늘어서 있었다.

로버트 / 이곳을 처음 본 뒤로, 우리는 다른 사람에게 대상을 직접 보여주는 것이 얼마나 중요한 일인지 깨달았다. 사람들을 진정으로 이해시키려면 이 방법밖에 없었다. 데브라 프랭크는 커뮤니티나 정부 또는 시민 단체에 속한 사람들을 가끔 이곳에 데려와도 좋다고 허락해주었다. 어떤 사람들은 이렇게 말하기도 했다. "꼭 잡초 밭 같아요. 철거해야겠어요." 그러나 대다수 사람들은 이곳 풍경에 감동을 받았다. 사람들을 데려와 이곳을 보여주고 나니, 이들이 하이라인을 위해 무엇이든 하리라 기대해보자는 마음이 생겼다.

하이라인을 보존해 공원으로 만드는 일은 정신 나간 생각 같았지만 당시는 닷컴 기업 붐이 일던 시기였다. 20대 애송이들이 소규모 회사를 상장해 막대한 자금을 조달하고 있었다.

당시 나에게는 하이라인 프로젝트와 동시에 구상해놓은 사업안이 하나 더 있었다. 2년이 아닌 1년 과정으로 운영되는 새로운 체제의 경영대학원 구상안이었다. 나는 책상 안에 이 두 가지 프로젝트를, 이 정신 나간 구상안을 넣어두었다.

조슈아 / 첫해를 돌이켜 보니 우리가 한 일이라곤 조경을 배운 것뿐이었다. 하이라인 프로젝트는 국가 차원의 일이자 시 정부 차원의 일이었다. 이와 함께 철도 회사 측과 지역 커뮤니티와 협상도 해야 했다. 가장 힘든 상대는 수년 동안 하이라인 철거 운동을 지지해온 부동산 지주 단체였다. 모두 20명이 넘었는데, 대다수 지주들은 대지 위에 오래된 철도 구조물이 있다는 사실이 반영된 가격으로, 제조 생산 구역의 값싼 땅을 매입했었다. 그런데 제조업이 기울면서 지구 개편 사업이 추진되고 주거 개발이 허용될 거라는 전망이 대두되었다. 이들은 자신들 소유의 땅에 건물을 지을 수 있도록 철도 회사 측에 하이라인을 철거하라고 요구하면서 이에 따라 땅값이 기하급수적으로 상승하기를 바랐다.

우리는 줄리아니 행정부와 관계가 좋은 편은 아니었다. 도시계획위원회City Planning Commission 위원장인 조 로즈Joe Rose는 처음 기고한 〈뉴욕 타임스〉 기사에서 하이라인에 대해 단호한 입장을 취했다. 그는 "하이라인은 구 철도 구조물의 베트남 같은 존재다…… 반드시 철거해야 한다"고 주장했다. 조와 안면이 있는 필은 그에게 일찌감치 전화를 걸어 뉴욕 시가 그 입장을 변경할 가능성이 있는지 타진해봤지만, 조는 필에게 결정은 이미 내려졌다고 통보했다. 하이라인은 철거될 거라고.

로버트 / 대학 시절에 나는 경량급 조정 선수로 3년간 활약했다. 팀에서 최단신에 몸무게가 가장 적게 나가는 선수로 체격 조건이 좋지 않았다. 그러나 나는 조정을 하기로 마음먹었다. 첫해에 내가 탄 배는 한 번도 진 적이 없었고, 경기를 즐기지는 않으면서도 선수 생활을 계속 이어나갔다.

이제 와서 돌이켜 보니 조정 선수는 나를 옭아매는 덫과도 같은 것이었고, 그저 도전 자체를 위해 도전을 밀어붙인 사례였다. 하이라인도 이와 같은 일이 되지 않을까 걱정되었다.

조슈아 / 조이스 피어폴린Joyce Pierpoline이라는 친한 친구가 파리에 살았던 적이 있다. 조이스는 "왜 있잖아, 거기에도 하이라인 같은 철도 구조물이 있어"라는 얘기를 들려주었다.

삼촌과 할머니가 파리에 살아서 추수감사절에 그곳으로 떠나기로 이미 계획을 세워둔 터였다. 나는 파리의 바스티유 오페라하우스 근처에 있는 프롬나드 플랑테Promenade Plantée 공원을 방문했다. 불과 몇 년 전에 완공된 시설로, 그 공원은 하이라인과는 다른 종류의, 철근 대신 석조 아치로 만들어진 좀 더 오래된 고가 철로 구조물 위에 조성되었다. 계단을 올라 공원에 발을 내딛는 것 자체가 놀라움이었다. 사람들은 공원을 만들어 계단을 냈고 이제 그 위로 올라가 고가 공원을 이용하고 있었다. 공원은 동네의 일부가 되었다. 따라서 철도 구조물을 공원으로 만든다는 발상은 전적으로 정신 나간 생각이 아니었다. 파리에서 이루어진 일이었고, 그렇다면 뉴욕에서도 가능했다.

로버트 / 마리오는 '하이라인 친구들'을 법적인 비영리 조직으로 만드는 일에 앞장섰다. 자신의 회사 소속 변호사에게 무료로 일을 맡아달라고 부탁했다. 마리오는 나에게 전화를 걸어, "하이라인 운영진을 정해야 해. 누가 맡지?" 하고 물어왔다. 지금 보기에는 분명 조슈아와 내가 '하이라인 친구들'을 쭉 운영해온 것처럼 보이지만, 당시 나는 마리오가 운영을 맡아야 할 거라고 생각했다. 마리오는 하이라인에 내가 투자하는 만큼의 시간을 쏟고 있었고 관련 경험도 우리보다 많았다. 그러나 그는 조슈아와 나보다 바쁜 사람이었다. 그래서 우리 세 사람 모두 운영진에 이름을 올리는 것으로 타협을 보았다.

위원회 역시 필요했다. 우리는 많은 사람들의 지원으로 하이라인 사업안에 시동을 걸었다. 그들은 대부분 마리오와 필을 통해 만난 사람들이었다. 그래서 첫 위원회 위원은 필, 마리오, 조슈아, 나, 그리고 필의 의뢰를 받아 건물 디자인을 했던 건축가 게리 핸델Gary Handel, 마리오와 필의 동료인 올리비아 더글러스Olivia Douglas로 정했다.

그즈음 우리는 기포드 밀러를 하이라인으로 데려가 투어를 시켜주었고, 그는 하이라인에 푹 빠져버렸다. 기포드는 하이라인의 잠재력을 인정하고 당장이라도 도움을 주고 싶어 하는 눈치였다. 기포드가 없었다면 하이라인 프로젝트는 이루어지지 못했을 것이다.

조슈아 / 필은 우리가 추진하고 있는 일을 커뮤니티 위원회에서 발표해야 한다고 말했다. 하이라인은 '위원회 2'와 '위원회 4', 이렇게 두 군데의 커뮤니티 위원회 지구를 통과한다. 로버트는 '위원회 2' 지구에 거주하므로 '위원회 2' 모임에, 나는 '위원회 4'에 거주하므로 '위원회 4' 모임에 나갔다.

전체 위원회 모임은 로버트와 내가 처음 만났던 커뮤니티 모임보다 규모가 컸다. 45명 정도가 U자형 테이블에 둘러앉아 있고 1백 명의 방청객이 있었다. 그렇게 많은 사람 앞에서는 얘기해본 적이 한 번도 없었다. 나는 마이크 앞으로 다가가 말했다. "저는 조슈아 데이비드라고 합니다. 로버트 해먼드라는 친구와 '하이라인 친구들'이라는 단체를 설립했습니다. 우리는 하이라인을 살려서 여러분이 거기 올라가 그곳에 조성된 아름다운 공간을 즐겼으면 합니다."

어떤 사람들은 긍정적인 반응을 보였지만, 말이 끝나기 무섭게 회의적인 질문이 튀어나왔다. "사업 비용은 얼마나 될까요? 하이라인 구조물 일부는 이미 부식되어 떨어져나오는 거 아닙니까? 사람들이 그곳에서 뛰어내려 자살을 시도하진 않을까요?" 그제야 나는 이 일이 모든 사람이 보편적으로 원하는 프로젝트는 아닐 거라는 생각이 들기 시작했다.

마침 그 자리에는 우리 지역 시의회 의원인 크리스틴 퀸Christine Quinn이 참석했다. 나는 크리스틴을 조금 알고 있었다. 몇 년 전 그녀가 추진하던 톰 두에인Tom Duane(HIV 양성자임을 공개하고 미국 최초로 공직에 당선되었다. 뉴욕 주 상원의원 중 유일하게 자신이 게이라고 공개 발표하기도 했다—옮긴이) 선거운동에 지원한 적이 있었기 때문이다. 크리스틴에게 다가가 말을 걸었다. "우리는 하이라인을 살리고 싶습니다." 그러자 크리스틴이 대답했다. "어머, 저도 하이라인을 좋아해요."

로버트 / 조슈아가 모아놓은 하이라인 관련 자료를 크리스틴에게 보냈다. 양이 많지는 않았다. 하이라인이 처해 있는 법적인 상태에 대한 기본 정보의 일부였고, 산업 유산인 하이라인을 보존해 공원이 많지 않은 동네 주변에 새로이 공원을 조성하면 얼마나 좋겠냐는, 듣기 좋은 말을 늘어놓은 문건이었다. 나중에 크리스틴은 우리에게 이렇게 답변했다. "제 지역구 사무실에 '실현 가능성 없는 좋은 아이디어'라고 이름을 붙인 서류철이 있어요. 그곳에 보내주신 자료를 보관해두었는데 양이 계속 늘어나는 바람에 하는 수 없이 여러분 파일은 돌려드려야겠습니다."

조슈아 / 우리 둘 다 뉴욕에 오랫동안 살아본 결과, 언론은 유명한 사람이나 적어도 인지도가 있는 사람을 원한다는 것을 깨달았다. 그래서 우리 편으로 끌어들일 만한 사람이 없을지 궁리하기 시작했다. 처음에 떠올린 사람들은 갤러리 관계자였다. 이들은 바로 우리 주변에 있었다.

예술계를 주시하지는 않았지만, 구겐하임 자선 행사 때 웨이터로 일하면서 폴라 쿠퍼의 테이블에 서빙을 한 적이 있는데, 폴라가 웨스트 첼시에 처음 진출한 몇몇 갤러리의 관장들 중 한 명이라는 사실을 알고 있었다. 나는 자료를 모두 모아 갤러리 앞에 갖다 놓고 이렇게 편지를 썼다. "당신의 이름을 하이라인 후원자 명단에 올려도 되겠습니까?" 폴라의 비서인 오나Ona가 전화를 걸어와 폴라가 승낙했다고 알려주었다. 믿어지지 않았다.

'매슈 마크스 갤러리'에도 자료를 갖다 놓았다. 매슈 역시 승낙했다.

나는 리처드 마이어Richard Meier가 패널로 참석하는 시립예술협회Municipal Art Society(MAS)에 프레젠테이션을 하러 갔다. 리처드 마이어가 아닌 다른 사람에게 용무가 있었지만 그가 말하는 것을 듣고, '이 사람이야말로 중요한 거물급 건축가인 것 같다'는 생각이 들었다. 토론이 끝난 뒤 리처드에게 우리가 진행하는 일에

우리 대신 이 일을 추진할 사람이
아무도 없다는 사실이 현실로 다가오기 시작했다.

관해 짤막하게 쓴 쪽지를 보냈고, 그 역시 승낙했다.

우리 계획을 지지한다는 사람들의 명단을 모으는 작업, 이것이 우리가 처음 진행한 일이었다. 우리는 사무실도 없고, 전화번호도 우편함도 없었다. 아무것도 가진 것 없이 후원자 이름만 확보했을 따름이었다.

로버트 / 첫 1년 동안의 우리 목표는 시립예술협회나 밴 앨런 학회Van Alen Institute 또는 건축가연맹Architectural League 중에서 하이라인 사업을 맡아줄 조직을 한 곳 더 물색하는 것이었다.

1999년 겨울, 우리는 시립예술협회 사람들과 만났다. 필과 조슈아, 나는 프레젠테이션 위원회를 소집한 건축가 게리 핸덜과 같이 나갔다. 시립예술협회 대표진인 프랭크 산치스Frank Sanchis가 참석한 회의는 매디슨 가의 빌러드하우스 2층, 나무 패널로 지은 도서관에서 큰 규모로 열렸다. 기포드의 어머니인 린든 밀러Lynden Miller 씨도 우리와 함께 참석했다. 그녀는 유명한 정원 설계사로, 덕분에 우리 신뢰도가 많이 높아졌다.

회의가 끝난 뒤 프랭크는 우리가 내건 안건을 시립예술협회 위원회에 올렸다. 프랭크는 시립예술협회가 하이라인 프로젝트 자체를 떠맡지는 못 하겠지만 우리를 도와주려고 노력하고 프로젝트를 지지한다는 의미로 커뮤니티 위원회 모임에 나올 거라고 했다.

우리 대신 이 일을 추진할 사람이 아무도 없다는 사실이 현실로 다가오기 시작했다.

남자 둘과 로고 하나

조슈아 / 워싱턴의 레일-트레일 관리국Rails-to-Trails Conservancy에서 근무하는 제프 시어보티Jeff Ciabotti는 나에게 '레일뱅킹'이란 용어를 설명해주었고, 이 단어는 그 즉시 우리 계획안의 중심 개념으로 자리 잡았다. 레일뱅킹은 오래된 선로 위에 트레일을 조성할 수 있는 한 가지 방법이다. 한때 철도 레일이 있었던 국유림 지역에 트레일이 조성된 것을 본 적이 있을 것이다. 그런 곳에는 공공 트레일을 조성하는 일이 수월하다. 정부가 선로 아래의 땅을 소유하고 있기 때문이다. 누군가 선로와 지역권을 가져가도 정부가 여전히 해당 구역을 소유하는 셈이어서 그 지역을 트레일로 변경할 수 있다. 그러나 대개 선로는 개인 소유지 위에 만들어졌다. 이 구역에 지역권을 설정할 때 통상 계약서에는 지역권을 선로 이외의 용도로는 이용할 수 없다고 명시한다. 따라서 선로의 용도가 사라지면 다른 용도로는 해당 구역을 이용할 수 없다. 해당 철도 구역이 사라지면 선로 아래 땅의 지주는 재산권을 되찾을 수 있다.

연방 정부는 철도 구역이 이런 식으로 사라지면 국가 자산도 잃는다는 사실을 깨달았다. 그래서 1983년, '전미 트레일 시스템 시행 개정안'을 통과시켜 레일뱅킹 법규를 포함시켰다. 이 개정안에 따르면, 철도 선로 지역권 설정 지역은 '잠정적 트레일 용도'로 변경해 이용할 수 있다.

핵심을 말하자면 이용하지 않는 철도 구역을 추후 철도 선로로 다시 이용할 경우에 대비해 정부가 해당 구역을 트레일 지역으로 '비축'하는 시스템을 구축한 것이다.

하이라인에 이러한 사항을 적용하려면 '잠정적 트레일 용도 허가서Certificate of Interim Trail Use(CITU)'라는 성배를 얻어내야 했다. 지상운송위원회에서 이 허가서를 발급해준다면, 우리가 철도 회사 측과 힘을 합쳐 하이라인의 레일뱅킹 사업을 추진할 수 있다는 의미였다.

그러나 지상운송위원회는 1992년 '조건부 유기 명령'을 발표하면서 반대쪽으로 너무 멀리 가버리고 말았다. 우리가 할 일은 하이라인을 벼랑 끝에서 다시 끌어당겨 이제까지의 진행 상황을 되돌리고, 지상운송위원회로부터 "좋습니다, 하이라인은 철거하지 않겠습니다. 대신 트레일로 변경해봅시다"라는 답변을 받아내는 것이었다.

그 시점 이후로 한 해의 과제 목록을 만들 때마다, 맨 위에는 "올해에는 CITU를 받아내겠다"는 목표가 자리했다. 당시는 그 일이 얼마나 어려운지 전혀 짐작하지 못했다.

로버트 / '워치 월드' 인터넷 사업 시작을 위해 우리는 회사 이름을 다시 짓고 새 로고를 만들기로 했다. 수년 전 '펜타그램Pentagram'이라는 회사의 디자인 책을 우연히 본 적이 있었다. 나는 그 회사가 만들어놓은 그래픽과 로고가 마음에 들어서 워치 월드 일로 이 회사와 상담을 하기로 결심했다.

펜타그램에 전화를 걸자 회사의 안내 담당자는 폴라 셔Paula Scher라는 협력업체 관계자와 이야기를 나눠보라고 소개해주었다. '워치 월드'의 최고 경영자와 나는 펜타그램 작업실에서 폴라와 만났고 그녀는 우리에게 힘을 실어주었다. 헤어지기 전, 나는 폴라를 한쪽으로 끌고 가서 작은 비영리 사업을 시작하고 있는데 오래된 고가 선로를 공원으로 바꾸는 사업이라고 이야기를 건네며 도와줄 수 있냐고 물었다.

워치 월드에서 내가 하는 일에 눈독을 들였던 건지, 아니면 단지 재미있는 발상이라고 생각해서였는지는 모르겠지만, 폴라는 2~3주 후 우리에게 '하이라인 친구들'의 로고를 몇 가지 보내와서는 골라보라고 했다. 하나는 초록색 원 안에 철도 건널목이 있는 로고였고, 다른 하나는 H 모양으로 가로선이 하나 더 그어져 있었다. 내 성이 해먼드여서인지 이 로고가 마음에 들었다. 당시 내 벨트 버클에도 H가 새겨져 있었다. H 로고는 폴라가 가장 좋아하는 것이기도 했고 다른 사람들도 모두 그걸 제일로 꼽았다.

폴라는 명함과 편지지에도 이 로고를 넣어 디자인해주었다. 그즈음 누군가가 우리에게 '남자 둘과 로고 하나'라는 별명을 지어주었다. 당시는 술술 풀리는

하이라인이 성공할 수 있었던 비결은
정말 사소한 발전이나마
끊임없이 앞으로 나아갔다는 데 있다.
우리는 그저 화분 몇 개 갖다 놓고 계단 몇 개 만들어서
다 끝냈다고 손을 놓지는 않을 작정이었다.

일이 별로 없었다. 그러나 하이라인이 성공할 수 있었던 비결은 정말 사소한 발전이나마 끊임없이 앞으로 나아갔다는 데 있다. 이 명함에 조슈아와 나는 집 주소와 집 전화번호를 넣었다. 로고 덕분에 하이라인이 진짜 프로젝트처럼 느껴졌다. 로고는 우리가 디자인에 전념하고 있다는 인상도 주었다. 우리는 그저 화분 몇 개 갖다 놓고 계단 몇 개 만들어서 다 끝냈다고 손을 놓지는 않을 작정이었다.

디자인은 하이라인 프로젝트 초기에 우리의 수많은 후원자를 하나로 집결시키는 역할을 했다. 그래픽디자인만이 아닌, 건축 설계만이 아닌, 보다 넓은 의미의 디자인, 즉 사려 깊은 디자인, 사려 깊은 계획으로 우리는 하나가 되었다. 처음에 하이라인 프로젝트를 시작할 때 필이 입에 달고 있던 말도 '사려 깊다 thoughtful'라는 단어였다.

조슈아 / 그해의 새해 전날은 아주 떠들썩했다. Y2K 공포가 사람들을 사로잡았다. 사람들은 1999년에서 2000년으로 바뀔 때 컴퓨터가 결함을 일으켜 시스템이 멈추고 세상이 끝장날 거라고 걱정했다. 뉴욕 시가 완전히 경찰국가 모드로 돌입한 탓에, 친구 스티븐과 나는 데보라, 조이스와 함께 새해 첫주에 세인트 존으로 갔다. 사람들은 그즈음 새천년을 맞이하면서 이런저런 생각에 젖어들어 2000년대에는 모든 것이 어떻게 달라질지 궁금해하고 있었다. 어느 날 세인트 존 해변에서, 나는 고교 시절부터 알고 지내온 데보라에게 내 인생이 바뀌어가는 것 같다고 말했다. 15년 동안 나는 럭셔리 잡지에서 일하면서 호화 호텔, 외국 도시, 값비싼 레스토랑, 예쁜 가구에 관한 글을 기고했다. 이젠 그보다 실질적인 것을 위해 일할 준비가 되어 있었다. 아마 그 대상이 하이라인일지도 몰랐다. 어쩌면 다른 것일 수도 있었다.

로버트 / 우리는 하이라인을 카메라에 담아야겠다고 생각했다. 우리는 하이라인에 올라가 야생식물의 믿을 수 없을 만큼 놀라운 장관을 보고 뉴욕을 완전히

새롭게 바라보았지만, 거리에 있는 사람들 눈에는 그런 장관이 들어올 리 없었고, 그런 풍광은 도저히 우리가 찍은 사진에 담아낼 수 없었다.

나는 밴 앨런 학회의 레이 게스틸Ray Gastil에게 사진이 필요하다는 뜻을 내비쳤다. 밴 앨런 학회는 설계 공모전을 개최하는 곳이니 하이라인 설계 공모전도 주최할 수 있을 거라는 생각이 들었다. 레이는 관심을 보였지만, 밴 앨런 학회가 짓지도 않을 대상을 두고 공모전만 남발한다는 비판을 받아왔다고 조심스러워했다.

레이는 "그러지 말고 조엘 스턴펠드Joel Sternfeld에게 사진을 부탁해보지그래요?"라고 의견을 제시했다. 조엘은 로마 상Rome Prize(로마 주재 미국 아카데미에서 전국적인 경쟁을 통해 15명의 신인 예술가들에게 수여하는 상—옮긴이) 수상자이며, 로마 외곽에 있는 수로교 사진을 포함해 산업 경관 사진을 몇 점 찍은 바 있었다.

인터넷에서 조엘을 검색해보았다. 조엘이 찍은 사진 중 찾아볼 수 있는 거라곤 골짜기에 빠진 자동차 사진뿐이었다. 전화번호부에서 그의 번호를 찾아 전화를 걸었다. 하이라인 사진 촬영을 맡아주었으면 하는데 관심이 있냐고 물어보았다. CSX는 하이라인에 한 번 더 올라갈 수 있도록 허락해주었다. 조엘은 그곳을 보자마자 나를 한쪽으로 데려가더니 말했다. "이 일을 맡고 싶습니다. 1년간은 아무도 이곳에 올라오지 않게 해주세요. 아름다운 사진을 선사할게요."

나는 우리에게 필요한 것이 머니샷money shot(인상적인 장면을 담아 작업의 가치를 높일 수 있는 사진—옮긴이)이라고 말했다. 조엘은 그 말을 들을 때마다 웃었다. 나는 '머니샷'이라는 용어가 어디서 유래했는지 몰랐고 그저 가장 중요한 사진이라고만 알고 있었다. 포르노에서 나온 말이라는 사실을 몰랐던 것이다. 조엘은 "머니샷을 찍어드릴게요"라고 답변했다.

우리는 2000년 4월부터 2001년 7월까지 조엘이 원할 때는 아무 때나, 혼자 하이라인에 올라가 촬영해도 좋다는 허가를 받았다. 조엘은 하이라인의 사계절 모습을 모두 담아냈다. 가끔 샘플 이미지를 보내주기도 했다. 내가 보기에는 멋졌다. 당시는 그 사진들이 우리가 추진하는 하이라인 프로젝트의 성격을 잘 포장해 나아가고자 하는 방향으로 힘을 실어주리라고는 전혀 생각하지 못했다.

나는 나중에야 조엘이 유명한 사진작가라는 것을 알게 되었다.

조슈아 / 지역 신문사인 〈더 빌리저The Villager〉에서 우리의 초기 노력에 대한 기사를 실어주었다. 기사에는 첼시 부동산 지주 단체 대표인 더그 새리니의 비관적인 발언도 같이 실렸다. 이제 이 일은 꽤 크게 번져, 커뮤니티 위원회 4는 이 안건을 두고 공청회를 열기로 결정했다.

로버트는 하이라인 지지자들에게 공청회 참석 요청 이메일을 대거 발송했다. 로버트는 '이그룹eGroups'이라는 무료 인맥 작성 프로그램을 통해 이메일 데이터베이스를 구축하기 시작했다. 우리 둘이 새로운 사람을 만날 때마다 이 목록에 이메일 주소를 추가하는 방식이었다. 그러나 여전히 많은 사람들과 연결망을 구축하지는 못했다. '구글'이 바로 그 전년도에야 처음 이런 서비스를 시작한 탓이다. 나는 전단지도 함께 작성해 주변 가로등 기둥에 붙여두었다. 전단지를 많이 붙이면 붙일수록, 더 많은 사람이 우리를 지지하러 와줄 거라고 믿었다.

공청회는 9번가에 있는 로버트 풀턴하우스의 커뮤니티 대회의실에서 열렸다. 하이라인 찬성 패널로는 로버트, 마리오, 나, 시립예술협회의 로라 핸슨Laura Hansen이 참석했다. 로라는 시립예술협회에서 건물 · 사업 처리 업무를 맡고 있었는데 지역사회의 특성을 살려주지만 존폐 위기에 처한 건물과 업체를 담당하는 일이었다. 더그 새리니는 하이라인 반대 패널로 참석했다.

로버트 / 마리오와 나는 공청회 때 무엇을 입을지 미리 계획을 세워두었다. 마리오는 정장을, 나는 청바지를 입기로 했다. 이렇게 입으면 우리 쪽에 사업가답게 영리하고 말쑥한 사람도 있고 지역사회를 위해 일하는 사람도 있다는 인상을 심어줄 것 같았다.

조슈아 / 커뮤니티 위원회 위원장인 팸 프레더릭Pam Frederick은 하이라인 사진을 많이 찍어서 프로젝트 영상으로 보여주었다. 캐러셀carousel('회전목마'라는 뜻으로, 돌고 돌아 추억을 여행한다는 의미로 붙여진 이름 — 옮긴이) 슬라이드 영상으로, 당시에는 표준으로 사용하던 방식이었다. 팸은 하이라인을 좋아하긴 했지만, 영상 속 하이라인은 버려진 공터에 잡초더미만 무성해 보였다. 다음으로 로버트와 마리오, 나는 하이라인을 보존해 공원으로 만들어보자는 계획을 얘기했다. 당시는 아직 전체적으로 펼쳐보지도 못한 계획이었다. 그다음으로 더그 새리니가 일어나 처음 커뮤니티 모임에서 전달했던, '하이라인, 얼마나 끔찍한가'라는 주제의 연설을 했다. 그는 전과 똑같은 연설을 이번에는 좀 더 큰 목소리로, 좀 더 힘 있게 전달했다.

다음에는 청중의 의견을 듣는 시간이었다. 한 사람씩 일어나 하이라인을 철거해야 하는 이유를 열거할 때마다 테이블에 앉아 있는 우리의 안색은 점점 창백해졌다. 우리는 있는 대로 짓밟혔다.

사람들이 사는 동네에 열차가 다닌다는 것이
내게는 낭만적으로 들렸다. 그러나
하이라인이 개통되어 있던 당시 그곳에 살았던 사람들에게
열차가 지나다니는 동네란 낭만적이지 않았다.
그곳은 시끄럽고 더러웠다.

로버트 / 사람들이 사는 동네에 열차가 다닌다는 것이 내게는 낭만적으로 들렸다. 그러나 하이라인이 개통되어 있던 당시 그곳에 살았던 사람들에게 열차가 지나다니는 동네란 낭만적이지 않았다. 하이라인 빈민 구역에 살기 때문만은 아니었다. 그들은 하이라인 선로 아래 살았다. 그곳은 시끄럽고 더러웠다.

조슈아 / 공청회에는 상냥한 인상의 백발 여성이 있었다. 동네 주변에서 가끔 봤던 분으로, 머리 매무새가 깔끔하고 옷차림도 정갈했다. 가디언 에인절 교회 성도이니 독실한 기독교 신자일 거라 생각했다. 그녀는 자리에서 일어나 직접 써 온 글을 읽으며 자신은 하이라인 바로 아래쪽 거리에 위치한, 자기가 태어난 첼시의 한 아파트에서 지금도 살고 있다고 말했다. 열차가 다녔던 것도 기억나고 그게 얼마나 끔찍했는지도 생각난다고 말했다. 하이라인은 허드슨 강과 첼시를 단절시키므로 철거해야 한다고 주장했다.

이 기독교 신자는 우리와 입장이 달랐다.

로버트 / 어떤 사람들은 하이라인을 어둠의 세상으로 묘사했다. 하이라인 강철 들보 사이에 둥지를 틀고 사는 비둘기 똥을 피하려면 그 아래를 지날 때 뛰어야 하는 곳이었다. 하이라인에 대한 가장 큰 불만 중 하나도 비둘기 똥이었다.

사람들은 또한 하이라인이 위협적이고 위험해 보인다고 느꼈다. 어떤 사람은 하이라인 프로젝트가 동성애자에 대한 혐오감을 불러일으킬 수 있다고 했다. 사람들이 하이라인 위에 올라갈 수 있다면 게이와 성도착자에게 물건을 던질지도 모른다는 이유로 말이다. 내가 보기에 가장 그럴듯한 반대 이유였다.

조슈아 / 1970년대에 첼시 지역에 처음 자리를 잡았던 사람들은 3만 달러 내지 5만 달러를 주고 타운하우스를 구입했다. 오늘날 첼시 거리에 한 줄로 쭉 늘어선 가로수는 이들이 심은 것이다. 이들은 10번가 동쪽의 타운하우스 지구는 좋

아했지만, 10번가 서쪽의 하이라인이 통과하는 산업 지구는 탐탁지 않아했다. 부분적인 이유는 나이트클럽이었다. 사람들이 클럽에서 나와 집으로 가는 길에 타운하우스 출입구에 구토를 하고 총기 사고도 발생한다는 것이었다. 대개 지역사회 집단에서 산업 시설물을 받아들이려 하지 않는 풍토 역시 한 가지 이유였다. 고가 구조물은 지역사회를 양분한다는 이유로 비난받는다. 하이라인은 브롱크스 횡단 고속도로Cross-Bronx Expressway처럼 지역을 반으로 절단하는 거대 구조물 취급을 받았다.

로버트 / 많은 사람들이 우리보다 앞서 피터 오블레츠가 하이라인 보존을 위해 힘쓰는 과정을 지켜본 터였다. 피터는 커뮤니티 위원회 위원장을 지낸 적이 있다. 그는 철도 회사에서 일한 경험이 있고 하이라인의 열차 운행을 재개하려는 계획도 갖고 있었다. 심지어 철도 회사 측으로부터 하이라인을 10달러에 사들여 이를 잠시 동안 소유하기도 했다. 하지만 이 거래는 법정에서 무효가 되었다. 피터는 웨스트사이드 철도연합West Side Railroad Coalition이라는 조직체를 이끌었지만 1990년대 중반 그가 사망한 뒤로 이 조직은 더이상 활동하지 않았다. 따라서 이곳 지역사회는 '하이라인 보존' 계획의 전 과정을 이미 지켜봤던 셈이다. 나와 조슈아에게 하이라인을 되살린다는 것은 신선하고 흥미 있는 일이었지만, 이곳 주민들에게는 신선하지도 흥미롭지도 않았다.

조슈아 / 에드 커클런드도 공청회에 참석했다. 그는 커뮤니티 회의라면 빠짐없이 참석하는 사람이었다. 에드는 공청회에 모인 사람들 앞에 나서서 의견을 말하기보다는 옆에서 지켜보며 로버트와 나에게 자기 의견을 전달하는 편이었다. 그는 하이라인을 보존한다는 취지에는 찬성했지만 주변에 고층 건물이 들어서지 않을까 우려했다. 고층 건물은 적이었다. 1989년, 8번가에 '그랜드 첼시'라는 건물이 들어섰다. 23번가 아래쪽에 유일하게 들어선 '고층 건물'로, 20층쯤 되는 높이다. 이웃 주민들은 폭발했다. 부동산 개발업자가 들어와 사방에 고층 건물을 지을지도 모른다는 분위기가 팽배했다. 그래서 고층 건물 건설을 막기 위해 주민들은 '첼시 계획안'이라는 커뮤니티 주도의 지구 개편 사업에 착수했고, 이 안은 우리가 하이라인 프로젝트를 시작할 때 바로 통과되었다. 커뮤니티는 7번가와 10번가 사이, 첼시 구역 대부분의 다운존화(고밀도화 억제를 위해 건축 규제를 바꾸는 일—옮긴이)와 건물 높이를 7층으로 제한하는 데 성공했다. 그러나 이와 비슷한 시기에 커뮤니티는 구 플라워 구역Flower District의 지구 개편 사업을 받아들여, 23번가 북쪽의 6번가에 35층짜리 고층 아파트 단지가 길게 늘어서는 것을 허용해야 했다.

에드가 우려하는 것은, 만약 하이라인을 보존할 경우 하이라인 부지에 짓지 못한 건물이 대신 인근의 다른 지역 건물에 증축 형태로 들어서면서 결과적으로 고층 건물을 만들어낼 거라는 점이었다. 이는 도시계획으로 빚어질 수 있는 과정을 이해하는 지역 계획가의 복잡 미묘한 계산에서 나온 발상으로, 뉴욕 시에서는 개발을 하면 엉뚱한 결과가 나온다는 경험에서 비롯된 생각이었다.

로버트 / 첫 공청회는 조슈아와 나에게 모진 경험이었다. 그러나 어떤 일을 시작하기 위해서는 먼저 숱한 거부반응에 익숙해져야 했다. 내 경력은 판매 쪽이었다. 한때는 거부 목표를 세워놓기도 했고, 하루에도 수없이 딱지를 맞거나 영업 활동을 충분히 하지 않은 적도 있었다.

조슈아 / 로버트는 아무한테나 전화를 걸어 우리가 하는 일을 얘기하는 데 귀재였다. 신생 회사에서 일할 때부터 그는 사람들 명단을 확보해 무작정 전화를 걸어보는 일을 좋아했다. 나는 그런 쪽으로는 젬병이었다. 모르는 사람에게 전화로 도움을 부탁하기 위해 용기를 내는 데만도 하루 온종일이 걸릴 판이었다. 내가 도움이 된 분야는 글 쓰는 사람으로서의 기술이었다. 우리 자료는 모두 내 손을 거쳤다. 내게는 또한 정보를 찾아내는 언론인다운 감이 있었고, 이런 감각은 우리가 해야 할 조사에서 빛을 발했다.

로버트 / 조슈아는 가끔 기삿거리 때문에 오랫동안 뉴욕을 떠나 있곤 했다. 그럴 때면 내가 많은 일을 했고, 조슈아가 돌아오면 그가 다시 일을 도맡아 했다. 그동안 나는 내 일에 얼마간 집중할 수 있었다.

조슈아 / 하이라인 프로젝트에 동참해달라고 부탁하면, 사람들은 '참고 자료를 보내달라'고 했다. 그래서 우리는 '참고 자료'를 만들어야 했다. 처음에는 단순한 편지 형태였다. 그러다가 자료가 첨부된 장문의 편지로 바뀌었다. 그 과정에서 우리는 하이라인 사진을 넣어 프레젠테이션 형식으로 인쇄물을 만들어야 한다는 사실을 깨달았다. 나는 저렴하게 만들어볼 생각이었지만 로버트는 생각이 달랐다. "화려하게, 돈을 많이 들인 것처럼 보여야 해. 그래야 사람들이 우리를 다르게 볼 거야. 자기네 집에서 일하는 남자 둘, 그 이상의 존재로 봐줄 거라고." 나는 생각해보지 못한 부분이었다. 필 애런즈가 나섰다. "브로슈어 인쇄할 돈도 조달 못한다면 하이라인 프로젝트를 추진할 돈은 꿈도 꿀 수 없습니다. 어떻게 할지 방법을 찾아야 해요."

내가 아는 편집자가 '프린스턴 건축 출판사'의 그래픽디자이너인 뎁 우드Deb Wood를 소개해주었다. 우리가 찾을 수 있는 최고의 사진들을 모아 레이아웃을 잡은 뒤 브로슈어를 인쇄했다. 5천 달러 정도의 비용이 들 것 같았는데, 우리에게는 큰돈이었다.

나는 예전에 우리를 지지한다고 관심을 표명해 준 그리니치빌리지 주민인 엘리자베스 길모어Elisabeth Gilmore에게 전화를 걸었다. 엘리자베스는 두세 달 전, 〈더 빌리저〉에 실린 기사를 보고 내 전화번호를 알아내 연락을 해왔다. 우리에게 금전적인 도움을 주고 싶다고 했다. 그런데 그때 나는 거절했다. "글쎄요, 좋은 소식이지만 지금은 금전적인 도움이 필요하지 않습니다. 아직 정해진 게 없어요." 지금 생각하면 돈을 거절한다는 건 상상도 할 수 없는 일이었지만 그만큼 우리는 세상 물정 모르는 신출내기였다.

엘리자베스는 6번가 '프렌치 로스트French Roast'에서 커피를 하자는 내 제안을 받아들였다. 엘리자베스가 먼저 후원하겠다고 했지만 5천 달러를 부탁하는 건 쉽지 않았다. 그녀는 "그 절반을 드릴게요"라고 말했다. 그 돈이 첫번째 기부금이었다. 나머지는 친구와 가족에게 십시일반으로 모아서 채웠다.

로버트 / 브로슈어에는 하이라인과 그 역사를 소개해놓았다. 당시 하이라인 역사에 관한 출판 인쇄물이 전혀 없었던 까닭에 브로슈어는 가치 있는 자료였다. "하이라인을 공원으로 만들 수 있는 레일뱅킹이라는 프로그램이 있습니다. 우리 일은 바로 그 사업을 추진하는 것입니다. 여러분의 도움을 기다리고 있습니다"라는 문구와 함께 폴라 쿠퍼, 리처드 마이어, 크리스틴 퀸, 린든 밀러를 비롯해 1980년대에 피터 오블레츠와 함께 하이라인 보존을 위해 투쟁했던 제리 내들러Jerry Nadler 의원의 말을 수록했다. 조엘 스턴펠드는 브로슈어를 막 인쇄하려고 할 때 자기가 처음에 찍은 하이라인 사진을 건네주었다.

2000년 여름에 완성된 브로슈어 제작은 우리가 처음 실행에 옮긴 업무였다. 브로슈어에는 이런 말을 적어 넣었다. "우리는 공식 단체입니다. 실제로 존재합니다. 그 존재를 알리는 일을 지금 하고 있습니다."

조슈아 / 하이라인에 관심 있는 사람은 우리만이 아니었다. 뉴욕에서 부동산 개발업을 했던 베일에 싸인 영국 변호사가 있었다. 그의 이름은 라이어널 커스토Lionel Kustow로, 본인이 하이라인 프로젝트에서 맡고 싶은 일을 비밀스러운 용어를 구사해가며 얘기했다. CSX 측은 그를 좋아했고 데브라 프랭크도 라이어널과 같이 일해보라고 번번이 우리를 재촉했다. 마침내 필과 로버트, 나는 라이어널과 점심을 먹으러 54번가에 있는 모마MoMA(뉴욕 현대미술관—옮긴이) 근처의 '애쿼비트Aquavit'로 갔다.

로버트 / 라이어널은 하이라인을 타임스 스퀘어에서 출발해 미트패킹 구역까지 운행하는 관광 열차 선로로 활용했으면 했다. 이게 바로 그가 품은 크고 비밀스러운 생각이었다. 그는 '버진 애틀란틱Virgin Atlantic'(영국계 항공사—옮긴이)에 투자했다고 말했다. 필과 라이어널은 하이라인 인근 지역에 적용할 만한 온갖 종류의 개발 방식에 대해 얘기하기 시작했고, 조슈아는 점점 격분했다. 그는 분명 개발 반대론자였다.

조슈아 / 필은 유적지가 대개 존재의 위협을 받는 것은 개발업자가 그 부지에 뭔가 덩치 큰 것을 지으려 하기 때문이라고 말했다. 그러나 지구 개편 작업을 실시하면 유적 건물의 상공 개발권을 다른 지역으로 이양할 수 있어 부동산 개발 압력에서 어느 정도 벗어날 수 있다. 이런 방식으로 뉴욕 시는 재키 오나시스Jackie Onassis와 시립예술협회의 지원에 힘입어 그랜드 센트럴 역Grand Central Terminal을 보존했다. 그랜드 센트럴 역의 지상 개발권을 다른 지역에 팔 수 있었기 때문이다. 타임스 스퀘어 안의 역사적인 극장을 보존하는 데도 비슷한 방식이 적용되었다. 하이라인의 경우 이 방식을 똑같이 적용하려면, 하이라인 아래의 땅을 소유한 부동산 지주들의 상공 개발권을 인근 다른 부지로 이양해서 그들의 재산권을 보존하는 조치를 취해야 한다. 그런데 이렇게 되면 인근의 다른 부지에 고층 건물이 들어서는 결과를 초래할 수도 있다. 지나치게 단순한 추론이었지만, 에드 커클런드가 말한 내용과 동일한 결론이었다. 하이라인을 보존하려면 하이라인 상공의 개발권을 어딘가로 옮겨야 한다. 그리고 그곳이 어디가 됐든 단언컨대 고층 건물이 들어설 것이다.

고층 건물이 가장 몹쓸 적이라는 커뮤니티의 독단적인 논리에 세뇌될 대로 세뇌되어 있던 나는 이런 결과가 초래될 가능성에 강한 우려감을 내비쳤다. "하이라인 프로젝트를 추진한 결과, 가만히 있었다면 들어서지 않았을 고층 건물만 잔뜩 올라가게 된다면 저는 이 일에 참여하고 싶지 않습니다."

필은 이 방법이 프로젝트를 진행할 수 있는 유일한 길이니 다시 한번 생각해보라고 권유했다. 로버트와 나는 지하철을 같이 타고 시내로 돌아오면서 처음으로 크게 다퉜다.

로버트 / 조슈아가 말했다. "이봐, 자네가 이런 개발업자와 일하겠다면, 나는 여기서 빠질게. 자네가 계속 가더라도 나는 더이상 도움을 주지 않을 거야." 우리는 갈라서다시피 했다.

조슈아 / 이런 갈등을 극복하는 데는 시간이 좀 걸렸다. 처음에 나는 그저 그 안을 거부하며 다른 방식으로 일이 진행될 수 있다고 스스로에게 되뇌었던 것 같다. 그 후 시간이 지나면서 내 관점이 바뀌었다. 분명 내게는 큰 변화였다. 필은 나와는 상관없는 딴 세상 같아 보이는 미래에 대해 이야기하고 있었다.

로버트 / 조슈아와 나는 하이라인을 일반에게 공개하고 하이라인을 공원으로 조성하는 방법에 대해 밑도 끝도 없이 얘기를 나누었지만, 우리는 건축가도 도시계획가도 아니고 우리 프로젝트에 관해 뚜렷한 비전도 없었다. 이 점이 바로 하이라인 프로젝트의 성공 열쇠임이 드러났다. 우리는 프로젝트를 도와달라고 많은 사람에게 부탁해야 했다.

조슈아 / '공용 공간 디자인 트러스트Design Trust for Public Space'는 디자인계와 정부, 커뮤니티계의 세 주최 기관, 즉 뉴욕 시의 공용 공간을 만드는 일로 연관되어 있지만 서로 많은 영향을 주고 받지는 않는 세 집단을 연결시켜준다고 자체적으로 홍보하는 단체였다. 디자인 트러스트의 임무는 이들 세 집단을 공공의 선善을 위해 불러 모으는 일이었다. 디자인 트러스트는 앤드리아 우드너Andrea Woodner와 클레어 바이스Claire Weisz가 대표직을 맡고 있었다. 앤드리아는 디자인 트러스트 창업자이자 이사회 의장이었다. 필은 우리에게 디자인 트러스트의 후원금을 신청해보라고 제안했다.

대개 디자인 트러스트의 후원을 신청하는 주최는 커뮤니티 단체였다. 디자인 트러스트는 해당 단체를 디자인 전문가와 정부 고문과 연결시켜준다. 그들의 목표는 커뮤니티 사업을 시 차원에서 진행함과 동시에, 커뮤니티 차원에서 한다면 엄두도 못 내거나 감히 접근하지 못할 수준의 탁월한 디자인을 선보이는 것이다.

우리는 피후원 단체 자격을 따냈지만, 디자인 트러스트는 우리 쪽에 자금을 지원하지는 않았다. 디자인 트러스트는 우리를 도와줄 사람들을 물색했고 돈은 바로 그 사람들에게 들어갔다. 모든 일이 합작으로 진행되었다. 클레어와 앤드리아는 비범한 두뇌의 소유자였다. 하이라인 프로젝트의 윤곽을 잡기 위해 만날 때마다 이들 머리는 항상 새로운 용어와 발상으로 가득했다. 이들과 헤어질 때는 지적 양분을 채운 듯한 느낌이었지만 전혀 진척이 없다는 우려를 떨칠 수 없었다. '반복 과정Iterative process'이란 용어를 들은 것도 이때가 처음이었다. 건축가는 이 말을 좋아한다. 나는 '반복 과정'이란 말을, 모임은 많은데 만날 때마다 지난번 모임에서 결정한 사항을 철회하기 때문에 끝내는 결정을 전혀 내리지 못한다는 의미로 받아들였다. 결정을 내리는 것 자체가 '반복 과정'이기 때문이다.

결국 우리는 계획 연구Planning study를 하기로 결정했다. 당시의 한 연구를 지금 들여다보면 앞으로 수년 뒤에나 닥칠 일을 얼마나 많이 예측해놓았는지 놀라울 정도다. 하이라인 변신을 위한 일종의 로드맵도 작성했다. 바로 그 단계는 로버트와 내가 건축가와 도시계획가, 보존론자, 조경 설계사, 공무원의 세계로 뛰어들었다는 사실을 의미했다. 나에게는 새로운 세계였다. 나는 그들에게 푹 빠졌고 그들이 생각하고 말하는 방식, 그들이 하는 모든 것을 사랑하게 되었다.

로버트 / 사람들은 줄리아니 시장이 하이라인에 반감을 갖고 있었던 게 틀림없다고 생각한다. 하지만 내 생각에 줄리아니 시장은 하이라인을 특별히 마음에 두고 있지는 않았다. 그보다는 하이라인에 반대하는 부동산 지주들이 줄리아니 행정부의 전직 부시장인 랜디 매스트로Randy Mastro를 고용해 많은 돈을 주고 줄리아니의 로비를 맡겼고, 그 때문에 시장이 반대 입장을 취한 것이라고 본다.

나는 한때 개발업자들이 참 똑똑하다고 생각했다. 어떻게 사람들의 반대를 물리치고 사업권을 따내어 사람들이 원치 않는 건물을 지을 수 있을까? 이제 와서 깨달은 사실은 개발업자라고 해서 모두가 그렇게 똑똑한 것은 아니라는 거다. 이들은 가장 똑똑한 변호사를 고용한 것뿐이다. 그런데 이 방식은 거꾸로도 통할 수 있다. 가장 똑똑한 변호사를 고용해 뭔가 건설되거나 철거되는 사태를 막을 수 있다는 것. 이것이 바로 우리가 원하던 바였다.

우리는 철도 회사, 지상운송위원회, 뉴욕 시, 뉴욕 주, 부동산 지주 등 모든 주체를 한꺼번에 고소하는 방안을 고려했다. 따라서 철도법 분야의 전문가가 필요했다. 철도법 전문 법률 회사는 보통 철도나 시 또는 주를 의뢰인으로 삼아 이들을 대변한다. 어떤 법률 회사도 평소의 자기들 의뢰인을 고소하는 일에 관심을 보이지 않았다. 그것도 무료로, 승산이 없을 것 같은 사건을 맡는 일이었다. 기꺼이 무료로 사건을 맡아주겠다는 변호사도 있었지만, 철도 회사나 주, 시를 실제로 상대한 경험이 그다지 많지 않은, 딱히 최고의 변호사는 아니었다. 하지만 우리는 최고를 두고 싶었다. 정부와 부동산 지주는 곁에 최고의 변호사를 둘게 뻔했기 때문에 우리 역시 최고의 변호사를 원했다.

그즈음 리처드 소카라이즈Richard Socarides가 우리에게 도움을 주기 시작했다. 그는 클린턴 대통령 시절 백악관 고문으로 활약했고 워싱턴 정계의 많은 사람을 알고 있었다. 지상운송위원회가 워싱턴에 있기 때문에 많은 철도법 전문 변호사가 워싱턴에서 일한다. 리처드는 대형 로펌 '커빙턴 앤 벌링Covington and Burling'에 있는 마이크 헤머Mike Hemmer를 추천했다. 우리는 워싱턴으로 가서 마이크를 만났다. 그는 친절하고 사건에 관심을 보였지만 무료로 소송을 맡으려 하지는 않았다. 내 기억에 마이크는 4만 달러의 수임료를 말했던 것 같다. 지난번에는 브로슈어 제작을 위해 5천 달러를 모금했는데 이제는 4만 달러를 조성해야 했다. 이렇게 해서 우리는 첫번째 기금 모금 행사를 주최했다.

조슈아 / 되도록 빨리 준비해야 했다. 사람들의 주소록을 제공해줄 이들을 다수 확보하고 초대장을 인쇄해 발송해야 했다. 나는 그 무렵 기사를 쓰느라 여행중이어서 로버트가 대부분의 일을 도맡았다.

로버트 / 기금 모금 행사는 2000년 12월 초에 열렸다. 올리비아 더글러스의 비서인 켈리Kelly가 모든 명단을 취합했다. 웨스트 26번가 건물의 갤러리 소유주인 루커스 스쿠어먼스Lukas Schoormans가 갤러리 공간을 쓰도록 허락해주었다. 조엘 스턴펠드는 경매에 부칠 사진을 가져왔다. 게리 헨덜과 게리 회사의 건축가인 에드 타치바나Ed Tachibana는 사진 게시판을 많이 만들어 갤러리를 하이라인 관련 전시실로 바꿔놓았다. 홍보 담당인 제임스 라포스James LaForce는 여기저기 소문을 내주었다. 그는 〈포스트〉 6면에 행사 광고를 실어주었다. 대학 시절 친구인 스콧 스키Scott Skey는 행사 음식을 담당했다. 그는 당시 '캐비아 루스Caviar Russe'에서 일했는데, 레스토랑에 부탁해 다량의 캐비아를 기증받았다.

조슈아 / 그 시점에 우리가 기댈 언덕은 웨스트 18번가의 구 첼시 역 우체국에서 빌린 우체통이었다. 초대장을 발송하고 몇 주 뒤, 우체통에서 봉투가 쏟아져 나왔는데 그 안은 수표로 채워져 있었다. 우리는 기본 티켓 값으로 125달러를 책정했다. 어떻게 그렇게 많은 사람들이 125달러를 선뜻 보내왔는지 믿어지지 않았다. 물론 더 많은 금액을 기부하기도 했다. 봉투를 확인하던 내 손에는 어느새 5백 달러와 1천 달러짜리 수표가 들려 있었다. 5천 달러짜리 수표도 한 장 들어왔다. 나는 생각했다. '이 사람들은 누굴까?'

로버트 / 그때 처음으로 우리는 기부자가 반드시 우리가 아는 사람은 아니라는 걸 알게 되었다. 친구의 친구의 친구와 연결되어 돈을 모금할 수 있는 거라는 걸 말이다. 도널드 펠스Donald Pels와 웬디 키즈Wendy Keys만 하더라도, 내 친구인 윌 살만Will Sahlman의 부모님 친구분들이다. 당시 그분들은 우리나 하이라인 프로젝트에 대해 알지 못했다. 어퍼이스트사이드에 사는 분들이 모금 행사를 위해 첼시까지 발걸음을 해준 것이다. 단지 재미있는 프로젝트라고 생각했던 모양이다. 그때 이후로 두 분은 우리의 가장 충실하고 아낌없는 후원자가 되었다.

조슈아 / 루커스 스쿠어먼스의 갤러리는 26번가, '웨스트 첼시 아트 빌딩'에 있었다. 엘리베이터에서 내려 갤러리 안으로 들어가기 직전에 북향의 하이라인을 훤히 내다볼 수 있는 큰 창이 있었다.

행사 기획자이자 나중에 우리 위원회 위원이 된 브론슨 밴 윅Bronson Van Wick을 처음 만난 것은 그때였다. 그날 밤 브론슨은 하이라인의 긴 선로를 비추는 등이 달린 체리피커(높은 곳에서 작업할 수 있도록 사람을 들어 올려주는 크레인—옮긴이)를 빌려 왔다. 매우 인상적이었다.

우리의 첫 행사였지만, 이미 아주 높은 생산 가치와 함께 진행되고 있었다. 브론슨이 빌려 온 등과 하이라인의 사계절 모습을 담은 조엘의 사진을 넣어 접어 넣는 형태로 만든 아름다운 초대장 덕분이었다. 스콧은 근사한 전채 요리를 담당했고 기증받은 '파이퍼하이직 샴페인'을 자리에 배치했다. 신출내기 단체가 시작한 파티치고는 화려했다. 샌드라 버나드Sandra Bernard와 케빈 베이컨Kevin Bacon, 키라 세지윅Kyra Sedgwick도 파티에 참석했다. 이들이 한 친구의 주소록에 포함되어 있었기에 가능한 일이었다. 〈포스트〉의 부동산 전문 기자인 루이스 와이스Lois Weiss도 참석했다. 다음 날 〈포스트〉에는 케빈과 키라의 사진과 함께, 우리 행사를 하이라인 보존을 위한 "유명 인사 총출동"이라는 표제로 소개한 기사가 실렸다. 언론은 처음부터 하이라인 프로젝트를 유명 인사 프로젝트라고 이름 지었다. 덕분에 우리에게는 이점이 많이 생겼다. 비록 이로 인해 때에 따라 비난을 받기도 했지만 대개는 유리하게 작용했다.

> 기금 모금 초기 단계에서 가장 큰 수확은
> 추진하는 사업을 믿고 말 그대로 뛰어들어주는 인맥 집단이다.
> 최근에 나는 첫 행사 때의 프로그램을 찾아보았다.
> 그날 밤 그 자리에 모였던 많은 이들이
> 그 행사 이후로 계속 우리와 함께했다는 사실이 놀라웠다.

로버트 / 모금 행사로 6만 달러를 거둬들여 마이크 헤머에게 소송 준비 비용을 지불할 수 있었지만 당시 우리는 소송장을 제출하지는 않았다. 첫 소송을 걸기에는 내용도, 시기도 적합하지 않았다. 이후 마이크 헤머는 무료로 우리 일을 해주기 시작했고 이후 수년 동안 지상운송위원회를 상대로 많은 소송을 준비해주었다. 결국 우리는 다른 소송을 제기했다. 뉴욕 시를 상대로 한 지역 소송이었는데 이에 따라 또 다른 변호인단 선임을 위해 소송 비용을 마련해야 했다.

비록 처음에 마음먹은 소송을 제기하지는 않았지만 소송 비용을 모금했다는 것 자체로도 의미가 있었다. 기부를 하면 그곳에 더욱 관여하게 되고 참여 의식을 느끼게 마련이다. 덕분에 우리는 어떻게라도 기반을 구축하고 데이터베이스를 만들어, 미 국세청IRS이 지정하는 501(C)(3)조항의 비영리 단체 지위 획득을 위한 신청 작업에 마지막 박차를 가해야 했다. 당시 세금 문제로 여전히 시립예술협회를 이용하고 있어, 사람들에게 그쪽 창구를 통해 기부하게 했다.

조슈아 / 기금 모금 초기 단계에서 돈은 거의 부차적인 혜택이라고 할 수 있다. 가장 큰 수확은 추진하는 사업을 믿고 말 그대로 뛰어들어주는 인맥 집단이다. 특히나 생긴 지 얼마 안 된 신생 조직의 유대감은 협력 관계나 헌신, 소속감, 가족이라는 표현 말고는 다른 어떤 단어로도 대체할 수 없다.

최근에 첫 행사 때의 프로그램을 찾아보았다. 그날 밤 그 자리에 모였던 많은 이들이 그 행사 이후로 계속 우리와 함께했다는 사실이 놀라웠다.

우리 편이 되었다

조슈아 / 2001년이 시작되면서 우리는 차기 시장이 누가 될지 저울질하기 시작했다. 줄리아니의 임기가 끝나가는 가운데 후보자 여럿이 시장 자리를 놓고 출마하는 중이었다. 그중에는 시의회 의장인 피터 밸런Peter Vallone, 브롱크스 자치구 구청장 페르난도 '프레디' 페러Fernando 'Freddy' Ferrer, 공익옹호관 마크 그린Mark Green(뉴욕 시 공익옹호관은 시장 다음으로 막강한 권한을 지닌 선출직으로 시 행정부를 감독하는 감시자 역할을 하며 유사시 시장직을 1순위로 대행한다. 여기에 등장하는 마크 그린이 초대 공익옹호관이다—옮긴이)이 있었다. 많은 이들은 그린이 당선되리라 예상했지만 누가 당선될지 알 수 없었기 때문에 후보자 모두를 물망에 올려놓아야 했다.

그즈음 우리는 크리스 콜린스Chris Collins와 접촉했다. 크리스는 뉴욕 시의회의 지구 개편 사업 및 토지 이용 법률 고문이었다. 기포드 밀러는 그에게 하이라인을 소개하면서, 하이라인을 철거하는 데 뉴욕 시의회의 승인이 필요한지 물었다. 크리스는 함께 일하는 밥 쿨리코브스키Bob Kulilowski와 런던 테라스London Terrace에 살고 있었는데, 밥은 맨해튼 자치구 구청장인 C. 버지니아 필즈C. Virginia Fields의 일을 맡고 있었다.

크리스와 밥은 순식간에 마음을 바꿨다. 하이라인을 처음 걷고 나서 하이라인 프로젝트에 동참하기로 결심했다. 이들은 정부와 커뮤니티 쪽 일에 경험이 많으니 우리한테 도움이 될 수 있을 거라 생각하고 전략 회의를 제안했다. 크리스는 자기 아파트에 브런치를 먹으러 오라고 우리를 초대했다.

크리스와 밥은 9번가가 내려다보이는 창가 옆 테이블에 음식과 와인을 차려놓았다. 그들이 내게 화장실을 보여주었는데, 1930년대 런던테라스 양식을 본떠 개조한 곳이었다. 런던테라스는 그 동네 랜드마크 역할을 해온 아파트로, 블록을 통째로 차지하는 거대 단지다.

그 자리에 모인 사람은 크리스와 밥, 로버트, 나, 필 애런즈, 기포드 밀러, 리처드 소커라이즈, 마리오 팔룸보, 크리스틴 퀸의 직원인 피터 라이더Peter Rider, 크리스와 밥의 절친한 친구로 10년 가까이 도시계획위원회에서 일한 브렌다 레빈Brenda Levin이었다. 밝은 톤의 붉은 머리인 브렌다는 하이라인에 회의적이었다. 이 밖에도 명망 높은 소송 변호사이자 도시 행정 전문가인 리처드 에머리Richard Emery도 참석했다.

'우리'는 그 집 거실에 둘러앉아 의견을 나누었다. 그 자리에서 향후 몇 년간 우리 프로젝트를 이끌어갈 많은 아이디어가 모습을 드러냈다. 방금 '우리'라는 단어를 썼는데 이는 로버트와 나만이 아닌 나머지 모든 사람을 지칭하는 말이다. 이들은 우선 시의회를 우리 편으로 만들자는 얘기를 꺼냈다. 우리에게는 기포드가 있었고 크리스틴 퀸도 함께였다. 밥을 통해 맨해튼 자치구 구청장도 우리 편으로 만들 수 있었다. 우리가 모든 상황을 뒤엎어 시의회 전체의 지지 결의안을 받아낼 수 있다면 시청의 한쪽 편을 지원군으로 얻어내는 것이다. 시장만큼 강력하지는 않지만 대단한 일이었다.

우리는 차기 시장이 취임할 때까지 철거를 미뤄야 했다. 철도 문제와 관련해 연방 차원의 소송을 거는 대신 시를 상대로 소송을 제기하자는 의견이 구체화되기 시작했다. 크리스와 필, 리처드는 우리를 거들어, 시에서 발행하는 허가증이 토지 이용 결정을 좌우한다는 아이디어를 중점적으로 논의했다. 이 말은 시장 단독이 아니라 시의회에서도 특정 조치를 승인해야 함을 의미했다. 우리는 철거를 막는 법적인 전략을 세우는 것과 동시에 시의회로부터 하이라인 재이용안을 전폭적으로 지지하는 결의안을 받아내보자는 결정을 끝으로 브런치 자리를 마쳤다.

그날은 '수퍼볼 선데이'(미식축구 결승전이 열리는 날. 공휴일은 아니지만 실제로는 공휴일처럼 많은 이들이 결승전을 지켜본다—옮긴이)였다. 모인 사람 중 두 명이 경기를 보고 싶다고 해서 회의를 끝마쳤다.

로버트 / 필이 내게 어맨다 버든Amanda Burden과 알고 지내는 게 좋겠다고 귀띔해주었다. 당시는 어맨다 버든이 누구인지 몰랐다. 필은 다음과 같은 정보를 주었다. "어맨다는 도시계획위원회 사람인데 시립예술협회와 크리에이티브 타임Creative Time을 비롯해 많은 시민 단체에 관여하고 있어요. 뛰어난 재능만큼이나 외모도 아름답고 시민 의식도 투철한 사람입니다." 나는 어맨다에 관해 조사했고 그녀가 뉴욕 사교계 명사인 그 유명한 베이브 페일리Babe Paley의 딸이라는 사실도 알아냈다. 어맨다는 정말 발이 넓은 것 같았다.

어맨다에게 전화를 걸어 메시지를 남겼다. 어맨다는 바로 전화를 걸어와 하이라인을 한 번 보고 싶다고 했다. 겨울이었다. 만나자고 약속해놓고 어맨다는 나오지 않았다. '너무 바쁜가 보다' 하고 생각했다. 그런데 알고 보니 내가 어맨다에게 틀린 주소를 알려준 것이었다. 그녀는 눈을 맞아가며 한 시간씩이나 나를 기다려주었다. 다시는 약속에 응해주지 않을 거라 우려하면서도 다시 만나자고 약속을 잡았고, 어맨다는 기꺼이 나와주었다. 우리는 첼시 마켓 중앙 광장에 있는 테이블에 앉았다. 나는 지도를 꺼냈고, 어맨다는 지도에다 뭔가 끼적거리기 시작했다. 어맨다를 도시계획위원회에 임용한 사람은 마크 그린이었지만 실제로는 줄리아니가 위원회를 이끌었다. 시장은 대부분의 위원회 위원과 위원장을 임명한다. 따라서 어맨다는 우리를 위해 많은 일을 할 수는 없었다. 대신 하이라인 보존 문제를 도시계획 및 지구 개편 관점에서 해결할 수 있다는 사실은 이해했다. 어맨다는 우리 편이 되었다.

조슈아 / '디자인 트러스트'는 우리를 도와서 계획 연구에 참여할 수 있는 건축가와 인터뷰 일정을 잡았다. 우리는 케이시 존스Casey Jones와 켈러 이스터링Keller Easterling으로 결정했다. 케이시는 전통적인 계획 연구를 맡고, 켈러는 인터넷을 기반으로 계획 연구를 진행할 예정이었다.

케이시는 역사 연구부터 시작했다. 이 책에 수록된 수많은 옛날 대형 흑백 사진은 그가 찾아낸 것이다. 케이시는 물리학적인 연구도 병행했다. 사람들이 "하이라인의 규모가 어느 정도입니까?" 하고 물어와도 우리는 아는 바가 없었다. 케이시는 건축가답게 구조물을 측량하는 방법을 알고 있었다. 그는 하이라인 위에 올라가 가장자리에서 실을 지면에 닿을 때까지 늘어뜨린 다음 실의 길이를 쟀다. 그는 제1기둥을 연구했고, 컴퓨터 지원 설계 소프트웨어인 CADcomputer-aided design를 사용해 연구 내용을 건축가가 쓰는 표준 형식으로 불러왔다. 우리는 수년간 캐드 드로잉을 사용했다.

그는 인터뷰도 실시했다. 운송업자들한테 가서는 "앞으로 하이라인을 운송 용도로 이용할 수 있을까요?" 하고 묻고, 자전거를 타는 사람들에게는 "하이라인에서 앞으로 자전거를 탈 수 있을까요?"라는 질문을 던졌다. 그는 토지 용도

지도를 색을 달리해 만들어 제조 구역과 주거 구역을 한눈에 알아볼 수 있게 표시했다. 이런 과정은 하이라인 같은 프로젝트를 시작할 때 생각해둬야 하는 모든 분야에 대한 집중 몰입 과정이었다.

당시 나는 여전히 스타일리시한 잡지의 기고가로서, 독자들의 지갑을 열어줄 핫 트렌드와 세련된 라이프 스타일을 찾고 있었다. 하지만 그와 동시에 창의적이고 헌신적인 건축가, 유적 보존 운동가, 도시계획가, 공원 조성 지지 변호사들로 이뤄진 굉장한 단체의 일원이기도 했다. 회의는 때로는 괴로울 정도로 길고 결과물도 없었지만, 항상 흥분된 마음으로 회의에 임했다. 괴로울 정도로 길고 결과물 없는 회의를 같이 이끈 사람들 덕분이었다.

로버트 / 비영리 단체를 통해 알게 된 더크 매콜Dirk McCall이란 사람이 나에게 전화를 걸어왔다. "저희 사장님이 당신을 만났으면 하십니다. 하이라인에 대해 아이디어가 있다고요. 사장님 성함은 짐 캐펄리노Jim Capalino입니다."

짐에 관해 알아보니 개발 업체의 로비스트였다. 미심쩍은 기분이 들었다. 왜 개발 업체를 대변하는 사람이 우리를 도와주러 오겠다는 걸까? 그런데 짐이 필을 알고 있었다. 둘은 코크 시장 밑에서 같이 일한 적이 있었다. 그래서 우리는 만났다. 짐은 "진심으로 하이라인 사업에 참여하고 싶다"고 말했다. 처음에는 짐이 하이라인 철거를 원하는 부동산 지주들을 은근슬쩍 대변하려는 게 아닐까 의심스러웠지만, 믿어지지 않을 정도로 그가 큰 도움이 될 수 있다는 사실을 알게 되었다. 변호사를 옆에 두는 거나 다름없었다. 개발 업체는 종종 최고의 변호사, 최고의 로비스트를 고용하기도 한다. 짐은 대단한 로비스트였다. 규모가 상대적으로 큰 회의 때는 회의실을 돌아다니며 우리가 직접 자기소개를 했는데 짐이 해결사를 자처했다. 나는 도움이 필요할 때마다 짐에게 전화를 했다. 짐은 자신이 답을 모르는 경우라도 언제든 대신 답변해줄 사람을 알고 있었다. 전화를 끊지 말고 기다리라고 한 다음, 답을 알려줄 사람을 연결해 같이 문제를 의논할 수 있게 해주면서 나를 이렇게 소개했다. "이분은 로버트 해먼드입니다. 대단한 일을 하고 있으니 좀 도와주세요." 그는 이렇게 지속적으로 우리를 도와주었다.

조슈아 / 미드타운Midtown에서 토론회가 있었다. 연사들이 웨스트사이드 조차장에 대해 얘기하기로 예정되어 있었다. 줄리아니의 원래 계획은 양키 스타디움Yankee Stadium을 조차장 자리에 새로 건설하는 것이었지만 반대가 거셌다. 그러는 와중에 2012년 올림픽으로 초점이 옮겨져, 뉴욕이 런던을 비롯한 다른 도시와 올림픽 유치 경쟁을 할 때 승산을 높여줄 새 스타디움 건설 문제로 관심이 집중되었다.

필인지 짐인지 확실히 기억나진 않지만, 우리에게 그 회의에 참석해 자리에서 일어나 발언해서 하이라인을 공공 토론 안건에 포함시켜야 한다고 권유했다. 본래 로버트가 발표할 예정이었지만 다른 연사들의 프레젠테이션이 계속되는 바람에 그는 데이트 약속에 가버렸다. 내가 발표를 하리라고는 예상 못했던 탓에 긴장했다. 방에는 변호사와 시의회 인사, 개발업자로 꽉 차 있었다. 도시계획위원회 위원장인 조 로즈는 연단에 올라가, 하이라인과 관련해 언론에 등장했던 중요한 기사들을 언급했다. 이후 질문과 답변 시간이 이어졌을 때 나는 자리에서 일어나 의무적이고도 겁나는 질문을 던졌다. "하이라인은 웨스트사이드의 고가 철도 구조물입니다. 실제로 조차장과 이어져 있기도 합니다. 하이라인은 이런 모든 기회를 제공합니다. 여러분은 하이라인 재이용 방안을 지지해야 한다고 생각지 않으십니까?" 조 로즈는 "당신네들이 만든 그 때깔 나는 브로슈어를 본 적이 있다. 브로슈어는 좀 만드는 것 같지만, 지금은 실제로 성사될 만한 일에 집중할 필요가 있다"는 식으로 응답했다.

로버트 / 커뮤니티 위원회에서 의견을 발표했지만 성과가 썩 좋지 않았던 탓에 우리 스스로 보다 적극적인 모임을 주최하고 싶었다. '키친'은 모임 주최에 찬성했다. 19번가, 하이라인 옆에 위치한 키친은 예전에 강에서 운반해 온 얼음 덩어리를 보관하는 창고로 쓰였던 건물이다. 검은색 페인트가 칠해진 두꺼운 벽돌담에 창문은 전혀 없었다.

조슈아는 전단지를 붙이고, 나는 이메일을 대량으로 발송했다. 우리에겐 지원군이 꽤 많았다.

더그 올리버Doug Oliver라는 사람이 찾아와 말하기를, 25번가와 26번가 사이, 하이라인 옆에 자기 소유의 창고 건물이 있는데 하이라인이 철거되면 자기 건물에 손상이 가기 때문에 철거를 원하지 않는다고 했다. 하이라인 인근의 대지주들 중에서 처음으로 하이라인 프로젝트를 지지하는 사람이 나온 셈이다.

하이라인 인근에 사는 마이크Mike와 수키 노보그라츠Sukey Novogratz 부부도 찾아왔는데, 우리가 붙인 전단지를 보고 이 사업에 관심이 생겼다고 했다. 우리에게 닥친 어려움을 설명했더니 이들은 프로젝트가 성사될 가망이 없다고 생각한 듯했다. 후원자 명단에 서명을 하긴 했지만 그다지 적극적으로 참여하진 않았다. 하지만 몇 년 뒤 이들은 다시 우리를 찾아와 아낌없이 후원해주었는데, 하이

"꿈을 꾸는 게 언제부터 나쁜 일이 되었죠?
이곳은 꿈으로 건설된 도시입니다.
우리 모두는 이렇게 꿈을 좇아야 합니다."

라인에서 가장 인기 있는 장소로 꼽히는 10번가 스퀘어의 공사 비용을 도와 준 것이다.

조슈아 / 시의회의 하이라인 공청회가 4월로 잡혔다. 일은 매우 순조롭게 진행되었다. 크리스틴과 기포드가 후원을 맡았다. 이들은 우리 대신 모험을 자처했고, 우리는 공청회장을 꽉 채우는 일을 맡았다.

우리는 처음으로 시민, 커뮤니티, 비즈니스 단체에 두루 손을 뻗어 공청회를 홍보했다. 실질적인 도움을 줄 만한 사람들이 나와줘야 했다. 우리는 많은 시간 전화기를 붙들고서 사람들에게 공청회 신청서에 쓸 견본 문장을 알려주고 신청서를 수거한 다음 제발 시청에 와달라고 사정했다. 사람들을 시청에 불러 모으는 것은 큰일이다. 하루하루를 그냥 잡아먹는 일이다.

그 과정에서 기관과 커뮤니티, 비즈니스계의 핵심 후원 단체를 확보했고, 이들은 그때부터 지금까지 쭉 우리와 함께했다. 시립예술협회, 전미건축가협회, 건축가연맹, 예술동맹, 전미기획협회 등이 그중 일부 단체다. 레일-트레일 관리국에서는 제프 시어보티가 증언하기 위해 워싱턴에서 와주었다. 갤러리 사람들까지 자리에 참석했다. 예술계 밖의 일로 이런 사람들을 불러 모으기란 무척 어렵다. 폴라 쿠퍼의 비서인 오나도 발언하기 위해 하루 종일 자리를 지켰다.

공청회 날 아침, 〈데일리 뉴스〉는 우리의 노력을 지지하는 사설 한 편을 실었다. 처음으로 정말 우호적인 언론 기사를 접한 터라, 기사를 복사해 공청회장에 모인 사람들에게 배부했다.

시의회 회의실은 크고 오래된 방으로 천장이 높고 화려하게 칠을 한 곳이다. 지금은 새로 단장했지만 당시는 심하게 노후한 상태였다. 의회 의원들은 앞줄에 차례로 앉았다. 부동산 지주와 철도 회사 사람들, 시장 측 사람들이 맨 먼저 발언했다. 그다음은 우리 차례였다. 우리는 긴 테이블에 앉아 두세 명씩 짝을 지어 발언했다. 첫 팀은 올리비아 더글러스와 로버트, 나였다. 테이블 자리에 타이머가 있어서 말을 할 때 시간이 흐르는 게 보였다. 먼저 부동산 지주들 중 한 사람이 나섰다. "당신들이 실제로 하이라인에 공원을 조성할 수 있다면, 그 자산 가치는 상당할 겁니다. 그러나 그렇게 될 리가 없습니다. 너무 허무맹랑한 계획이에요. 이 사람들은 그저 꿈을 꾸는 겁니다. 몽상이라고요."

어맨다 버든은 그날 오후 늦게 린든 밀러와 함께 발언했다. "꿈을 꾸는 게 언제부터 나쁜 일이 되었죠? 이곳은 꿈으로 건설된 도시입니다. 우리 모두는 이렇게 꿈을 좇아야 합니다."

로버트 / 조엘이 사계절에 걸쳐 찍은 하이라인 사진은 감동적이었다. 그는 〈뉴욕 타임스 매거진〉과 〈뉴요커〉에 연락했고, 두 언론사의 사진 편집자들은 사진을 싣고 싶다고 했다.

처음에 우리는 〈뉴욕 타임스 매거진〉에 사진을 실으려고 했다. 그런데 알고 보니 〈뉴요커〉의 애덤 고프닉Adam Gopnik이 그전에 조엘을 만났는데, 그가 조엘의 일에 관심이 있고 이를 소재로 기사를 쓰고 싶어 한다는 것이었다. 애덤 고프닉의 기사와 함께 조엘의 사진이 실릴 거라는 생각에 우리는 사진을 〈뉴요커〉에 제공했다.

사람들은 애덤의 기사를 하이라인에 관한 것으로 기억하지만 실제로는 조엘과 그의 일을 다룬 것이었다. 기사에서는 조슈아와 나, 그리고 우리의 노력을 언급했는데, 우리를 "웨스트사이드의 대단한 사람들"이라고 불렀다. 기사는 우리 프로젝트를 실현하기 매우 어려운 사업으로 그려냈다. 그러나 중점적으로 짚어낸 부분은 조엘이 가진 하이라인에 대한 애착과 그의 개성이었고, 그것이 기사의 주요 내용이었다. 나는 조엘을 제3의 공동 창업자라고 생각한다. 그가 찍은 사진은 우리가 프로젝트를 추진하는 데 중요한 도구가 되었다. 우리는 사람들에게 건축 렌더링rendering(광원, 위치, 색상 등 사실감을 고려해서 만든 완성 예상도—옮긴이)을 보여주는 대신 조엘의 사진을 내놓는다. 사람들은 사진에서 저마다 다른 부분을 읽어낼 수 있다. 조엘이 찍은 하이라인 사진 중 가장 유명하다고 손꼽히는 작품에서, 조차장 구간인 30번가를 따라가다가 동쪽을 바라보면 엠파이어스테이트 빌딩과 오래된 철제 비상 적재함, 선로, 다양한 초목, 많은 신구 건물을 볼 수 있다. 어떤 사람들은 사진을 보고 하이라인 보존에 대해 생각하고, 또 어떤 사람들은 원예를 생각한다. 철도광은 선로에 열광할 것이다. 어떤 사람들은 건축을 상상하며 이렇게 말하곤 한다. "어, 엠파이어스테이트 빌딩이 있어요. 맨해튼 한복판이군요. 저쪽에 뭔가 건설할 수 있겠어요."

조슈아 / 〈뉴요커〉에 기사가 나간 뒤, 그때까지 우리 존재를 몰랐던 사람들이 우

"안녕하세요? 저는 에드워드 노턴입니다.
하이라인 사업을 추진하고 있는 분들을 찾고 있는데요."
"죄송하지만 성함을 다시 여쭤봐도…?"
"예, 제가 바로 그 에드워드입니다."

리를 수소문해 찾기 시작했다. 하지만 우리 연락처를 찾는 일이 만만치는 않았을 것이다. 우리는 자체 제작한 편지지와 편지 봉투에 음성 사서함 번호를 넣지 않았다. 어차피 저렴한 음성 사서함 서비스는 전화번호 안내를 해주지 않기 때문이었다.

어느 날, 여전히 집을 사무실 삼아 일하며 컴퓨터 작업을 하고 있는데 전화벨이 울렸다. 수화기 저편의 상대방이 말했다. "안녕하세요? 저는 에드워드 노턴Edward Norton입니다. 하이라인 사업을 추진하고 있는 분들을 찾고 있는데요."

내가 아는 영화배우 에드워드 노턴은 아닐 거라고 생각했다. 분명 동명이인일 거라고. 그런데도 얘기를 하던 중에 상대방에게 물어보았다. "죄송하지만 성함을 다시 여쭤봐도…?" 그러자 에드워드가 대답했다. "예, 제가 바로 그 에드워드입니다."

에드워드는 〈뉴요커〉 기사를 읽고 우리를 찾으려고 백방으로 알아봐도 헛일이어서, 레일-트레일 관리국에 전화를 걸었다고 했다. 그의 아버지는 그곳 위원회 창립 멤버이자 처음으로 레일뱅킹 법규를 만드는 데 일조한 인물이었다. 에드워드는 나에게 "혹시 이런 사람들을 아세요? 연락을 하려고 하는데요"라고 말했다. 에드워드의 할아버지인 제임스 라우스James Rouse는 개발업자이자 도시계획가로, 계획 공동체들과 보스턴의 패뉴얼 홀Faneuil Hall 같은 도회지 시장을 만든 사람으로 유명하다. 에드워드는 아버지에게 레일뱅킹 지식을 전수받았을 뿐만 아니라 도시계획에도 관심이 있었다. 그는 나에게 호레이쇼 가의 웨스트코스트 빌딩에 거주한 적이 있다고 했다. 가끔 그곳 옥상에 올라가 맥주를 마셨는데 하이라인을 내려다보면서 나중에 도대체 어떻게 될지 궁금했다고 한다.

로버트 / 우리는 첫 사무실을 이스트빌리지의 성 마가 교회 옆, 지역보존센터Neighborhood Preservation Center에 얻었다. 그곳에는 신생 조직체가 6개월이나 1년 단위로 빌릴 수 있는 소규모 사무실들이 있었다. 인터넷 신생 기업이 많이 생겨나던 때였다. 우리 경우는 비영리 신생 조직이었다. 매달 꼬박꼬박 사무실 임대료를

낼 만한 돈이 충분하지 않은 우리에게는 감지덕지한 일이었다.

우리는 시간제로 달리아 엘사예드Dahlia Elsayed를 고용했다. 달리아는 카탈로그 회사와 HIV/AIDS 웹사이트에서 나와 함께 일한 적이 있는 아티스트였다. 달리아는 우리를 도와 편지를 쓰고 기본 회계 업무와 행사 준비를 담당했다.

사무실은 지하에 있었다. 창문은 전혀 없고 책상 하나와 서류 캐비닛 하나만 겨우 들어갈 크기였다. 우리 셋이 그곳에 한꺼번에 모여 일하는 것은 불가능했다. 조슈아와 나는 사무실을 얻고도 여전히 대부분의 시간을 집에서 일했다.

조슈아 / 크리스틴 퀸의 비서실장인 피터 라이더가 하이라인 투어를 하러 왔다. 우리와 함께 그곳을 걸으면서 피터가 말했다. "커뮤니티 위원회에 합류하는 방안을 생각해봐야 할 겁니다. 자치구 구청장이 위원을 임명하지만, 크리스틴이 시의회 의원 자격으로 사람들을 추천합니다. 하이라인 프로젝트에 희소식이죠. 인맥을 더욱 넓히게 될 겁니다."

나는 여전히 여행을 많이 다녔는데, 만약 커뮤니티 위원회에 들어가면 한 달에 사나흘 밤은 위원회 일에 전념해야 했다. 그래도 한번 시도해보기로 했다. 나는 신청 서류를 제출하고 자치구 구청장 사무실에서 인터뷰를 한 다음 커뮤니티 위원회 위원으로 임명을 받았다. 내가 위원 자격으로 참가한 전체 위원회의 첫번째 모임은 6월에 있었다. 이제 나는 큰 U자형 테이블 반대편에 앉아 있었다.

안건으로는 논란 많은 나이트클럽 관련 제안이 올라와 있었고, 회의는 거의 자정까지 이어졌다. 회의의 마지막 순서인 토론과 투표가 그렇게 오랫동안 진행되어 꼭두새벽까지 이어지는 경우는 그때껏 한 번도 본 적이 없었다. 밝게 빛나는 그 모든 형광등 불빛과 리놀륨 바닥, 그리고 늦게까지 남아 얘기하고 얘기하고 또 얘기하며 뿌듯해하는 사람들. 커뮤니티 위원회 위원 중 동료 두세 명은 이런 회의라면 좀 사족을 못 쓰는 것 같았다. 나는 집으로 돌아와 친구 스티븐에게 말했다. "맙소사. 지금까지 내가 뭐 하다 온 거지?"

로버트 / '디자인 트러스트'는 '하이라인의 미래'라는 공개 토론회를 열었다. 우리는 앤디, 클레어, 케이시, 그리고 대니얼 모이니핸Daniel P. Moynihan 상원의원과 일했던 건축가 알렉스 워시번Alex Washburn과 함께 '프렌치 로스트'에서 아침을 먹으며 수개월 동안 토론회를 계획했다. 결론은 토론의 범위를 넓히고 수준을 높이자는 것이었다. '스키드모어, 오윙스 앤 메릴Skidmore, Owings and Merrill(SOM)'(국제적인 설계 회사—옮긴이) 대표인 마릴린 조던 테일러Marilyn Jordan Taylor와 '어니스트 앤 영'의 찰스 쇼터Charles Shorter는 특별 연사로 참석했다. 공개 토론회는 국제무역센터 67층, 항만공사Port Authority 사무실에서 열렸다.

조슈아 / 그와 동시에 우리는 시를 상대로 한 소송을 준비중이어서 소송비를 마련해야 했다. 다음에 주최할 모금 행사는 예술품 경매와 칵테일파티, 만찬을 결합한 형태로 마련할 작정이었다. 필 애런즈는 메리 분Mary Boone에게 그녀 소유의 갤러리에서 행사를 주최하게 해달라고 부탁했다.

우리는 컨설턴트 더그 윙고Doug Wingo를 고용해 행사와 경매 진행을 위한 도움을 받았다. 경매 물품 중 일부는 하이라인과 관련된 작품으로 하고 싶어서 예술가들에게 하이라인을 보여주었다. 조엘은 사진을 기증했다. 톰 색스Tom Sachs는 하이라인을 거닐고 작품 한 점을 내놓았다. 크리스토Christo와 장클로드Jean-Claude도 작품 한 점을 기증했다. 장클로드는 로버트에게 전화를 걸어 자기한테 편지를 보낼 때 양면에 인쇄하지 않고 종이를 두 장이나 썼다고 나무랐다.

우리는 모금 행사를 7월 중순에 개최하기로 했다. 뉴욕 시의 사교 달력으로는 찬바람이 쌩쌩 부는 시기였다. 그러나 우리 지지 기반은 젊은 층이라 그 시기에도 일을 해서 햄프턴스Hamptons(미국 북동부 지역의 인기 있는 해변 리조트—옮긴이)에 여름 내내 가 있지는 않았다. 달력의 7월 중순은 우리가 상당 부분 독점해버렸다.

로버트 / 나는 어맨다 버든과 알렉스 폰 퓌르스텐베르크Alex von Furstenberg를 꼬여서 메리 분의 갤러리에서 열리는 모금 행사를 주관하게 했다. "뭔가 일을 좀 맡아볼래요?"라고 말을 던진 뒤 어맨다가 수락하자 바로 공동위원장직에 앉혔다. 말 한마디에 이렇게까지 되리라는 걸 짐작하진 못했겠지만 어맨다는 품위 있게 위원장직을 받아들였다. 시민 생활과 밀접한 관련을 맺고 있는 인사를 위원회에 끌어들인 덕에 우리의 신뢰도는 한층 높아졌다. 나는 알렉스에게도 동일한 방법을 썼다. "우리 좀 도와줄래요?"라고 물은 다음 공동위원장직을 제안했다.

알렉스는 '플로랑' 레스토랑을 운영하는 플로랑 모를레Florent Morellet에게 소개를 받았다. 플로랑은 알렉스의 모친인 다이앤 폰 퓌르스텐베르크Diane von Furstenberg가 지원하는 미트패킹 지구 보존 사업을 위해 일하고 있었다. 알렉스와 나는 웨스트 12번가에 있는 알렉스의 사무실에서 처음 만났다. 매우 잘생기고 친절한 사람으로 몸이 놀라울 정도로 좋았다. 그는 자기 오토바이를 사무실 계단

아래 세워두었다. 알렉스의 아버지는 에곤 폰 퓌르스텐베르크Egon von Furstenberg(스위스 디자이너, 모나코 국왕 레니에 3세의 6촌—옮긴이) 왕자이고, 알렉스 역시 왕자였다. 왕자님은 어떤 사람일까 궁금해들 하지만 대개는 실망하게 마련이다. 하지만 알렉스는 모습도 행동도 이야기책에 나오는 진짜 왕자 같았다.

조슈아 / 〈뉴욕 타임스〉의 빌 커닝햄Bill Cunningham이 찾아와 메리 분의 갤러리 행사장을 사진 촬영했다. 그다음 주 일요일, 〈뉴욕 타임스〉 파티 란에 우리 기사가 실렸다.

조직이 커졌다는 게 느껴졌다. 칵테일파티와 경매를 끝내고 우리는 새로 문을 연 '더 파크' 레스토랑에서 디너 행사를 가졌다. 아름다운 여름날 밤이었다. 우리는 레스토랑 옥상에 있었다. 브론슨은 사방에 꽃과 양초를 놓아두었고 하이라인이 환하게 보이도록 10번가 전역에 등을 비추었다. 로버트는 나를 다이앤 폰 퓌르스텐베르크 옆에 앉혔다. 아름답고 우아한 디자이너로, 그때까지 잡지에서만 소식을 접하던 인사였다. 무슨 말을 해야 할지 정말 몰랐다. 그날은 '아, 내가 완전히 새로운 세계에 들어왔구나' 하고 느낀 밤이었다.

로버트 / 내가 직접적으로 아는 친구들 중 우리 초기 행사에 왔던 사람들은 이렇게 말할 것이다. "와, 많이들 왔네." 조슈아와 나는 게이이고 우리 친구들도 게이가 많았기 때문에 하이라인의 초기 후원자들은 불균형적으로 게이가 많은 수를 차지했다. 조슈아와 나 때문만이 아니라 하이라인이 첼시와 웨스트빌리지라는 유명한 게이 지역 두 곳을 지나기 때문이다.

사람들은 아트 갤러리에 갔을 때 하이라인을 처음 발견한 척하지만, 사실은 '트윌로Twilo'나 '터널', '록시Roxy'에서 열리는 게이 댄스파티에서 하이라인을 발견한 것이다.

조슈아 / 게이성gayness은 결국 우리 단체 고유의 특성이 되었고, 어느 정도는 하이라인 공원 자체의 성격까지 표출해주었다.

아마도,
결국 그렇게 될 거야

로버트 / 연방 상대의 소송은 여전히 보류중이었지만 시를 상대로 한 소송은 진척이 있었다. 우리는 리처드 에머리를 고용했다. 1989년 뉴욕 시 행정 구조를 근본적으로 바꾼 소송으로 유명세를 떨친 사람이었다. 그는 이 소송을 통해 예산과 토지 이용 결정 권한을 가지고 있었던 뉴욕 시 예산위원회Board of Estimate에 이의를 제기했다. 뉴욕에서 인구가 가장 많은 브루클린 자치구의 투표권이 인구가 가장 적은 스태튼 아일랜드Staten Island보다 적었기 때문이다. 이 소송으로 인해 1990년 시 헌장이 개정되었고 예산위원회의 권한은 시의회에 이양되었다.

리처드의 파트너 변호사(로펌에서 지분을 갖고 연말에 실적에 따라 배당을 받는 변호사. 구성원 변호사라고도 한다—옮긴이)인 존 커티John Cuti가 우리 소송을 책임졌다. 우리가 제출한 소송은 '78조항 이의 신청'이라는 이름이 붙었다. 뉴욕 시가 하이라인 철거를 단행하기 위해서는 '동일 토지 이용 검토 절차'를 거쳐야 한다는 내용의 소송이었는데, 이는 커뮤니티 위원회, 자치구 구청장, 시계획국Department of City Planning을 거쳐 시의회까지 9개월간의 심의 절차를 거친 다음 토지 이용 결정을 내려야 한다는 의미였다.

조슈아 / 부동산 지주들은 줄리아니 행정부 임기가 끝나가면서 협상을 우선적으로 타결하기를 원했기 때문에 일을 서두르고 있었다. 그 때문에 우리도 진행 속도를 높였다. 우리가 일의 속도를 높일수록, 부동산 지주들은 자기들이 반대하는 대상이 현존하는 실체라는 사실을 더욱 확실히 깨달았다. 이들은 마지막 철거 서류 정리에 더욱 박차를 가했다. 하이라인을 보존하려는 우리 노력 덕분에 하이라인을 철거하려는 이들의 노력에도 가속도가 붙는 것 같았다.

우리는 매디슨 가 위쪽에 위치한 리처드 에머리의 사무실에서 모임을 가졌다. 팰리스 호텔 옆의 성 패트릭 대성당 뒤편에서 그렇게 많은 시간을 허비해본 적이 없었는데, 이제는 그곳에 하루 종일 틀어박혀 있었다.

대개 크리스와 필, 로버트, 마리오, 나는 소송에 대해 토론하고, 존 커티와 주니어 변호사associate('어소'라고도 부르며, 로펌에서 파트너 변호사에게 속해 정해진 월급을 받는다—옮긴이) 일란 마젤Ilann Maazel이 작성해준 소송 초안을 읽었다. 우리는 지역 주민 여섯 명을 고소인으로 확보해 서명을 받아내야 했다. 우리는 '하이라인 친구들'만의 소송이 아니라 커뮤니티 전체의 소송으로 범위를 확대하고 싶었다. 나는 커뮤니티 안에 거주하는 사람들을 끌어들여 시를 상대로 고소하는 일에 동참시키는 일을 맡았다.

갤러리 관장인 폴라 쿠퍼는 애써 설득할 필요가 없었다. 이웃 주민인 로드니 더소Rodney Durso 역시 동참했다. 그는 우리가 처음 참가해 쓴맛을 봤던 커뮤니티 위원회 공청회에도 왔었고, 이후 우리에게 후원의 손을 내밀어준 사람이다. 내가 사는 지역의 블록협회 대표인 자젤 로벤Zazel Loven도 소송에 참여하기로 동의했다. 하이라인 근처에 있는 콘도 건물 위원회 위원장인 마크 킹슬리Mark Kingsley도 서명했고, 인근에서 광고 회사를 운영하는 세라 피츠모리스Sara Fitzmaurice도 동참했는데, 세라의 회사는 '다이어 아트센터' 일을 맡고 있었다. 여섯번째로 확보한 커뮤니티 고소인은 하이라인 자원봉사자 로완 길먼Rowann Gilman으로, 애견 공원에서 자주 마주친 사람이었다.

로버트 / 맨해튼 자치구 구청장인 C. 버지니아 필즈와 시의회도 소송에 동참했다. 시의회는 소송 비용을 내는 데도 도움을 주었다. 기포드 밀러와 크리스 콜린스가 중요한 의회 특권을 뺏길 위험이 있다고 피터 밸런 의장을 설득한 덕분이다. 시의회는 그때까지 10년 동안 토지 이용 문제에 대한 권한을 유일하게 갖고 있었고, 피터 밸런은 그 권한을 지키는 일에 협조적이었다.

우리는 시에서 철거를 결정하려면 '동일 토지 이용 검토 절차'를 거쳐야 한다는 입장을 뒷받침하기 위해 두 가지 주장을 내세웠다. 하나는 부동산 취득이었다. 철거 직전, 구조물 일부와 그 지역권을 시에 도로 이양하는 과정에서 시 당국은 "부동산"을 취득하는 것이나 마찬가지이므로 "부동산을 취득"하기 전에 '동일 토지 이용 검토 절차'를 거쳐야 한다는 주장이었다.

다른 하나는 거리와 공원, 공공장소, 지역권 설정 지역을 나타내는 공식 기록인 뉴욕 시 지도에 하이라인이 표기되어 있다는 주장이었다. 하이라인을 철거하면 시 지도가 바뀌고, 그에 따라 '동일 토지 이용 검토 절차'의 법적 과정을 거쳐야 한다. 수년간 시 행정 일을 했던 크리스와 밥은 뉴욕 시 각 자치구에서 여러 가지 일을 담당하는 전담 엔지니어를 둔다는 사실과, 그들의 일 중에 시 지도를 모아두는 문서 보관 업무가 있다는 사실을 알았다. 맨해튼의 경우는 토니 굴로타Tony Gulotta가 담당자였다. 그는 이미 퇴임했지만 크리스와 밥은 그를 수소문했다. 그는 하이라인의 존재를 알고 있을 뿐 아니라 우리 주장도 지지했다.

한편 뉴욕 시법무국The City Law Department은 하이라인이 시 지도상에 오직 "정보 목적"으로만 존재한다는 사실을 주장하기 위해 법률 전문가를 고용했다.

조슈아 / 어퍼웨스트사이드에서 기반을 잡고 있는 '랜드마크 웨스트Landmark West'라는 보존 단체는 모든 시장 후보들과의 조찬 모임을 차례로 주최했다. 시민들은 20달러를 내고 커피와 베이글을 받아 든 다음, 보존 문제에 관한 각 후보의 발언을 듣는 식이었다. 짐과 크리스는 우리에게 각 후보의 조찬 모임에 가서 하이라인에 관해 질문하고 해당 후보에게 하이라인을 지지한다는 발언을 받아내 이를 공약으로 내걸 수 있게 해야 한다고 말했다.

나는 두 후보의 모임에 참석했다. 링컨 센터 근처의 설룬Saloon에서 열린 프레디 페러Freddy Ferrer 후보와 엠파이어 호텔에서 열린 마이크 블룸버그Mike Bloomberg 후보의 조찬 모임이었다. 블룸버그의 조찬 모임에 가기 전, 나는 질문을 종이에 적어 욕실 선반에 숨겨놓고 혼자말로 반복해 읽으며 담력을 길러야 했다.

블룸버그가 연설을 한 뒤 나는 자리에서 일어나 물었다. "후보님도 아시다시피 하이라인은 웨스트사이드에 있는 고가형 철도 구조물로, 그 자체로 지역사회에 고유한 기회를 제공한다고 생각합니다. (어쩌고저쩌고) 그러니 후보님도 이 같은 노력에 협조하시겠습니까?"

블룸버그가 대답했다. "예, 그거야 어렵지 않습니다."

조찬 모임이 끝난 뒤, 우리는 각 선거 진영으로 돌아가 CSX 대표에게 발송할 서신에 서명해달라고 해당 후보에게 부탁했다. 편지에는 "저는 뉴욕 시장으로 출마할 예정이고 하이라인을 지지하니 철거와 관련해 어떤 조치도 취하지 마십시오"라고 쓰여 있었다. 시장 후보 모두가 이 일에 참여했다. 로버트는 블룸버그 선거운동에 동참하고 있는 조너선 케이프하트Jonathan Capehart를 알고 있었다. 조너선은 로버트에게 블룸버그 선거운동이 그의 공원 정책을 규정하는 백서를 토대로 진행되고 있다고 말해주었다. 우리가 조너선에게 정보를 준다면 하이라인을 확실히 언급할 수 있는 기회였다. 우리는 그의 말을 따랐고, 마침내 블룸버그 선거 진영이 선거운동 웹사이트에 올린 백서에 하이라인 관련 내용이 첨부되었다. 하이라인은 뉴욕 시 공원을 대상으로 세워둔 블룸버그 후보의 원대한 비전에 포함되었다.

우리는 블룸버그가 시장이 될 거라고 내다보지는 않았다. 차기 시장은 마크 그린일 거라는 전망이 우세했다. 우리 진영에서는 그린의 당선 가능성을 두고 흥분에 싸였다. 그가 당선된다면 어맨다 버든이 도시계획위원회의 새 위원장으로 당선될 가능성이 높았기 때문이다. 게다가 마크 그린은 공익옹호관으로 하이라인 사업을 지지하는 최초의 시 공무원이었다. 그린은 로버트가 알고 지내는 도시운동가 앨런 로스코프Allen Roskoff가 소개해준 사람이기도 했다.

로버트 / 조엘은 당시 자기가 일하는 '페이스/맥길Pace/MacGill' 갤러리를 설득해 줄리아니 시장이 하이라인 철거를 위해 사람들을 동원하고 있으니 하이라인 사진을 하루빨리 전시하는 게 중요하다고 재촉했다. 이와 동시에 그는 독일계 예술 출판사를 통해《하이라인을 걸으며Walking the High Line》를 출판했다. 하이라인 사진을 정선해 싣고 애덤 고프닉의 〈뉴요커〉 기사를 수록한 책이었다. 일정이 너무 촉박하다 보니 출판사 사장인 게르하르트 슈타이들Gerhard Steidl은 '페이스/맥길'에서 열리는 조엘 사진전 개관식에 딱 맞추기 위해 루프트한자 항공 편을 독일 공항에 대기시켜놓고 책을 한 상자 실어야 했다. 우리는 하이라인 후원자들을 그곳에 초청해 책 사인회를 열었다. 책은 사인회 한 시간 전인 오후 5시에야 JFK 공항에 도착했다.

조슈아 / 케이시 존스는 8~9개월 동안 '디자인 트러스트'의 연구를 진행하는 대가로 이미 돈을 받은 상태였다. 우리는 책을 한 권 낼 계획이었지만, 연구 기간이 끝나자 케이시의 시간과 돈이 바닥나버렸다. 일부 원고는 정보만 빼곡한 초고 상태로 남아 있었다. 나는 최종판 완성 작업에 뛰어들어 글을 무더기로 쏟아내기 시작했다.

텍스트의 배치를 검토하기 위해 전화 회의conference call를 소집했다. 직장에 있는 친구 스티븐에게 텔레비전을 켜보라는 이메일을 받았을 때는 케이시 존스와 캐런 호크Karen Hock(캐런은 디자인 트러스트의 프로젝트를 관리했다)가 전화 회의를 막 시작하려던 참이었다. 텔레비전 뉴스는 처음에 보여준 자료 화면을 여전

사람들은 뉴욕을 위해 뭔가를 하고 싶어 했지만,
그라운드 제로에서 뭘 어떻게 도와야 할지 갈피를 잡지 못했다.
하이라인 프로젝트는 사람들이 뛰어들기에 적당한,
정서적으로도 그다지 무겁지 않은 일이었다.

히 방영중이었는데 딱 한 곳의 고층 빌딩에서 연기가 나고 있었다. 우리가 얘기하는 동안에도 화면 이미지가 계속 눈에 들어왔다. 나는 곁눈질로 화면을 보고 있었다. 어떤 화면을 보고 이런 말을 했는지는 정확히 기억나지 않는다. "잠깐만요, 여러분, 전화 회의는 그만둬야 할 것 같습니다. 뭔가 심상찮은 일이 벌어지고 있나봐요."

로버트 / 내 아파트에서 전화 회의에 참여하려는데 누군가가 말했다. "어, 전화 회의가 취소되었어요. 비행기가 방금 세계무역센터에 충돌했어요." 나는 "그럼 11시 30분으로 회의 일정을 미룹시다"라고 말하고는 무슨 일이 일어났는지 알아보기 위해 옥상으로 올라갔다.

어처구니없을 만큼 이기적인 생각이지만 빌딩이 무너진 사실을 알고 맨 처음 떠오른 생각은 '하이라인은 물 건너갔구나. 이런 엄청난 재앙이 터졌는데 하이라인에 누가 신경이나 쓰겠어'였다.

조슈아 / 9·11 테러 이후 한동안 사람들은 뉴욕에 남아 있을 것인가라는 문제를 결정해야 했다. 그냥 남아 있는 게 바보 같은 짓일까? 나는 아파트를 구입해 내부를 다 뜯어고치려던 중이었다. 우리가 이 일을 여전히 하고 싶은 것일까? 하이라인은 한동안 삶에서 사라져버렸다. 이후 제자리로 돌아와 우리가 벌여놓은 이 일을 어떻게 수습할지 궁리해야 했다.

사람들은 뉴욕이 정상이라고 말할 수 있는 상태로 다시는 돌아가지 못할 거라고 생각했다. 우리 단체는 하이라인에 대한 조사 토론회를 수차례 열었다. 주로 디자인 트러스트와 관련해 토론을 진행했는데, 그 일의 마감이 코앞에 닥쳐 있었다. 9·11 이후, 이메일 뉴스레터는 10월 18일이 되어서야 처음 발송했다. 하이라인 사업이 왜 여전히 타당성이 있는지에 관한 입장을 정리하는 데 9월 11일부터 10월 18일까지의 시간이 필요했던 것이다.

우리는 뉴욕 시의 미래에 전념하고 있고, 하이라인은 미래 지향적인 사업이며, 지금은 철거할 시기가 아니라는 점을 사람들에게 전했다. 이 주장은 우리가 보기에도 설득력이 있었다. 하이라인 철거는 매우 파괴적인 일일 것이다. 지반이 흔들리고 먼지가 날리고 소음이 생긴다. 사람들은 파괴적인 일을 다시 겪을 마음의 준비가 되어 있지 않았다. 그런데 이보다 더 큰 명분이 있다면, 하이라인을 통해 뉴욕이 앞으로 나아간다는 것을 보여줄 수 있다는 점이었다.

로버트 / 사람들은 뉴욕을 위해 뭔가를 하고 싶어 했지만, 그라운드 제로Ground Zero(2001년 9월 11일에 파괴된 세계무역센터가 있던 자리—옮긴이)에서 뭘 어떻게 도와야 할지 갈피를 잡지 못했다. 세계무역센터를 다시 지을 수도 없는 노릇이었다. 하이라인 프로젝트는 사람들이 뛰어들기에 적당한, 정서적으로도 그다지 무겁지 않은 일이었다.

9·11 테러 이후, 사람들은 예전 같으면 건축가나 도시계획가만이 관여하던 일에 뛰어들기 시작했다. 〈포스트〉에는 정기적으로 설계 공모전과 건축 렌더링에 관한 기사가 전면에 실렸다. "수퍼블록super-block(교통을 차단한 주택 · 상업 지구—옮긴이) 사업을 실시해 도로망을 재정비해야 할까?"라는 말을 일반인들도 일상생활에서 쉽게 내뱉었다. '제비츠 그라운드 제로 계획센터Javits Center for Ground Zero Planning'에서는 대형 포럼이 열려 수천 명이 참가했다. 하이라인은 이 포럼에 적격이었다.

9·11 이후 나돌았던 끔찍한 소문 한 가지는 줄리아니 시장이 계속 공직에 남아 어떻게든 자기 임기를 연장할 거라는 전망이었다. 어맨다 버든은 마크 그린을 시장에 당선시키기 위해 선거운동을 하고 있었다. 나는 그린에게 표를 던졌다. 많은 친구들이 그의 밑에서 일하고 있었고, 우리는 어맨다는 물론 그 친구들 몇몇이 그린 행정부에 들어갈 거라고 믿었다.

내 친구인 조너선 케이프하트는 블룸버그 밑에서 일하고 있었고, 블룸버그 역시 우리를 지지했다. 9·11 이전에는 블룸버그에게 승산이 없는 것처럼 보였다. 그러나 9·11 이후 모든 상황이 뒤바뀌었다. 블룸버그가 승리한 것이다. 그 전 년도에는 부시가 대통령으로 당선되었고, 이제는 또 한 명의 공화당 후보가 시장으로 당선되었다. 블룸버그는 시장 후보였을 때 우리 일에 협조적이었지만 하이라인에 대한 그의 속내가 어떤지는 모를 일이었다. 게다가 어맨다도 도시계획위원회 위원장이 되기는 힘들 터였다.

조슈아 / '78조항 이의 신청' 소송을 1년 가까이 준비한 뒤, 우리는 12월에 법적

나는 항상 불도저가 걱정이었다. 집을 떠날 때마다,
내가 없는 사이 하이라인이 철거될 것만 같았다.

인 서류를 제출했다. 임기 막바지에 다다른 줄리아니 행정부가 공직을 떠나기 전에 철거 서류의 서명을 위해 안간힘을 쓸 것 같았다. 나는 세인트존 리조트의 '마호베이Maho Bay'라는 친환경 텐트식 숙소에 머물고 있었는데, 그곳에는 텔레비전도 전화도 없었다. 그곳에서 하루에 두 번, 공중전화로 로버트에게 전화를 걸어 상황이 어떻게 되어가는지 알아보았다. 크리스마스 직전에는 일이 정말 빠르게 진척되기 시작했다.

로버트 / 처음에는 잠정적인 철거 금지 명령을 얻어냈다. 이에 따라 뉴욕 시는 1월에 공청회가 열릴 때까지 철거 서류에 서명할 수 없었다. 우리는 이를 승리라고 부르며 모든 지지자들에게 이메일을 발송했다.

다음 날 뉴욕 시가 항소했고, 항소심 판사는 잠정적인 금지 명령을 무효화시켰다. 이는 뉴욕 시가 철거를 시행하는 데 걸림돌이 사라졌다는 의미였다.

이후 줄리아니 행정부는 임기를 다하기 며칠 전, 철거 서류에 서명했다. 커다란 좌절이었다. 신임 시장이라도 전임 시장이 한 약속을 철회할 수는 없을 터였다. 줄리아니 시장도 이전의 딘킨스Dinkins 시장이 임기 마지막에 미 테니스협회와 맺은 1999년 임대 계약을 철회하지 못했다. 이 계약은 U.S. 오픈 코트를 뉴욕 시 공원 부지까지 확장한다는 내용이었다.

블룸버그는 줄리아니 시장보다는 하이라인 사업에 좀 더 협조적이었지만, 우리로서는 뉴욕 시가 철거 서류에 이미 서명한 상태에서 새 행정부를 맞이해야 하는 상황이었다. 나는 처음으로 이런 생각을 했다. '이런, 불도저가 오나 눈을 크게 뜨고 지켜봐야겠군.'

조슈아 / 뉴욕 시가 철거 서류에 서명했다는 사실을 로버트에게 전해 들었을 때, 세인트존 리조트의 공중전화 앞에 서 있던 나는 가슴이 쿵 하고 내려앉는 걸 느꼈다.

나는 뭔가를 지킨다는 아주 단순한, 일종의 투쟁 관점에서 하이라인 사업에 뛰어들었다. 많은 구호와 외침, 그다음으로는 익히 아는 것처럼 불도저가 밀어닥쳐 철거하지 못하도록 지키고자 하는 대상에 자기 자신을 친친 옭아매는 일.

애초에 내 마음 한켠으로는 하이라인을 지키는 일도 다 그런 거라고 생각했다.

하이라인 사업 초기에 필은 이 프로젝트의 진행 과정은 좀 다를 거라는 사실을 우리에게 일깨워주었다. 그러나 나는 항상 불도저가 걱정이었다. 집을 떠날 때마다, 내가 없는 사이 하이라인이 철거될 것만 같았다.

내 기억 속에는 코니 아일랜드Coney Island의 '선더볼트'가 있었다. 선더볼트는 '사이클론'과 쌍벽을 이루는 롤러코스터였는데 화재가 일어나면서 운행을 중단했다. 이후 해변에 방치되어 넝쿨로 뒤덮였지만, 선더볼트라는 크고 오래된 표지판은 여전히 남아 있었다. 사람들은 선더볼트를 보존하려고 했지만 뉴욕 시는 사람들의 그런 움직임이 있기 전에 철거해버렸다. 줄리아니는 하이라인 자리에 마이너리그 야구 경기장을 설립할 계획을 세웠다.

'하이라인도 결국 그렇게 될 거야.' 나는 종종 생각했다.

로버트 / 린든 밀러가 전화로 알려주었다. "하이라인 근처로 크레인이 올라가는 걸 봤어요." 그 순간엔 '좋아, 이메일 주소록이 있으니 사람들을 동원해서 불도저 앞에 앉혀야지' 하는 생각뿐이었다. 나는 조직 차원에서 이런 방식에 의지하는 것은 원치 않았다. 그러나 상황이 그렇다면 밖으로 나가 지킬 수밖에 없었을 것이다. 나는 항상 어맨다 버든을 하이라인에 묶어두는 상상을 즐겼다. 내 생각에 어맨다 자신도 차라리 그곳에 묶여 있는 게 행복하다고 생각했을지 모른다.

뉴욕 시와 공모자들

로버트 / 2002년 1월, 기포드 밀러는 뉴욕 시 행정부에서 두번째로 권한이 큰 자리인 시의회 의장으로 당선되었다. 기포드가 선거운동에서 다른 위원회 위원들에게 지지를 부탁할 때 나는 이미 그를 지지하고 있었다. 그렇지만 당선 가능성은 희박해 보였다. 사람들은 "맨해튼 출신 백인은 의장으로 당선되기 힘들지. 그렇게 젊은 사람은 안 돼"라고 수군거렸다. 32세의 기포드는 역대 최연소 의장으로 당선되었다.

조슈아 / 전에 우리는 줄리아니의 8년 임기가 끝나면 시장직이 민주당에 돌아갈지도 모른다는 기대감으로 들떠 있었다. 사람들은 블룸버그가 "진정한" 공화당 소속이 아니고 예전에는 민주당 소속이었다는 사실을 내세우며 다른 사람과 차별화하기도 했다. 그러나 블룸버그는 공화당으로 출마해 선거에서 이겼고 민주당은 패했다. 어맨다가 마크 그린의 도시계획위원회 위원장으로 선출될 가능성 또한 물 건너갔다.

그런데 필과 크리스 콜린스, 짐 캐펄리노와 전화 회의를 하던 중 부저가 울리기 시작했다. 블룸버그가 어맨다와 접촉하고 있다는 소식이었다. 1월의 어느 날 아침, 나는 〈뉴욕 타임스〉 '메트로' 면을 펼쳤다. 어맨다가 미소를 지으며 시청 뒤쪽 계단을 내려오는 사진이 실려 있었다. 블룸버그는 어맨다를 도시계획위원회 위원장 자리에 앉혔다.

기포드가 시의회 의장으로 당선된 직후 일어난 일이었다. 처음부터 하이라인에 전폭적인 지지를 보내던 두 사람이 갑자기 영향력 있는 자리에 앉은 것이다. 시청의 양 날개, 즉 의회 쪽과 시장 자리에 우리 지지자가 한 사람씩 포진한 것이다.

로버트 / 블룸버그 행정부는 줄리아니 행정부보다는 하이라인에 좀 더 우호적이었지만 줄리아니 전임 시장 측에서 이미 철거 서류에 서명했기 때문에 블룸버그가 그 계약을 파기할 수 있을지 알 길이 없었다. 따라서 '78조항 이의 신청' 소송을 계속 진행해야 했다. 우리는 여전히 뉴욕 시를 고소 대상으로 보았다. 시 역시 소송을 진행하고 싶어 했다. 시장 집무실의 권한과 유연성을 유지하는 것은 시법무국에 이익이 되는 일이다. 만약 우리 측이 승리한다면 그 권한과 유연성이 조금은 줄어들 터였다. 앞으로 유사한 사건이 발생할 경우, 시장 집무실에서 해당 문제를 '동일 토지 이용 검토 절차'에 넘겨야 하기 때문이다. 그들은 선례를 남기는 것을 원치 않았다.

조슈아 / 나는 하청업자들에게 둘러싸인 채, 반은 부수고 반은 새로 단장한 아파트 일에 발이 묶인 와중에, 디자인 트러스트의 책을 마무리 짓는 중이었다. 출간 의도는 정부 공무원을 설득해 하이라인을 다시 이용하는 일이 대단한 가치가 있음을 알리는 것이었다. 건축가나 도시계획가가 기본 설계를 시작하는 데 필요할 만한 기초 정보도 수록할 예정이었다. 공공 정보 책자의 역할을 해줄 것이라 기대했다.

우리는 조너선 케이프하트와 손을 잡고 블룸버그의 공원 백서에 나오는 하이라인 부분을 책의 서론으로 가져왔고, 블룸버그가 여기에 서명했다. 그렇게 해서 책은 시장이 쓴 서론으로 시작해 센트럴 파크 관리국Central Park Conservancy을 공동 창단한 벳시 발로 로저스Betsy Barlow Rogers의 에세이로 끝맺기로 했다.

로버트 / 책은 '펜타그램'의 폴라 셔가 디자인했다. 조엘의 사진이 표지에 실렸다. 리처드 소카리즈는 'AOL-타임 워너Time Warner' 사에서 근무하고 있었는데, 이곳에서 인쇄 협찬을 받았다. 지금 이 책을 보면 너무 재미있다. 당시 책에서 대충 윤곽을 잡아놨던 많은 일이 마침내는 그대로 벌어졌다. 우리는 시립예술협회에서 전시회 형태로 사람들에게 책을 소개했다.

조슈아 / 에드 타치바나는 게리 핸덜 밑에서 일하는 사람이었는데, 책 내용을 전시회 게시판에 옮기는 작업을 했다. 에드, 달리아와 나는 이 게시판을 매디슨가에 주차된 트럭 대여 업체 '유홀U-Haul'의 차량을 빌려 시립예술협회로 옮겼다. 당시는 이런 일을 시킬 사람들을 고용할 돈이 없었다. 게시판이 너무 무거워서 빌러드하우스의 대리석 계단 위로 끌어올리는 게 여간 고역이 아니었다. 때마침 뉴욕에 없던 로버트에게 나중에야 원망을 쏟아부었다. 로버트는 남쪽 래디컬 페어리Radical Faeries 집회(1970년대 미국에서 시작된 급진적 성격의 동성애자 모임. 이후 동성애자 권리 운동으로 확대되었다. '페어리'는 동성애자를 뜻하는 은어로도 쓰인다—옮긴이)에 가 있는 것 같았다.

로버트 / 디자인 트러스트의 책 뒤에는 후원자 명단을 실었다. 그런데 첼시 부동산 지주 단체인 '에디슨 프라퍼티즈Edison Properties' 사람들이 후원자들의 주소를 일일이 찾아내서는 '하이라인 현실High Line Reality'이라는 제목의 전단지를 정기적으로 발송했다. 전단지의 '현실'이라는 글자가 찌그러져 있었는데 이는 하이라인이 철거될 위기에 처했음을 알려주자는 의도였다. 전단지마다 새로운 주제가 담겨 있었다. 한 전단지는 겨울에 몹시 황량해 보이고 잡초만 무성한 하이라인 사진을 보여주었다. 그 전단지에는 큰 글씨로 이렇게 쓰여 있었다. "돈은 나무에서 자라지 않습니다. 아무리 눈을 씻고 봐도, 하이라인의 잡초에서도 돈은 자라나지 않았습니다." 이런 캠페인 때문에 우리는 긴장했다. 이에 반박할 무기나 시간이 우리에게는 없었다.

조슈아 / 어맨다 역시 '하이라인 현실' 전단지를 받았다. 한번은 봉투 안에 하이라인에서 떨어져 나온 오래된 시멘트 조각이 들어 있었다. 부동산 지주들은 하이라인이 붕괴되고 있다는 점을 증명하기 위해 이런 식으로 기를 쓰고 있었다. 어맨다는 이 우편물 때문에 도시계획위원회 사무실에서 벌어진 일을 얘기하며 웃으면서 손을 털었다. 9·11 테러가 발생했고 탄저병 포자가 든 편지가 미 상원을 마비시킨 뒤라, 우편 봉투에서 부스러지는 회색 물질이 나오면 꽤 큰 소동이 일어날 수 있었다.

로버트 / 디자인 트러스트 전시회가 시립예술협회에서 열리고 있을 때, 뉴욕 주 보존연맹Preservation League of New York State은 하이라인을 그해의 '보존할 7대 대상'에 선정했다. 뉴욕 주 전역에서 활동하는 단체가 하이라인을 우선 보존 대상으로 인정한 것은 처음 있는 일이었다. 건축가 이에로 사리넨Eero Saarinen이 설계한 JFK

공항의 TWA 터미널도 7대 대상에 같이 올랐다. 대다수 사람들은 여전히 하이라인을 오래되어 녹슨 비둘기 둥지라고 여기던 터라, 하이라인이 TWA 건물같이 중요하고 상징성 있는 대상과 어깨를 나란히 했다는 점은 우리에게 큰 진전이었다.

조슈아 / 프랑스 영사관에서 파리 시장 베르트랑 들라노에Bertrand Delanoë의 뉴욕 방문 소식을 알려주었다. 우리는 파리 시장을 하이라인으로 초청했다. 기포드가 34번가 조차장 구역으로 파리 시장을 마중 나갔다. 첼시 마켓에서 나가는 출구가 차단된 탓에 조차장에서 투어를 시작해야 했다. 첼시 마켓은 예전의 철도 플랫폼을 사무실 용도로 임대하기 위해 폐쇄한 상태였다.

조차장에는 강풍이 불었다. 그날은 기상청에서 "겨울 날씨 종합 선물 세트"라고 부르는 구질구질한 날씨였다. 눈, 비, 우박이 한꺼번에 몰아쳤다. 들라노에는 조차장 구역으로 약 15미터 정도 걸어 들어오다가 뒤돌아 나갔다.

하이라인을 방문하기 전, 시장의 수행 참모진은 하이라인에 10만 달러를 기부하겠다는 얘기를 꺼냈다. 9·11 테러를 겪은 뉴욕을 지원하겠다는 의도였다. 하지만 하이라인을 방문하고 나서는 우리 전화에 응답하지 않았다.

로버트 / 시의회 의장이 된 기포드는 시장과의 첫 회의에서 하이라인 사업이 자신의 최우선순위 과제라고 밝혔다. 그와 동시에 어맨다는 댄 닥터로프Dan Doctoroff에게 하이라인을 언급하기 시작했다. 댄은 블룸버그 행정부의 경제개발 추진 업무를 맡은 부시장으로, 뉴욕 시의 2012년 올림픽 유치 신청 사업을 지지했다. 어맨다는 댄을 하이라인으로 데려가 투어를 시켜주었다. 웬만한 사람들은 하이라인을 보고 나면 다 넘어오는데, 어맨다가 말하기를, 댄을 설득하려면 공을 더 들여야겠다고 했다.

조슈아 / 어맨다와 기포드는 새 행정부 출범 첫 달에 댄을 집중 공략할 기회를 물어다주었다. 이들이 얼마나 하이라인 프로젝트를 강하게 밀어붙이고 있었는지 알 수 있는 대목이다.

돌계단을 올라 시청 중앙 홀 안으로 들어서면 오른편으로 시의회 사무실이 있고 왼편에 시장 집무실이 있다. 예전에는 우리 지원병이 있던 오른편의 시의회 쪽으로 항상 갔다. 이번에는 처음으로 왼편으로 방향을 틀었다.

시장 집무실 쪽의 회전문 앞에는 나무 벤치 두 개가 놓여 있었다. 보통은 이

딱딱한 벤치에 앉아 누군가 와서 위층으로 데려가주기를 기다린다. 짐 캐펄리노와 필 애런즈, 로버트는 이미 그곳에 도착해 기다리고 있었다. 잠시 후 댄 밑에서 일하는 로럴 블래치포드Laurel Blatchford가 내려오더니 우리를 블룸버그가 예전 예산위원회실에 만들어놓은 열린 사무실로 데려갔다. 언론은 이런 새로운 변화에 많은 관심을 보였다. 블룸버그는 시장 개인 집무실을 두는 대신 구분 벽이 없는 탁 트인 사무 공간을 만들어 열린 공간에서 모든 사람과 같이 모여 앉아 일했고 매일 제공되는 스낵을 마음껏 먹었다. 그는 '블룸버그 LP'(합자회사 형태의 미디어 그룹으로, 본사는 뉴욕에 있다—옮긴이)의 문화를 시청으로 가져와 이곳을 기술적으로 발전시키고 있었다. 블룸버그 행정부 이전에는 대부분의 시청 사무실에서 이메일을 쓰지 않았다.

로버트 / 우리는 '카우COW'(Committee of the Whole의 약자. '전체위원회'라는 의미—옮긴이)라는 이름의 장중한 원형 방에 모였다. 우리는 도시계획 관점에서 하이라인을 소개했고, 정서적인 위력이 있는 조엘의 사진을 많이 활용했다. 댄은 이렇게 평가했다. "내게 예쁜 사진은 보여주지 마세요. 우리에게는 유지 비용을 감당할 수 없는 공원이 이미 너무 많습니다."

조슈아 / 댄은 어두운 색 곱슬머리에 키가 큰 사람이었다. 그의 확신에 찬 모습에 나는 위축되었다. 댄이 말했다. "여러분은 내게 돈 얘기는 하지 않는군요. 하지만 재정적인 측면에서 하이라인 사업이 갖는 의미를 좀 알아야겠습니다."

그 말에 필이 응대했다. "당연한 말씀입니다. 그 부분에 대해 다음에 다시 와서 말씀드릴 기회를 주시겠습니까?"

방을 나오자 짐 캐펄리노는 우리를 시의회 쪽으로 바로 데려가더니 의원 휴게실로 안내했다. 그는 우리를 앉힌 다음 얘기를 시작했다. "댄 부시장이 방금 한 말을 정리해볼게요. 부시장은 경제성 타당성 연구를 위임해 실시해야 한다는 얘기를 한 겁니다. 그리고 미안한 말이지만 여러분에게는 선택권이 없습니다. 경제성 타당성 연구를 하지 않으면 하이라인은 성사되지 않을 겁니다. 이 일을 위해 고용할 만한 사람을 내가 아는데요, 존 앨슐러John Alschuler라고, 댄 부시장의 부탁으로 올림픽에 대한 경제성 타당성 연구를 한 사람입니다." 짐은 앨슐러의 사무실에 전화를 걸어 만날 약속을 잡았다. 전화를 끊은 뒤 그가 말했다. "이 일을 하려면 돈이 많이 들 겁니다. 여러분한테 돈이 없다는 건 알지만 돈줄을 찾아야 해요."

"브로슈어 인쇄할 돈도 조달 못하면
하이라인 프로젝트를 추진할 돈은 꿈도 꿀 수 없습니다."

이제 우리 일은 진행 방식이 확실히 정해져 있었다. 브로슈어, 법정 비용, 그리고 타당성 조사까지 모두 우리 수중에 없는 돈으로 해결해야 하는 일이었다. 우리는 처음 브로슈어를 제작할 때 필이 한 말을, 앞으로 수차례 반복할 그 말을 되풀이할 뿐이었다.

"브로슈어 인쇄할 돈도 조달 못하면 하이라인 프로젝트를 추진할 돈은 꿈도 꿀 수 없습니다."

로버트 / 존 앨슐러를 만났다. 이 사람한테서 느껴지는 설득력에, 그에게 일을 맡기고 싶어졌다. 존은 복잡한 개념을 간단한 용어로 단순화하는 능력이 있었다. 그는 첫 만남에서 우리 측 주장을 어떻게 잘 포장할 것인지를 단번에 짚어냈다. 공원은 인근 부동산의 가치를 높이고 그로 인해 재산세가 늘어나기 때문에, 하이라인에 새 공원을 조성하면 뉴욕 시에 경제적인 이득을 가져다준다는 것이 요점이었다.

나는 그에게 배우고 싶었다. 무보수로 일하고 있었지만, 뭔가 배울 수 있는 사람들과 함께 일한다는 것만으로도 모두 보상받을 수 있다고 느꼈다.

조슈아 / 존의 회사는 58번가 브로드웨이에 있었다. 그곳은 번쩍번쩍 광이 나는 대리석 로비와 청동으로 장식한 엘리베이터가 있는 오래된 대형 건물이었다. 사무실 통로는 나무 바닥이어서 직원들이 돌아다닐 때 딱딱 소리가 많이 났다. 존의 사무실은 구석에 있었고 창밖으로 콜럼버스 서클Columbus Circle(센트럴 파크 남서쪽과 브로드웨이의 교차로—옮긴이)이 보였다. 타임 워너 센터가 공사중이었다. 그 해 여름, 존과 회의를 하면서 그 건물이 올라가는 과정을 지켜보았다.

비싼 돈 들여 손질한 듯 보이는 숱 많은 은발에다 뛰어난 능력의 소유자인 존은 하이라인 프로젝트에 새로이 동참했다. 아버지뻘 되는 나이는 아직 아니지만 아버지처럼 우리를 따뜻하게 대해주었다. 존은 사람들이 이해 못하는 점을 납득할 수 있게 잘 풀어서 말해주었다. 그는 우선 하이라인 프로젝트가 어떻게 모양을 잡아갈 것인지 설명해주었다.

로버트 / 존이 이런 말을 던졌다. "이런 질문에 답변해보는 건 어떨까요? '향후 20년에 걸쳐 하이라인은 그 공사 비용보다 많은 액수의 재산세를 거둬들이며 시에 직접적인 세수를 창출해줄 것인가?'" 비록 시 당국이 전체 공사 비용을 지불하는 게 아니라 '하이라인 친구들'이 그 비용을 감당하겠지만, 우리는 하이라인 프로젝트가 시 입장에서 훌륭한 투자라는 점을 설정해둘 필요가 있었다.

조슈아 / 존의 주니어 변호사인 존 메이어스John Meyers는 기존의 부동산 가치와 세수를 지역 전체를 대상으로 평가했다. 그런 다음 존 앨슐러와 존 메이어는 하이라인에 매력적인 새 공원을 조성할 경우 부동산 가치가 어떻게 될 것인지 조명했다. 지역 지구 개편 사업으로 창출될 부동산 가치 증가분을 공원 조성 효과로 돌릴 수는 없었다. 지구 개편 사업은 하이라인이 있으나 없으나 성사될 일이기 때문이었다. 그보다 이들은 공원의 존재 그 자체만으로 부동산에 득이 될 가치를 산정했다. 이 작업을 위해 두 사람은 다른 공원들이 어떻게 부동산 가치를 높이는 데 일조했는지 조사했다. 센트럴 파크뿐 아니라, 트라이베카Tribeca에 조성된 두에인 파크Duane Park처럼 규모가 작은 뉴욕 시 공원도 모두 조사 대상에 포함시켰다. 그 결과, 공원으로의 접근성, 하이라인과 인접한 건물의 경우 추가로 시공되는 창이 있는 벽, 쇼핑 지역이라는 정체성 설정, 이렇게 세 가지 요소로부터 가치가 창출될 것으로 예측했다. 하이라인의 정체성은 지역 전체에 영향을 주어, 19세기 그래머시 파크Gramercy Park(맨해튼에 있는 사유 공원—옮긴이) 주변 지역에서 발생한 효과처럼, 공원과 인접해 있다는 이점 이상의 가치를 창출할 터였다.

로버트 / 연구 결과, 하이라인은 6천 5백만 달러의 공사 비용이 들지만, 향후 20년에 걸쳐 하이라인으로 인한 뉴욕 시의 세수 증가분은 1억 4천만 달러에 이를 것으로 예측되었다. 이 연구 결과로 인해 하이라인 프로젝트에 접근하는 방식 자체에 변화가 일어났다. 이는 단지 하나의 공원, 그 이상의 가치였다. 우리는 하이라인 지구, 즉 하이라인 주변부의 가치가 올라간다는 연구 결과를 알리기 위해 적극적으로 노력하기 시작했다.
존 앨슐러는 하이라인 공원 조성 때문에 조차장에 스타디움을 건설하는 등의 올림픽 계획에 차질이 생긴다면 댄이 결코 하이라인을 지지하지 않으리라는 걸 알고 있었다. 그래서 엔지니어링 회사인 '파슨스 브링커호프Parsons Brinckerhoff'를 영입해 연방의 레일뱅킹 법적 요건은 그대로 준수하면서, 하이라인이 스타디움을 우회하도록 경로를 변경할 수 있는 방법을 알아보았다. 관련 법규에 따르면, 레일뱅킹은 국영 철도 시스템과의 연결성이 필수다. 열차가 9미터 정도 높이까지 올라가려면 많은 공간이 필요한데 스타디움은 그만큼의 공간을 잠식해버리기 때문에 일부 선택안은 괴상하기 짝이 없었다. 한 가지 방법은 엘리베이터를 이용해 열차를 하이라인 선로까지 올리는 것이었고, 다른 한 가지 방법은 스위스 알프스에서 가파른 산 위로 열차를 끌어올리는 방식과 동일한 톱니 궤도 철도Cog railway를 적용하는 것이었다. 존은 "실행 가능한지, 논리적으로 타당한지의 여부까지 보여줄 필요는 없고 단지 가능성이 있다는 것만 보여주면 된다"고 말했다.

조슈아 / 존은 우리한테 유리하게 수임료를 매겨주었지만 경제성 타당성 연구는 비용이 많이 드는 일이었다. 우리는 줄리엣 페이지Juliet Page에게 전화해 자금을 조달할 좋은 방안이 없는지 물었다. 줄리엣은 '뉴요커 포 파크Newyorkers for Parks'(뉴욕의 시민 단체. 공원과 레크리에이션을 전담한다—옮긴이)의 개발 부서에서 근무했는데, 우리가 'JM 캐플런 펀드Kaplan Fund'와 '머크 패밀리Merck Family' 두 곳에서 첫 재단 보조금을 받을 수 있도록 연결해준 적이 있었다. 줄리엣은 이런 프로젝트는 그리네이커 재단Greenacre Foundation에서 관심을 보일지도 모른다며, 예전에 그곳에서 일한 적이 있다고 말했다. 줄리엣은 그리네이커 재단의 루스 쿨만Ruth Kuhlmann에게 전화해 이사회에 이 안건을 올려달라고 설득했다.

그리네이커 재단은 우리에게 연구비로 5만 달러를 주었는데, 이제까지 받은 찬조금 중 가장 큰 액수였다. 줄리엣은 최고 재력가인 후원자들에게 찬조를 부탁하는 방법도 알려주었다. 줄리엣의 조언대로 도널드 펠스와 웬디 키즈에게 도움을 부탁했다. 도널드와 웬디는 2000년 우리의 첫 모금 행사에 참석했다. 그들은 어퍼이스트사이드 주민이어서, 하이라인은 이들이 사는 지역과는 아무런 상관이 없었다. 센트럴 파크와 칼슈어즈 파크Carl Schurz Park가 이들이 사는 동네의 공원이었다. 그러나 하이라인은 이들의 지속적인 관심 대상이었고, 두 사람은 경제성 타당성 연구에 자금을 대주기로 결정했다.

로버트 / 그즈음, 조 해밀턴Jo Hamilton과 플로랑 모를레는 미트패킹 지역을 역사지구로 지정받기 위해 노력하고 있었다. 다이앤 폰 퓌르스텐베르크는 '갱스부르트 마켓 보존 운동'이라고 부르는 이런 노력을 지지했다. 조와 플로랑은 우리의 큰 지원군이 되었다.

조슈아 / 플로랑은 1985년에 레스토랑 '플로랑'을 열었다. 이 레스토랑 덕분에 그 인근 지역이 뉴요커들의 레이더망에 들어갔다. 고기 찌꺼기와 끈적끈적한 비곗덩어리가 여기저기 떨어져 있는 거리를 지나면 플로랑이 애정을 담아 복원한 1940년대식 식당이 나왔다. 포마이카 테이블, 빨간색 가죽 의자가 실내에 길게 놓여 있고 뉴욕 지도가 액자에 담겨 걸려 있었다. 플로랑이 고용한 직원들은 음식을 서빙하지 않을 때는 나이트클럽에서 죽치는 아이들, 공연 배우나 연주자, 아니면 여장 남자의 인상을 풍겼다. 레스토랑 분위기는 매혹적이었다. 민주적이었고, 어서 오라고 환영하는 분위기였다. 뉴욕의 대단한 볼거리였다.

이제 플로랑은 제인 가에 사는 명랑하고 스타일리시한 여성인 조와 손을 잡고 지역의 특별한 것들이 사라지지 않도록 힘쓰고 있었다.

로버트 / 대부분의 역사 지구는 식민지풍이라든지, '매킴, 미드 앤 화이트McKim, Mead and White'(19세기 말~20세기 초에 미국에서 가장 유명했던, 가장 성공한 뉴욕의 건축 사무소—옮긴이)풍이라든지 해서 역사적으로 눈에 띄는 스타일인 반면, 미트 마켓 지역은 나지막한 육가공 건물이 모여 있는 곳이었다. 사람들이 흔히 생각하는 랜드마크는 아니지만 인근 지역 주민들은 이곳에 애착을 느꼈다. '갱스부르트 마켓 보존 운동'은 이런 면에서 하이라인과 비슷했다. 전통적으로 아름답다고 여기지 않던 대상에서 사람들이 아름다움을 느낄 수 있게 해주었다.

조슈아 / 하이라인과 갱스부르트 마켓 보존 운동은 둘 다 성사되지 않을 정신 나간 명분으로 비쳤다. 로버트와 나는 시내에 자리한 플로랑 레스토랑을 드나들며 플로랑과 조를 만나기 시작했다. 마치 커뮤니티 단체를 소재로 만든 영화에서 공모자 역을 맡은 기분이었다. 우리 넷은 이 재미있는 레스토랑의 한쪽 구석 테이블에 틀어박혀 시청의 어느 쪽이 우리 편이 되어줄지 이리저리 궁리했다.

플로랑은 늘 오른쪽 첫번째 테이블 구석자리에 앉았다. 웨이터는 그의 테이블에 천으로 된 냅킨을 세팅해놓고 맛을 봐달라며 그날의 수프를 가져다주곤 했다. 그는 나름 뉴욕의 유명 인사였고, 그와 함께 앉아 있으면 우리도 덩달아 더 근사하게 느껴졌다.

에드워드 노턴의 무단출입 투어

로버트 / 2002년 3월, 우리 주장을 받아들인 판사는 뉴욕 시가 토지 이용 검토 절차를 거치지 않고 하이라인 철거 서류에 서명한 것은 불법이라는 판결을 내렸다. 우리가 승소한 것이다! 승소하기 위해 1년 넘게 적극적으로 일해왔고 승소야말로 우리의 핵심 전략이었지만, 이 좋은 소식을 들었을 때 기분이 어땠는지, 또 어디에 있었는지는 기억나지 않는다. 따로 축하 파티를 열거나 하지는 않았다. 으레 있는 일이었으니까. 우리는 한 차례 이상 큰 발전을 이뤘지만 할 일이 여전히 산적해 있어, 작은 성공을 음미하자고 쉴 수는 없었다. 나중에 우리와 함께 일했던 개발 책임자 다이앤 닉사Diane Nixa는 당시 우리 것은 그녀가 일했던 사무실뿐이라고 말했다. 그 사무실은 백만 달러의 기부금을 받을 수 있고 모든 사람이 묵묵히 할 일을 계속 하는 곳이었다.

조슈아 / 그해 봄, 커뮤니티 모임이 두 차례 열렸다. 하나는 4월에 열린 공청회로, 커뮤니티 위원회 4에서 주최했다. 커뮤니티 위원회 2는 전부터 우리를 지지했지만, 하이라인 구조물의 대부분이 위치해 있는 곳의 커뮤니티 위원회 4는 하이라인 문제에 대해 여전히 어떤 입장도 취하지 않았다. 이 점은 힘든 부분이었다. 하이라인 프로젝트를 커뮤니티 사업이라고 소개했는데 정작 지역 커뮤니티 위원회에서는 우리를 인정해주지 않았으니 말이다. 그러나 시의회 공청회에서 확보한 이웃 주민과 시민 단체 명단 덕에, 우리는 발표자 25명과 이보다 더 많은 박수 부대를 커뮤니티 회의에 동원할 수 있었다. 이들에게 빨리 가서 공청회 시작 때 발언을 해서 분위기를 잡아달라고 말했다.

우리 연구는 앞으로 하이라인 주변부가 개발된다는 가정 아래 진행되었고, 이 사실을 공청회 초반부에 알리고 싶었다. 우리는 웨스트 17번가의 오헨리 스쿨O. Henry School에서 커뮤니티 모임을 가졌고, 존 앨슐러가 경제성 타당성 연구의 일부 자료를 발표했다. 이 모임에서 처음으로 추후 지구 개편 사업에 하이라인이 포함된다는 사실을 분명하게 논의했다. 예상대로 사람들은 하이라인 프로젝트에 협조적이었지만, 하이라인 주변부의 추후 개발 문제는 일부 사람들에게는 무척이나 신경 쓰이는 일이었다.

로버트 / 기회의 문을 열어두고 변호사와 컨설턴트를 계속 고용하기 위해서는 자금을 조성해야 했지만, 조슈아와 나는 무보수였다. 나는 생계유지를 위해 컨설팅 일을 계속하면서도 대부분의 시간을 하이라인에 쏟아부었다. 나는 이제부터라도 보수를 받아야겠다고 결심했다.

하지만 보수를 받는다는 게 영 편치 않았다. 많은 기부자들이 내 친구인데, 보수를 챙기자고 그들에게 기부를 부탁하는 게 내키지 않았다. 조슈아도 나와 같은 생각이었다.

그런데 필과 위원회의 다른 멤버에게 의견을 구하니 이들은 적극 찬성이라고 말했다. 조슈아와 내가 보수를 받지 않고는 하이라인 프로젝트를 지속할 수 없을 거라고 걱정했다는 것이다. 이들은 그렇게 하는 것이 하이라인에도 궁극적으로 좋은 일이라고 했다.

시민 단체를 갓 꾸린 사람들에게 이런 얘기를 꺼내보면 자신들이 보수를 받는 문제에 대해 나와 똑같이 주저한다. 다른 부분에 돈을 지불하거나 차라리 사무용품을 사겠다고.

그러나 보수를 받으면서 우리는 진짜 조직이 되었다. 구성원들이 정당한 보수를 받고 일해야 비로소 진정한 조직이라고 할 수 있다. 자원봉사자들만으로는 일을 진척시키는 데 한계가 있다.

조슈아 / 소송을 맡은 변호사 중 한 명인 존 커티는 기업인 마사 스튜어트Martha Stewart의 사위였다. 그는 마사에게 부탁해 하이라인의 여름 모금 행사를 웨스트 26번가, 스터릿리하이 빌딩의 새로 이전한 사무실에서 열 수 없는지 알아보았다. 마사는 승낙했고 행사 위원장이 되는 것도 수락했다. 스터릿리하이 빌딩은 랜드마크가 된 철도 창고로, 하이라인과 같은 시기에 지어졌기 때문에 역사적인

시민 단체를 갓 꾸린 사람들은
보수를 받는 문제에 대해 나와 똑같이 주저한다.
그러나 보수를 받으면서 우리는 진짜 조직이 되었다.
구성원들이 정당한 보수를 받고 일해야
비로소 진정한 조직이라고 할 수 있다.
자원봉사자들만으로는 일을 진척시키는 데 한계가 있다.

연관성이 있었다.

에드워드 노턴 역시 행사 위원장직을 맡기로 수락했다. 에드워드가 행사에 대해 글을 쓰기 전에 하이라인을 먼저 보고 싶다고 하기에 투어 일정을 잡았다. 그 전까지 에드워드와는 전화로만 얘기를 나눴을 뿐이다.

당시 하이라인으로 올라가는 방법은 조차장을 통하는 길밖에 없었다. 제비츠 센터Javits Center 건너편, 34번가로 나 있는 문을 통해 들어가는 방법이었다. CSX의 로리 이제스Laurie Izes와 함께 그곳으로 에드워드를 마중하러 나갔다. 로리는 데브라 프랭크 대신 철도 회사 측을 대표해 나와주었다. 그녀 없이는 하이라인에 올라갈 수 없었다. 로리는 책임 면제 서류에 서명하게 하고 굽 낮은 신발을 신었는지 확인했다. 굽 낮은 신발을 신지 않으면 그녀의 권한으로 하이라인에 올라가지 못하게 할 수 있었다. 만약 거물급 인사가 '마놀로 블라닉' 하이힐을 신고 나타난다면 나를 포함한 웬만한 사람들은 난처해하면서도 그냥 돌려보낼 수 없을 것이다. 그런데 로리는 그러거나 말거나 돌려보낼 수 있는 사람이었다.

에드워드는 늦게 왔다. 오지 않으려나 보다고 생각하던 차에, 노란색 택시가 멈춰 서더니 에드워드가 내렸다.

대개 34번가에서 올라갈 때는 29번가까지 갔다가 되돌아온다. 무단출입자들이 남쪽으로 가는 것을 막기 위해 CSX에서 29번가에 철망을 쳐놨기 때문이다. 그런데 바로 이들 무단출입자가 물결 모양 강판 패널 아래쪽 자갈을 파내 엉덩이와 어깨를 이리저리 움직이면 통과할 수 있게 공간을 만들어놓았다. 땅에 엎드려 자갈, 흙, 깨진 유리 조각을 헤치고 지나가야 하는 공간이었다. 일단 그곳을 통과하면, 29번가부터 14번가까지의 다음 구간을 볼 수 있다. 우리는 이렇게 하이라인을 둘러보는 방식을 '철망 무단출입 하이라인 투어'라고 불렀다. 빼빼 마른 사람에게나 가능한 일이었다.

에드워드도 철망 아래를 통과했다. 에드워드는 배를 깔고 엎드려 철망 아래를 기어가기 시작했다. 그가 상체를 통과시킨 다음 엉덩이를 꿈틀거리며 철망 밑을 지나갈 때 로리와 나는 그의 엉덩이를 보지 않는 척했다.

나중에 에드워드에게 들은 얘기인데, 그 직후 하이라인에 다시 갔는데 그때도 브래드 피트와 함께 무단출입을 해서 똑같은 길을 갔다고 한다.

로버트 / 마사 스튜어트의 사무실에서 진행한 디너 행사는 공교롭게도 마사의 법적 분쟁이 일어난 시기와 맞물려서 연일 신문에 보도되었다. 마침내 마사의 변호인단은 그녀에게 자선 모금 행사 같은 대규모 공공 행사에는 모습을 드러내지 말라고 권고했다. 나는 마사의 직원을 통해 마사와 통화했는데, 그녀는 그 자리에 참석은 못하지만 하이라인을 환영하고 지지한다는 사실을 행사 자리에 모인 사람들에게 전해달라고 부탁했다. 마사는 할 말을 손수 작성해주었다. 나는 그녀가 법적 분쟁을 처리하는 와중에도 하이라인 프로젝트의 세세한 부분을 알려고 노력하는 모습에 감명을 받았다.

조슈아 / 재니스 맥과이어Janice McGuire에게도 하이라인을 보여주었다. 재니스는 커뮤니티 위원회의 동료 위원이자 인근 지역의 사회복지 사업을 주관하는 사회복지관, '허드슨 길드Hudson Guild'의 전무였다. 재니스는 첼시 지역에 새로 전입한 부유한 주민과, 풀턴과 첼시엘리엇 두 곳의 지역 보조 주택 단지에 거주하는, 경제적으로 어려운 주민을 서로 연결해주고 싶어 했다. 재니스는 웨스트 26번가, 첼시엘리엇 주택 단지 내에 위치한 허드슨 길드에 빈 사무실을 갖고 있었는데, 3백 달러 정도의 터무니없이 싼 월세로 우리에게 사무실을 임대해주었다. 우리에겐 좀 더 큰 사무실이 필요하던 참이었고, 이스트빌리지에서 그곳으로 옮겨가면 커뮤니티와 유대감도 생길 것 같았다. 우리는 그 제의를 받아들였다.

사무실은 1950년대 초반, 단지가 완공된 뒤로 손을 댄 흔적이 없었다. 벽은 칙칙한 녹색 콘크리트였다. 난방도 거의 되지 않았고 화장실도 쓸 수 없었다. 그러나 허드슨 길드는 그 지역의 정신적인 기둥으로, 복지 상담과 직업 훈련 서비스를 해주고 유치원과 양로원도 있는 곳이었다. 사무실에 출근해, 유치원으로 가는 아이들로 가득 찬 복도를 지나거나 책상에 앉아 아이들 노랫소리를 듣고 있노라면 뭔가 대단한 느낌이 들었다. 사무실은 책상 네 개를 들여놓을 정도로 컸다. 다만 사무실 창밖으로는 하이라인이 거의 보이지 않았다.

우리는 이메일 뉴스레터에 사무용 가구를 기증해달라는 글을 올렸다. 젊은 건축가인 옌 하Yen Ha와 오스타프 루다케비치Ostap Rudakevych가 사무실 공간을 디자인하는 데 도움을 주고 싶다고 답을 해왔다.

로버트 / 그해 가을, '뉴요커 포 파크'의 줄리엣 페이지를 고용해 자금 조달 업무를 맡겼다. 줄리엣은 하이라인에 애착을 갖고 있었고 처음으로 재단 보조금을 받을 수 있도록 자진해서 도와준 일도 있었다.

고용된 뒤로 4년 동안, 줄리엣은 우리가 주최하는 모든 모금 활동을 도맡아 진행했다. 그녀는 1인조 여성 밴드였다. 행사를 주최하고 연말이 되면 도움을 요청하고 모금 캠페인을 시작했다. 소규모 비영리 단체들은 대개 개발 업무를 맡는 직원들에게 많은 돈을 쓰려 하지 않지만 조직의 성장을 위해서는 모금 활동에 투자할 필요가 있다.

조슈아 / 우리는 줄리엣에게 다른 곳에 뒤지지 않을 임금을 지불해야 했다. 그 금액이 로버트와 내가 받는 것 이상이어서 기분이 묘했다. 줄리엣은 복지 혜택에 대해 물어봤지만 당시 우리가 제공한 혜택은 전혀 없었다. 또한 줄리엣은 에어론 의자(허먼밀러 사에서 만든 고가의 사무용 의자—옮긴이)를 사달라고 요구했다. 뉴요커 포 파크에서 근무할 때 에어론 의자를 사용했다고. 우리는 그 문제에 대해 짜게 굴 수밖에 없었고, 결국 뉴요커 포 파크에서 그녀가 쓰던 의자를 구입하기로 줄리엣과 합의를 보았다. 줄리엣은 이미 자리 잡은 좋은 직장을 박차고 나온 터라, 그녀와 솔직하게 얘기를 나눠야 했다. 우리는 하이라인이 성공한다는 보장은 전혀 없다고 말해주었다. 우리야 성공할 거라는 희망을 품었지만, 줄리엣은 내일이면 사라질지도 모르는 일개 조직의 일자리를 받아들인 것이다.

로버트 / 9월 말, 부시장 댄 닥터로프에게 경제성 타당성 연구 결과 보고서를 제출했다. 하이라인에 공원을 조성해야 할 타당성과 공사 예상 비용, 그리고 하이라인이 뉴욕 시에 창출할 가치를 보여주었다. 공사 예상 금액은 하이라인에 공원을 조성하는 기본 뼈대 비용만 계산한 것으로, 전통적인 산책로 설계 방식을 사용해 가장자리에 조경을 하고 단순히 보행로만 닦아놓는 형태를 전제로 했을 때의 비용이었다. 나중에 가서는 이보다 설계가 훨씬 정교해지고 비용도 훨씬 많이 들겠지만, 이런 연구의 목적상 공사 예상 금액은 되도록 낮추는 게 중요했다. 이 밖에 연구 프레젠테이션에서는 궁극적으로 웨스트 첼시 지구 개편 사업에 사용되었던 개발권 이양 방식을 간단히 소개했다. 개발권 이양 방식을 적용하면 하이라인 아래쪽 땅을 소유한 부동산 지주는 행사할 수 없는 하이라인 상공 개발권을 인근의 수많은 땅주인들에게 매매할 수 있다.

조슈아 / 존은 수백 장에 달하는 연구 보고서를 읽을 사람은 아무도 없을 거라고 귀띔해주었다. 이런 긴 연구 보고서의 좋은 점이란 파워포인트를 이용해 프레젠테이션을 한 다음 테이블에 보고서를 내려놓을 때 '탁' 하는 묵직한 소리가 난다는 점이었다. 우리는 파워포인트에 수주간 매달렸다.

댄은 그날 회의에서 올림픽을 염두에 두고 시장이 크게 구상중인 웨스트사이드 재개발 계획에 대해 언급했다. 재개발 계획에는 '헬스 키친Hell's Kitchen'의 대대적인 지구 개편과 첼시 지구 개편 사업을 비롯해 조차장에 스타디움을 조성하는 계획이 포함되었다.

댄이 물었다. "하이라인이 통과하는 웨스트 첼시 지역의 지구 개편을 지지할 정도로 커뮤니티에서 하이라인에 애착을 갖고 있다고 생각합니까?"

로버트가 나를 보며 말했다. "조슈아가 커뮤니티 위원회 소속입니다. 조슈아, 커뮤니티에서 이 계획을 좋아하겠지요?"

그 순간 나는 뭐라고 말해야 할지 몰랐다. 커뮤니티 위원회는 하이라인에 대해 어떤 입장도 취하지 않은 데다 많은 위원들이 하이라인 프로젝트에 대해 꽤 부정적이었다. 그러나 모든 사람들이 듣고 싶어 하는 답이 '예'라는 것을 알았기에 그렇게 답했다.

댄은 스타디움을 포함해 자신이 구상하는 대규모 개발 비전을 우리가 전폭적으로 지지해주기를 원했다. 스타디움 계획은 지역 주민의 반대에 부딪친 사안이라 꽤 부담스러운 일이었다. 우리 프로젝트 또한 커뮤니티와 댄 부시장 양쪽 모두를 만족시켜야 하는, 수월하지 않은 일이었다.

댄은 첼시 부동산 지주들을 만나 그들이 준비한 연구 결과를 발표할 기회를 줄 계획이었다. 그래도 우리는 우리 측 연구에 꽤 만족했다. 댄은 하이라인 프로젝트의 비전이 생각했던 것보다 원대하다는 점, 이 비전과 자기가 구상한 큰 비전을 연결할 수 있으리라는 점에 들떠 있는 것 같았다. 우리에게 기회가 왔다는 느낌이 들었다.

한 걸음 더 가까이

로버트 / 설계 공모전을 계획했다. 우승한 작품이 실제 공사에 반영되는 그런 식의 공모전은 아니었다. 그럴 가능성은 없었다. 우리에게는 어떠한 권리도, 자금도 없었고, 하이라인은 여전히 철거 위기에 놓여 있었다. 공모전은 단지 아이디어를 모으기 위한 행사였고, 그런 아이디어는 구태여 현실성이나 자금 조성 여부를 가늠하거나 건축 가능성을 따질 필요가 없었다.

공모전은 사람들에게 생각의 날개를 달아주어, 하이라인을 두고 여러 가지 방법으로 자유롭게 궁리하도록 도와줄 터였다. 사람들의 관심도 끌 것이다. 대다수 사람들이, 심지어는 지역 주민조차 하이라인이 무엇인지 여전히 알지 못했다. 사람들에게 하이라인 얘기를 꺼내면 "뭐라고요?" 하면서 지나쳤다. "왜, 고가선로 있잖아요"라고 설명해줘도 여전히 모르겠다는 얼굴이다. 그러면 다시, "비둘기 똥이 떨어지는 그 어두운 곳 말이에요" 하면, "아, 거기요. 전 그곳 싫어요" 하며 가버렸다.

조슈아 / 하이라인의 발전을 위해 로버트가 초창기부터 머릿속에 품고 엄청난 결단력으로 추진한 일이 바로 설계 아이디어 공모전이었다. 그는 나 이상으로 고급 수준의 설계가 하이라인의 미래에 필수적이라고 생각했다. 나는 건축이 좋았다. 아름다운 설계가 좋았다. 하지만 하이라인 프로젝트를 로버트가 생각한 것만큼 값비싼 개념으로 바라보지는 않았다. 그저 하이라인 구조물 자체에 애착이 있었고, 하이라인을 보존하고 싶었다.

로버트 / 존 앨슐러는 아이디어 공모전을 개최하지 말라고 권유했다. "이봐요, 사람들은 이미 당신들이 정신 나갔다고 생각해요. 성사되지도 않을 일을 두고 사람들에게 아이디어를 내놓으라고 하면 한낱 꿈에 지나지 않는 일이라는 걸 확인시켜줄 뿐이에요." 기포드도 존의 생각에 동의했다. 기포드는 시의회 의장으로서 하이라인 프로젝트를 성사될 수 있는 사업으로 밀어붙이기 위해 노력하고 있었다.

조슈아 / 그해 가을 내내, 주로 로럴 블래치포드를 통해 댄 부시장 쪽으로부터 긍정적인 반응을 얻어내기 위해 노력했다. 가끔 로럴에게 전화하면 그녀는 일이 잘될 것 같다고 귀띔해주었다. 마침내 그해 연말, 로럴은 뉴욕 시가 워싱턴의 지상운송위원회에 하이라인 레일뱅킹 사업을 위한 '잠정적 트레일 용도 허가서'를 요청할 거라고 말해주었다. 요청이 승인되면 시는 하이라인 철거를 옹호하는 기존 정책에서 보존을 옹호하는 쪽으로 정책을 변경하는 셈이 된다.

이는 이제까지 거둔 것 중에서 가장 큰 승리였다. 뉴욕 시를 동업자로 끌어들인 것이다. 시는 하이라인에 대한 반대 입장을 철회했을 뿐 아니라, 지상운송위원회에 허가서를 요청하는 것으로 그 입장을 보여주었다. 이는 하이라인을 트레일이나 공원으로 바꾸는 일에 시가 적극적으로 나서겠다는 표시였다.

이 소식을 접하고 우리가 샴페인을 터뜨렸을 거라고 짐작하겠지만 그런 일은 없었다. 이번에도 나는 이 희소식에 어떻게 반응했는지 잘 기억나지 않는다. 그로 인해 발생한 업무 말고는. 하이라인 프로젝트의 반전을 알리는 언론 보도가 또 한 차례 있었으며, 이번에는 시에서도 이 사실을 인정해야 했다. 이틀 뒤 〈뉴욕 타임스〉에 "웨스트사이드에서 레일 계획 활발히 진척 중"이라는 데이비드 던랩David Dunlap의 기사가 실렸다. 우리는 그 기사를 읽고 또 읽었다.

너무 중대한 변화여서 처음에는 적응하느라 애를 먹었다. 하이라인에 적대적인 입장을 보이던 모든 세력 중에서 뉴욕 시가 가장 막강해 보였다. 이제는 무심코 지켜보는 사람이라도 하이라인 보존 사업이 기정사실로 합의된 일이라고 생각할 정도였지만, 분명 그렇지는 않았다. 뉴욕 주와 철도 회사, 지상운송위원회가 아직 동의 입장을 보내오지 않았고, 첼시 부동산 지주들은 여전히 극렬하게 반대 입장을 고수하고 있었다. 하이라인 어느 구간이라도 보존 사업을 확실하게 진행하려면 그전에 해야 할 일이 너무 많았다. 그러나 이번 승리로 로버트와 나에게는 하이라인이 달라 보였고 우리 삶에서 하이라인이 차지하는 의미도 바뀌었다. 이제야말로 프로젝트의 성사 가능성이 실제로 엿보였다.

이는 이제까지 거둔 것 중에서 가장 큰 승리였다. 우리가 뉴욕 시를 동업자로 끌어들인 것이다.

로버트 / 드디어 블룸버그 행정부가 하이라인 프로젝트를 전적으로 지지했지만, 시에서 승인만 하고 두 손 놓고 있었다면 프로젝트는 사장되고 말았을 것이다. 하이라인 프로젝트는 모든 과정이 복합적이었고 매우 많은 기관과 부서를 거쳐야 했다. 시 정부는 사람 몸과 같다. 시장 집무실인 머리는 뭔가 하고 싶어 하는데, 몸을 이루는 많은 기관은 제각기 다른 방식으로 나아가려 하니 말이다.

댄 닥터로프 부시장은 로렐 블래치포드를 하이라인 사업부에 배치해 하이라인 프로젝트가 조화롭고 효과적인 방식으로 진척되게 했다. 로렐은 법, 계획 수립, 경제 발전, 모금 등 다방면에서 우리를 도와주었다. 블룸버그 시장 행정부는 민간 부문에서 참여를 원하는 사람들을 많이 끌어들였다. 댄 닥터로프는 특히 로렐같이 똑똑한 사람을 고용했다.

하이라인을 우선시하라는 댄의 공식적인 당부가 아니더라도, 로렐은 하이라인 프로젝트에 대해 열정이 넘쳤다. 하이라인의 지난날을 더듬어보니, 시시때때로 똑똑한 사람들이 이 프로젝트에 몰려들었고 전문 지식을 가진 사람들이 우리를 도와 뭔가 이뤄보겠다고 나섰다.

조슈아 / 다이앤 본 퓌르스텐베르크는 웨스트 12번가의 스튜디오에서 갱스부르트 마켓 보존 운동 행사를 주최했다. 우리는 다이앤이 하이라인에 대해서도 비슷한 역할을 해주기를 기대했다. 우리는 플로랑 모를레에게 행사 일정을 잡을 수 있는지 물어보았고, 플로랑은 "루이셀라에게 얘기해보라"고 답변했다. 다이앤과 뭔가 일을 추진하고 싶을 때는 루이셀라 멜로니Luisella Meloni를 통해 접촉했다. 루이셀라와 통화하는 일은 항상 즐거웠다. 노래하는 듯한 이탈리아어 악센트를 들으면 단순한 일도 색다르고 대단하게 느껴졌다.

1월로 행사 날짜를 잡았다. 겨울 모금 행사 정도가 되었겠지만, 시에서 하이라인 방침을 바꾸자 이 행사를 승리 축하연으로 바꾸었다. 초대장에는 하이라인 선로를 마티니 잔의 다리로 표현했다.

다이앤의 스튜디오는 미트패킹 지구 바로 남쪽, 웨스트 12번가의 마구간이 딸린 저택 단지를 리모델링한 곳이었다. 안으로 걸어 들어가면 물이 졸졸 흐르는 작은 못 주위를 돌아 내려오는 인상적인 계단이 보였다. 계단 옆에는 앤디 워홀,

프란체스코 클레멘테 같은 유명 화가가 그린 다이앤의 초상화가 있었다. 계단과 못을 지나면 천장이 높은 넓은 공간이 나오는데 바로 다이앤이 패션쇼 같은 여러 행사를 개최하는 곳이었다.

지난 수년간 환상적인 행사를 많이 열었지만 이번 행사만큼은 시의 새로운 방침 때문인지 처음으로 진짜 파티처럼 느껴졌다. 브론슨은 천장에 하이라인 모양의 테이블을 매달아두고 각종 전채 요리를 가득 올려놓았다. 우리 같은 단체가 준비할 수 있는 수준을 넘어선, 상상 이상의 인상적인 파티였다.

그날 밤에 로버트와 다이앤, 내가 함께 찍은 사진이 있다. 그날, 순간의 흥분을 포착한 사진이다. 다이앤은 가운데에서 습관처럼 자기 머리를 매력적으로 쓸어 넘기고 있고, 나와 로버트는 그녀의 양쪽에 서 있다. 보기에는 떨어져 있지만 마음은 함께였다.

로버트 / 그해 봄, 아이디어 공모전에 전력투구했다. 나는 대단한 설계 작품이 출품되지 않는다면 이제 하이라인에 모든 시간을 쏟지 않겠다고 결심했다. 파리의 프롬나드 플랑테에 가보았지만, 그곳 설계는 구조물의 독특함을 부각시키지 못한다는 생각이 들었다. 장미 격자 울타리와 가로숫길, 한가운데 작은 시내가 있는, 파리에 있는 여느 공원과 다를 바 없는 모습이다. 하이라인 보존 사업을 하면서 기준에 끼워 맞춘 공원을 조성하는 것은 기회를 놓치는 것이란 생각이 들었다.

아이디어 공모전 진행을 위해 리드 크롤로프Reed Kroloff를 고용했다. 리드는 〈아키텍처Architecture〉의 편집자이며, 디자인 트러스트의 연구를 맡았던 건축가 케이시 존스의 친구이기도 했다. 리드는 말했다. "공모전에 건 상금이 많지 않으니 이름 있는 건축가들이 응모하지는 않겠네요. 그런 사람들은 성사되지도 않을 일에 시간을 허비하지는 않을 겁니다."

우리는 이름깨나 있는 건축가들을 설득해 심사를 맡아달라고 부탁했다. '주택 가교'라는 그 유명한 하이라인 초기 프로젝트를 맡았던 스티븐 홀, 컬럼비아 대학 건축 프로그램 학장 버나드 추미Bernard Tschumi, '스키드모어, 오윙스 앤 메릴' 건축 사무소 대표인 메릴린 조던 테일러Marilyn Jordan Taylor, 스타디움 기획 일을 했고 기획 입안자들에게 하이라인 보존에 대한 생각을 고무시키고 있는 줄리 바그먼Julie Bargmann, 허드슨 리버 파크에서 일했던 조경 디자이너 시그니 닐슨Signe Nielsen 등이 심사를 맡았다. 나머지 심사위원으로는 소호SoHo의 디자인 매장인 '모스Moss'의 머리 모스Murray Moss, 다이어 아트센터의 큐레이터 린 쿡Lynne Cooke, 어맨다가 맨해튼 시계획국 실장으로 고용한 비샨 차크라바르티Vishaan Chakrabarti, 하이라인 인근에 살며 우리 노력에 많은 지지를 보냈던 커뮤니티 위원회 위원인 리 콤프턴Lee Compton을 선정했다.

조슈아 / 2003년 4월, 커뮤니티 위원회4는 마침내 하이라인 보존을 찬성하는 결의안에 투표했다. 이 안건을 투표에 부치는 데 4년 가까이 걸린 셈이다. 투표는 성 누가 루스벨트 병원에서 열린 회의에서 실시했고, 결과는 28 대 1이었다. 위원회에서 하이라인에 관한 투표를 두고 그렇게 오랜 시간을 끌었던 게 결과적으로는 좋은 일이었다. 처음 시작했을 때 결의안 투표를 했다면 위원들은 우리 계획에 반대했을 것이다.

나는 약 6년간 커뮤니티 위원회에 속해 있었다. 그곳에서 시간을 보낸 덕분에 관리하기 어려운 대규모 집단을 살살 구슬려가면서 이런저런 목표를 달성하는 방법을 터득했다. 동료 위원들과 일대일로 두루 만나며 하이라인에 대해 호의적인 이미지를 쌓아갔다. 운 좋게도 헬스 키친 지역의 서민 주택 개발업자인 조 레스터시아Joe Restuccia와 위원회4의 위원장직을 계속 맡았던 첼시 주민 리 콤프턴같이 하이라인에 애착을 가진 다른 위원들에게 조언을 들었다.

커뮤니티 위원회가 하이라인 사업에 찬성표를 던지기 전날, 나는 푹 잤다. 나는 아직도 '반대'표를 던진 한 여성을 동네와 공공 회의에서 마주친다. 우리는 서로 친절하게 대하고 어떤 문제에는 의견 일치를 볼 때도 있지만, 그녀는 항상 나에게 약간 냉소적으로, 마치 '당신 나한테 꼬투리 잡혔어. 날 우습게 보지 마' 하는 투로 말을 건넨다.

로버트 / 아이디어 공모전에 도착한 첫번째 출품작은 만화였다. 이 작품은 거대한 신발 안에 계단을 붙박이로 짜 넣는 등 하이라인을 '허버드 아주머니Mother Hubbard'(영국의 유명한 전래동요에 나오는 주인공. 헝클어진 머리, 촌스러운 외모를 고수한다—옮긴이)의 테마파크로 바꾸어놓았다. 그 이후로는 한동안 출품작이 도착하지 않았다. 우리는 걱정했다. 공모전을 위해 이 모든 일을 벌여놓았는데 동화책에 나올 법한 테마파크 작품 달랑 하나로 끝날 판이었다.

최종적으로는 36개국에서 7백 20점의 작품을 받았다. 우리는 작품을 보드지에 출품해줄 것을 요청했다. 우리로서는 그 작품들을 표구할 재원과 시간이 없었기 때문이다. 출품작은 허드슨 길드의 작은 사무실 공간에 보관하기에는 너무 많았다. 그래서 어느 후원자가 빌려준 스터릿리하이 빌딩의 빈 사무실 공간으로 옮겨야 했다.

'폴셰크 파트너십Polshek Partnership', 해리리Hariri 자매 건축 회사, 마이클 록Michael Rock의 그래픽디자인 회사 '투 바이 포(2×4)' 등 몇몇 유명한 회사도 참가했다. 그러나 대부분은 학생과 일반인이 출품했다. 이란에서 온 출품작의 경우는 9·11 이후 테헤란에서 이곳으로 곧장 우편물을 보낼 수 없었기 때문에 일단 파리를 거쳐 뉴욕으로 와야 했다. 러시아에서 온 작품은 하이라인을 금색 칠을 한 아이콘 스타일의 도마뱀으로 형상화했다. 정치적인 성향을 띤 작품도 있었다. 한 작품은 흑백 대비가 강한 그래픽으로 표현했는데, 작품명이 '파크 프리즌 풀Park Prison Pool'이었다. 작품 설명을 보면, 죄수를 수감할 때는 사람들에게 공개해야 하는데 이를 위해 하이라인의 'I'자 빔 안에 감옥을 지을 것을 제안한다는 내용이었다. 그렇게 하면 공원을 거닐면서 죄수를 들여다볼 수 있고, 그 아래에는 수영장을 만드는 것이다.

마음에 드는 작품이 두 점 있었다. 오스트리아의 건축과 학생인 나탈리 린Nathalie Rinne은 하이라인을 2.4킬로미터 길이의 수영장으로 만들자고 제안했다. 맨해튼 중심부를 관통하는 좁고 긴 풀의 모습이 매우 아름다웠다. 다른 하나는 '프런트 스튜디오Front Studio' 사의 작품이었는데, 이 회사는 허드슨 길드의 하이라인 사무실을 설계한 두 젊은 건축가, 옌 하와 오스타프 루다케비치가 설립한 곳이었다. 이들은 조엘 스턴펠드의 사진에서처럼 주변 풍경은 그대로 두고 선로에 롤러코스터를 놓자고 제안했다. 급상승하면서 사람들이 사는 아파트를 보다가 급하강하고, 도시 거리 위에서 거꾸로 회전하는 것이다. 현실적인 아이디어는 아니었지만 하이라인을 새로운 관점에서 생각할 수 있게 해주었다.

출품작들에 공통적으로 흐르는 가장 강한 맥락은 기존 풍경의 음미였다. 사람들은 하이라인에 이미 있는 것 그대로를 좋아했다.

마지막 경선에 오른 네 점의 출품작 모두 현실성은 전혀 없었다. 그중 하나는 '암시장의 코카인'이라는 제목의 작품이었다. 하이라인의 음침한 부분을 보존하라는 뜻인데, 한 여자가 다리에 마약을 주사하는 장면을 그려놓았다. 기포드가 생각하는 게 바로 이런 게 아닌지 걱정되었다.

우리는 출품작들을 번화한 장소에 전시하고 싶었다. 나는 그랜드 센트럴 역의 밴더빌트 홀Vanderbilt Hall을 마음에 두고 있었다. 그곳에서 기업 행사를 주최하려면 하루에 10만 달러가 들지만 비영리 단체인 우리는 협상을 통해 여름 2주 동안 3만 달러에 빌릴 수 있었다.

밴더빌트 홀에 작품을 설치하는 일은 복잡했다. 그곳은 레스토랑 '오이스터

바Oyster Bar'의 구아스타비노Guastavino 아치 위에 있어 무게가 많이 나가는 물건을 한 지점에 올려놓을 수 없어 하중을 넓게 분산시켜야 했다. 대리석 바닥도 걱정거리였다. 또한 뉴욕 주 도시교통국Metropolitan Transportation Authority(MTA) 관할 지역이어서 지켜야 할 안전 수칙도 많았다. 설치 시간은 단 이틀뿐이었다.

밴더빌트 홀은 꽤 큰 방이었기 때문에 출품작들이 왜소해 보이지 않을까 걱정되었다. 25만 명의 사람들이 매일 그 공간을 지나간다. 어떻게 해야 이들이 공모전 앞에서 발길을 멈추게 할 수 있을까? 해결책을 찾기 위해 하이라인 근처에 사무실이 있는 작은 건축 사무소, '로텍LOT-EK'을 찾아갔다. 그곳 건축가들은 처음으로 선적용 컨테이너를 이용해 건축 형태를 창출해냈다. 이렇게 해서 설계한 건물이 웨스트 13번가에 위치한 보헨 재단Bohen Foundation 갤러리다.

로텍의 아다 톨라Ada Tolla와 주세페 리냐노Giuseppe Lignano는 출품작을 전시할 수 있는 큰 구조물을 구상했다. 앞쪽에는 극장 화면같이 비디오 상영 장치를 설치해 밴더빌트 홀로 통하는 중앙 통로에서도 보이게 했다. 그 크기와 깜박거리는 영상을 보고 사람들이 홀 안으로 들어올 것 같았다. 양쪽에는 '펜타그램'의 폴라 셔가 디자인해준 거대한 비닐 패널을 설치하고 조엘 스턴펠드의 사진을 옥외 게시판 비율로 확대했다. 이 패널 아래 최종 경선에 오른 작품을 설치하고 수백 점의 나머지 출품작은 구조물 안쪽, 비디오 화면 뒤편에 설치하기로 했다.

비디오는 꼭 필요했다. 사람들의 시선을 사로잡고 하이라인이 무엇인지 설명해줄 수 있기 때문이었다. 내 친구 짐 히치콕Jim Hitchcock이 광고와 뮤직비디오를 제작하고 감독하는 존 지먼John Zieman을 연결해주었다. 존은 우리를 위해 대단한 비디오물을 제작했다. 주요 인사를 인터뷰하고 하이라인의 멋진 장면을 찍어 담았다. 비디오는 우리가 하고자 하는 것의 참뜻을 실감나게 잡아냈다.

전시회 개관일 밤에 여름 모금 행사를 개최하기로 결정했다. 1천 명 정도가 참석하는 칵테일파티와 이후 이어지는 3백 명의 디너파티를 준비했다. 공모전에 참가한 사람들을 칵테일파티에 무료로 초대하는 것이어서 행사 규모가 엄청났다. 적은 수의 직원들과 행사를 준비해야 하는 우리에게는 매우 부담스러운 일이었다. 우리는 처음으로 대판 싸웠다.

조슈아 / 로버트는 항상 하고 싶어 하던 일이어서인지 그닥게 아이디어 공모전을 매우 열심히 추진했다. 특히 그랜드 센트럴 역에서 개최한 전시회는 우리가 크게 도약할 수 있는 계기가 되었다. 나는 우리가 추진하는 방향과 딱 맞게 하이라인을 설계해야 한다고 믿지는 않았다. 그저 하이라인을 보존해 사람들에게 공

> 나는 그저 하이라인을 보존해 사람들에게 공개하고 싶었다.
> "다른 공원처럼 만들어선 안 된다.
> 다른 공원과 다를 바 없다면 실패한 것이다."

개하고 싶었다. 로버트는 "다른 공원처럼 만들어선 안 된다. 다른 공원과 다를 바 없다면 실패한 것"이라고 믿었다. 그런 관점이 내게는 오만하게 느껴졌고, 내가 이 사업을 시작하기로 한 명분을 넘어서는 것이라는 생각이 들었다.

공모전과 전시회를 기획하면서 여러 가지 일이 정신없이 이어졌다. 공모 서류를 정리하고 웹사이트에 공모전 개최 소식을 올리느라 미친 듯이 뛰어다녔다. 도착하는 출품작을 다루는 일은 육체적으로 보통 일이 아니었다. 각 출품작의 크기는 가로세로 각각 76센티미터, 백 센티미터였고 모두 7백 20점이었다. 우리는 산처럼 쌓인 출품작을 사무실에서 스터릿리하이 빌딩 창고로 옮긴 다음 심사위원실로 가져갔고, 다시 스터릿리하이 빌딩으로 옮겼다가 그랜드 센트럴 역으로 옮겼다. 그 뒤에 전시 구조물을 만들었다. 매 단계마다 막판에 가서야 모두 시간을 맞출 수 있었다. 만약 누군가 전시회 개관 24시간 전에 밴더빌트 홀에 들어갔다면 죽었다 깨어나도 전시회는 열기 힘들겠다고 단언했을 것이다.

우리는 게다가 각자의 생업이 있던 터라 기진맥진했다. 나는 새벽 4시에 일어나 하이라인 프로젝트에 필요한 온갖 서신, 보도 자료, 이메일 뉴스레터를 쓰곤 했다. 사람들은 가끔 물었다. "왜 새벽 4시에 이메일을 보내는 거죠?"

내 마흔번째 생일이자 연인과의 동거 20주년을 맞아 시칠리아 여행 계획을 1년 전부터 세웠는데 공모 심사가 공교롭게도 여행 기간과 겹쳤다. 나는 로버트가 공모 심사 시기를 그때로 잡은 것에 화가 났고, 로버트는 내가 여행 계획에 매달려 공모 심사를 자기한테만 떠맡긴다고 화를 냈다.

여행에서 돌아온 나는 전시회에 내놓을 출품작을 결정하기 위해 스터릿리하이 빌딩에서 로버트를 만났다. 우리가 만난 방은 뭔가 문제가 있었다. 먼지가 많았는데 어쩌면 작품 보드지에서 떨어져 나온 접착제인지도 몰랐다. 그 방에 30분 넘게 머무니 머리가 쪼개지는 듯 아프고 핑핑 돌았다. 우리는 개별 출품작을 두고 언쟁을 벌이다 결국에는 온갖 것을 가지고 트집을 잡았다.

로버트 / 나는 그랜드 센트럴 역에서 중요한 모임이 있었기 때문에 출품작을 서둘러 선정해야 했다. 우리는 그곳에서 무더기로 쌓여 유독가스를 내뿜는 7백

20점의 출품작들을 두고 싸웠다.

모임 때문에 자리를 떠야 하는데도 여전히 화가 풀리지 않았다. 조슈아는 고맙게도 진정제를 권했다. 진정제를 먹어본 기억이 없었지만 작은 분홍색 알약을 한 알 먹으니 기분이 나아졌다. 나는 그 알약을 평화 제의로 생각했다.

좋든 싫든, 전시회는 우리가 조직으로서 어떻게 일을 수행하는지 보여주는 일례였다. 우리는 가끔 일에 몰두할 때 신중하게 다가서는 것 이상으로 매달린다. 한번은 어떤 사람이 말해주기를, '하이라인 친구들'이 비영리 조직이라기보다는 오히려 정치 캠페인 같은 역할을 한다고 했다. 어떤 명분을 지지하는 사람들을 단시간에 대거 동원한다는 뜻이었다.

조슈아 / 무사히 행사를 치렀고 전시회는 제시간에 끝났다. 개관식 날 밤의 스타는 기포드 밀러였다. 기포드는 모금 칵테일파티 연단에 나와 1천 명의 사람들 앞에서, 시의회가 마침내 하이라인 공원 조성에 1천 5백 75만 달러를 책정했다고 발표했다. 새로운 시 정책이 발표된 후 단 6개월 만에 나온, 그해의 가장 큰 성과였다.

밴더빌트 홀은 실내 음향 시설 덕분에 희소식을 발표하기에 안성맞춤이었다. 사람들이 환호할 때면 그 소리가 엄청나게 울렸다.

하이라인 프로젝트를 진척시키는 데 필요한 승인을 얻어내기 훨씬 전이었는데도, 시의회의 예산 책정으로 이 사업의 필연성을 지지하는 분위기가 조성되었다. 우리는 지상운송위원회로부터 '잠정적 트레일 용도 허가서'를 받지 못했다. 부동산 지주들도 여전히 법정에서 우리를 상대로 싸우고 있었다. 그러나 우리는 1천 5백 75만 달러의 공사 자금을 확보한 터였다.

로버트 / 우리는 그랜드 센트럴 역 전시회에 모인 사람들에게 하고 싶은 말을 적을 카드를 미리 나눠 주었다. 가장 마음에 드는 글귀는 이것이었다. "하이라인은 야생 지역 그대로 손대지 말고 보존해야 합니다. 틀림없이 하이라인은 망가지겠죠. 그래서 사라지고 말 겁니다." 이 글귀를 책상 위에 압정으로 꽂아두었다. 이 글귀는 내가 품고 있는 가장 큰 두려움을 건드렸다. 나는 하이라인 그곳 자체가 좋았다. 하지만 우리가 설계를 어떻게 하든 그 마력을 잃어버릴지도 모른다는 두려움이 있었다. 공원을 개장하는 그날까지, 나는 우리가 그곳을 망가뜨릴지도 모른다는 두려움을 남몰래 감춰두었다.

조슈아 / 모금 행사장에는 에드워드 노턴, 로버트 캐로Robert Caro, 에디 팰코Edie Falco, 저스틴 서룩스Justin Theroux가 참석했다. 키티 칼리슬 하트Kitty Carlisle Hart와 패티 허스트Patty Hearst도 참석했다는 사실에 가슴이 뛰었다. 나에게 키티와 패티는 두 부류의 왕족과도 같은 사람들이었다. 키티는 당시 92세로 극장계와 뉴욕 자체의 전설이었다(키티 칼리슬 하트는 가수, 배우, 예술계 대변인으로 활동했다. 뉴욕 주 예술분과위원회에서 20년간 일하다 2007년 사망했다—옮긴이). 그녀를 신문, 잡지의 파티란에서 얼마나 많이 봤던가. 그런 키티가 로버트의 친구인 랜디 부어셰이트Randy Bourscheidt와 동행해 우리 파티에 참석한 것이다. 패티(미국 신문 재벌 윌리엄 허스트의 상속녀. 미국 극좌 무장단체에 납치되었다가 그들에게 동화되어 은행 강도 행각을 벌이기도 했다—옮긴이)의 이야기는 매사추세츠 주 브루클린에 살던 어린 시절, 내 머리에 깊숙이 박혀 있었다. 당시 납치되어 있던 패티와의 전화 통화가 갈색 '플리머스 밸리언트' 차량의 라디오에서 흘러나왔는데, 나는 그 통화에 매료되었다. 패티는 내 친구 스티븐이 일하던 탤런트 에이전시 소속 배우여서, 스티븐의 도움으로 모금 행사에 초대할 수 있었다.

그랜드 센트럴 역에서 키티와 패티는 하이라인을 두 눈으로 보고 싶다고 했다. 랜디는 우리를 한쪽으로 끌고 가더니 키티를 행사 자리에 오게 하려면 차를 보내줘야 할 거라고 귀띔해주었다. 여전히 자금이 달리던 시기라 차량을 대절한다는 건 정신 나간 짓이었다. 하지만 키티는 키티였다. 며칠 뒤, 우리는 검은색 차량을 한 대 보내 그녀를 34번가 문 앞으로 태워 오게 했다. 키티는 달라붙는 붉은색 드레스에 윤이 나는 검은색 하이힐로 완벽하게 단장한 채 차에서 내렸다. 키티는 우리의 부축으로 자갈 깔린 경사면을 올라 선로에 도착했다. 키티한테는 꽤나 먼 거리였다. 그녀는 사방을 둘러보더니 태양을 향해 미소 지으며 말했다. "정말 굉장하지 않아요! 여러분이 빨리 일을 진척시켰으면 좋겠네요. 개장식에서 노래를 부르고 싶어요." 검은색 차는 잠시 후 키티를 태우고 그곳을 떠났다.

패티 허스트는 딸 질리언Gillian과 함께 왔다. 9·11 테러 이후여서 조차장 주변 경비가 삼엄했고, 하이라인 투어는 철도 회사 측에서 허가했음에도 이따금 서너 명의 경찰이 우리를 따라붙곤 했다. 그날도 조차장 구역을 반쯤 가고 있는데 경찰이 34번가에서 우리 쪽으로 달려왔다. 패티는 "나 곧 체포될 것 같아요!"라고 소리쳤다. 목소리 톤은 "재미있지 않아요?" 하고 말하는 것 같았다. 그날은 하이라인 투어 중 즐거운 시간으로 기억에 남았다. 질리언은 그날 이후 후원자가 되어 우리가 주최하는 모든 모금 행사 위원회에서 일을 맡고 있다.

로버트 / 하이라인 문제는 이 시점까지 약 15년 동안 지상운송위원회에 상정되어 있었다. 지상운송위원회는 연방 규제위원회로서 미국의 모든 철도 시스템을 감독한다. 하지만 언론에서는 이에 대해 그다지 많이 언급하지 않았다. 이제야 돌연 〈뉴욕 타임스〉에 하이라인 이야기와 함께 지상운송위원회에 관한 기사가 단골손님으로 등장하고 있었다. 제럴드 L. 내들러Jerrold L. Nadler 의원은 찰스 슈머Charles Schumer와 클린턴, 두 명의 상원의원과 함께 우리를 밀어주었다.

지상운송위원회는 뉴욕에서 공청회를 열었다. 우리는 뉴욕 시와 합동으로 증언을 했다. 1년 전, 우리는 댄 닥터로프에게 하이라인 프로젝트를 열을 올리며 홍보했다. 그리고 이제는 댄과 함께 일하고 있었다. 공청회가 끝나고 지상운송위원회 대표인 로저 노버Roger Nober에게 하이라인을 보여주었다. 로저는 감명 받은 것 같았다.

조슈아 / 컴퓨터 작동이 멎고 등이 꺼지고 에어컨이 꺼졌을 때, 우리는 웃었다. 허드슨 길드 사무실에서는 시스템 가동이 중단되는 일이 흔해서 나름 익숙해져 있었다. 이번에는 사태가 좀 심각하다고 느꼈을 때 맨 처음 떠오른 생각은 뉴욕이 공격당했고 또 다른 9·11 테러가 벌어졌다는 것이었다. 나중에 정전이었다는 사실이 밝혀지자, 북동부의 많은 지역에는 여전히 전기가 들어오지 않는다고 보도되었어도 모든 게 축제 분위기로 변했다. 로하이드Rawhide 앞, 8번가에는 수백 명의 사람들이 밤중에 모여들었다. 그들은 상의 없이 짧은 반바지만 입고서 인도를 넘어 도로를 가득 메우며 서로 밀쳐댔다. 8번가에서 벌어진 난장판이었다.

로버트 / 조슈아와 나는 크게 한판 싸운 뒤로 사이가 썩 좋지 않았다. 그는 떠날 생각을 하고 있었다.

내 친구 에드먼드 빙햄Edmund Bingham은 경영진 전담 멘탈 코치였다. 나는 그에게 도와줄 수 있는지 물었다. 그는 먼저 우리를 각자 따로 만난 다음 한자리에 모이게 했다. 조슈아의 아파트에서 만났는데 그곳에서 우리는 서로에게 고함을 질러가며 싸웠다. 나는 상처 주는 비열한 말을 내뱉었다. 나는 작업중에 빚어지는 갈등을 받아들였지만 조슈아는 달랐다. 그는 이런 식의 갈등을 몹시 거슬려했다.

나는 항상 새롭게 시작할 만한 일이 없는지 물색한 다음 새 일 위에 다시 새로운 일을 쌓아놓는다. 나는 일을 더 많이 하라고 직원들을 밀어붙였지만, 조슈아는 왜 우리가 점점 더 많은 일을 떠맡아야 하는지, 왜 직원들과 우리 자신에게 우리는 절친한 친구는 아니다.
우리 성공의 핵심은 서로 역할을 분담하고
독립적인 관계를 유지할 수 있었다는 데 있다.
조직은 한 사람의 힘으로 이끌어가는 게 아니다.

그런 스트레스를 더해주어야 하는지를 문제 삼았다.

그날 에드먼드와 함께 만난 뒤로, 조슈아는 나를 달리 대했다. 내가 일을 밀어붙이는 사람이라는 것을 인정했고, 자기가 느끼기에 아주 중요한 일이 아니면 내 식으로 추진하게 놔두었다. 문제를 한쪽에 제쳐두었다가 정말 필요할 때만 언급하곤 했다.

우리는 절친한 친구는 아니다. 나는 조슈아의 집에 저녁 초대를 받은 적이 없다. 숱하게 같이 밥을 먹었지만 근무중이거나 레스토랑에서 일 문제로 함께한 경우였다. 우리는 사적인 문제에 대해 이야기를 나누고 서로에게 마음을 쓰지만 직업적인 관계일 뿐이다. 어떤 사람들은 우리가 연인이거나 한 번쯤 데이트를 했을 거라고 넘겨짚기도 하지만, 우리 성공의 핵심은 서로 역할을 분담하고 독립적인 관계를 유지할 수 있었다는 데 있다. 조슈아와는 가장 오래 관계를 맺고 있다. 나는 3년~5년 정도 친구를 사귀는데, 조슈아와는 12년이나 그 관계를 유지했다. 우리가 계속 같이 일하고 이런 조직을 세웠다는 점만으로도 중요한 일을 성취했다고 본다.

보통 조직은 단 한 사람이 이끌어간다. 사람들은 아니라고 할지 몰라도, 조직의 성공은 흔히 조직 구성원들이 책임자를 좋아하느냐의 여부에 달려 있다. 만약 누군가가 조직의 리더를 싫어하거나 그와 불화를 겪는다면 구성원들은 조직을 지지하지 않을 것이다. 반면 조직을 이끌어가는 사람이 둘이라면 사람들이 그중 한 사람은 싫어해도 나머지 한 사람은 좋아할 여지가 있다.

플로랑은 나에게 자신과 조도 마찬가지 경우라고 말해주었다. 둘 중 하나가 상대방의 심기를 건드려도, 다른 책임자 하나가 남아 있기 때문에 상처를 받은 사람은 그래도 여전히 갱스부르트 마켓 보존 운동을 지지할 것이다. 조직은 한 사람의 힘으로 이끌어가는 게 아니다.

조슈아 / 조와 플로랑은 우리보다 앞서 최종 승리를 거머쥐었다. 2003년 가을, 랜드마크 보존위원회Landmarks Preservation Commission는 미트패킹 대단위 지구를 역사 지구로 지정한다고 발표했다. 갱스부르트 마켓 보존 운동이 갱스부르트 마켓을 살린 것이다.

역사 지구 규정 방침은 뉴욕 시가 여전히 하이라인 철거를 원했을 때 정해진 탓에, 상정된 지구 안에는 하이라인이나 하이라인과 인접한 건물이 포함되지 않았다. 역사 지구 지정으로 인한 보호의 위력을 하이라인 주변부에는 적용할 수 없으므로 손실이었다. 그러나 이번 승리는 여전히 큰 승리였다. 분위기가 하이라인 사업 같은 색다른 프로젝트로 넘어왔음을 알려주는 일이었다.

갈등의 도시 재개발 계획

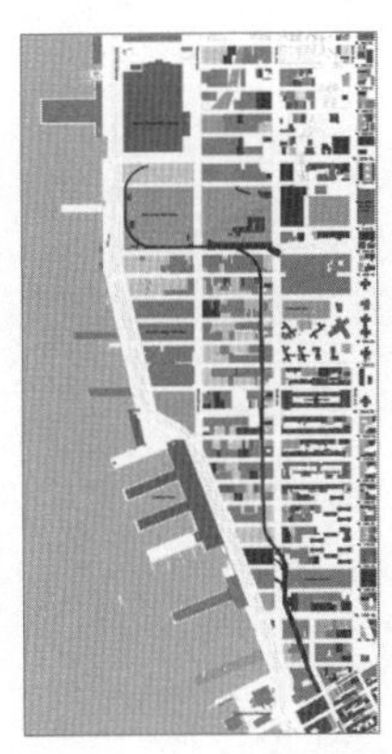

로버트 / 그해 가을, 9번가 풀턴하우스의 허드슨 길드 회의실에서 도시계획위원회가 포럼을 주최하면서 웨스트 첼시 지구 개편을 위한 공공 계획 절차가 시작되었다.

블룸버그 행정부는 댄과 어맨다의 지휘봉 아래 하이라인을 중심부에 둔 상태에서 16번가와 30번가 사이의 웨스트 첼시 구역을 새로 개편하기를 원했다. 이 사업의 핵심은 개발권 이양이었다.

어맨다의 팀은 비샨 차크라바르티의 지휘 아래, 그랜드 센트럴 역과 극장가 주변에서 한때 실시했던 사업 선례를 참고해 하이라인 주변 지역의 개발권 이양 시스템을 준비했다. 기본 틀은 하이라인 상공의 미사용 개발권을 10번가와 11번가 위아래쪽 수용 부지에 팔 수 있게 하자는 것이었다. 에디슨 파킹Edison Parking을 비롯한 우리의 주적主敵인 다른 많은 첼시 부동산 지주들은 미사용 개발권의 대부분을 소유하고 있었다. 희망 사항은 부동산 지주들이 미사용 개발권을 현금화할 수 있는 방안을 찾는다면 하이라인에 대한 반대가 사라지지 않을까 하는 점이었다.

어맨다는 또한 아트 갤러리 지구를 키우는 일이 하이라인 인근 지역에서 진행될 가장 흥미로운 일일 거라고 강하게 확신했다. 갤러리들은 비싼 임대료를 감당하지 못해 소호에서 쫓겨나 첼시로 이전한 터였다. 지구 개편 사업으로 주거지 개발 기회가 지나치게 늘어나면, 그 결과 부동산 지주들이 주택 개발로 인해 경제적인 압력을 받기 때문에 갤러리들이 웨스트 첼시에서도 퇴출될 가능성이 있었다. 고급 소매점 때문에 갤러리들이 그러잖아도 소호 지역에서 밀려났는데, 주택 조성 사업 때문에 이곳에서마저 밀려나는 걸 아무도 원하지 않았다. 이 문제를 처리하기 위해 어맨다와 비샨은 블록 가운데 지역의 제조업 지정 조항을 종전대로 유지하길 원했다. 그렇게 되면 갤러리 대부분이 밀집해 있는 지역에서는 주택 개발을 할 수 없다.

또한 어맨다와 비샨은 하이라인 옆의 새로운 건축물 조성을 규제하는 조항을 제안했다. 이 조항이 통과되면 하이라인에서 햇볕을 쬐고 공기를 마시고 전망을 확보하는 데 지장이 없으며, 신축 건물 내에 하이라인으로 통하는 계단과 엘리베이터를 놓을 수 있다. 규제 조항이 하이라인에 건물을 세우는 행위를 금지하므로, 탁 트인 전망이 확보되며 사람들의 시야를 가리지 않는다. 예전에는 열차가 통과할 공간만 충분히 남겨둔다면 하이라인에 건물을 올릴 수 있었다. 이제는 이런 건물 신축이 금지되는 것이다. 이 규제 조항은 미트패킹 구역, 16번가 남쪽 지역에는 적용되지 않는다. 이곳은 커뮤니티에서 지구 개편 사업에 반대했던 곳으로, 오랫동안 제조업 지정 구역이었으며 제재를 덜 받기 때문에 결국 스탠더드 호텔을 하이라인 위로 올릴 수 있었다. 조차장 부근의 하이라인 종착지에서는 뉴욕 시가 올림픽과 스타디움 계획을 추진하고 있어서, 이 지역 역시 웨스트 첼시 역사 지구 범위 안에는 포함되지 않았다.

조슈아 / 하이라인 프로젝트는 지구 개편 사업에 포함되는 한 가지 요소에 불과했다. 신축 건물을 되도록 낮게 짓게끔 규제하려고 싸우는 단체가 있고, 보다 적절한 가격의 서민 주택을 건설하기 위해 밀어붙이는 단체도 있었다. 또 어떤 소규모 단체는 갤러리뿐 아니라 제조업 분야의 지속적인 지원을 위해 제조업 지정 구역을 그대로 유지하자는 주장을 펼치기도 했다.

이들 외에도 하이라인 아래와 주변 지역 땅을 모두 소유한 부동산 지주들이 있었다. 이들 대부분이 처음에는 하이라인 철거를 원했지만, 이제는 수익성 있는 대규모 건물을 개발하기 위해 되도록 많은 재량권을 확보하려고 하이라인 사업을 옹호하기 시작했다. '에디슨 프라퍼티즈'의 제리 고츠먼Jerry Gottesman은 사실 자기는 'M1-5'라는, 인근 지역의 제조업 중심 지구 지정안에는 반대했지만 하이라인 사업에 대해서는 그 정도로 반대하지 않았다고 말했다. 제리는 M1-5가 "쓸데없는 개발 억제" 지정안이기 때문에, 비록 다른 지구 개편 지정안과 똑같이 우선은 부동산을 싸게 매입할 수는 있지만 해당 부동산을 수익성 있게 개발할 기회는 전혀 없다고 밝혔다. 한편 조 로즈 역시 지구 개편 사업을 염두에 두고 인근 지역의 개발 계획을 세우고 있었다. 조는 만약 우리가 좀 더 일찍, 줄리아니 행정부 시절 하이라인 철거 결정이 내려지기 전에 자신을 찾아와 주었더라면 자기는 다른 입장을 취했을 거라고 말했다. "하이라인은 너무 오랜 세월 동안 장애물에 지나지 않았어요. 여러분과 여러분 단체가 하이라인을 지역 발전의 기폭제로 바꿔놓았지만, 당시는 단지 장애물이었지요."

우리는 신축 건물 높이를 제한하려는 단체, 서민 주택 건설 추진 단체와 접촉하기 시작했다. 현실적으로 볼 때 하이라인 부지에서 개발권을 이동하면 일부 건물의 높이는 올라갈 수밖에 없다. 그리고 개발권 이양을 둘러싼 경제 논리가 작동하려면 공식대로 시장 시세의 주택이 대단위로 조성되어야 했지만 이는 서민 주택 건설을 추진하는 단체가 원하는 바가 아니었다. 그러나 우리는 이들 단체와 관계를 맺고, 비록 우선순위가 우리와 다르더라도 같이 대화하면서 이들의 입장을 적극적으로 지지할 방법을 모색했다. 하이라인이 이런 다른 이익 단체들과 경쟁 관계에 있다는 모양새를 조성하고 싶지 않았다.

로버트 / 보통 시 당국이나 개발 업체는 지구 개편안을 내놓을 때 큰 건물을 제안한 뒤에 다양한 선거구와 이 안을 협상할 수 있는 방안을 택한다. 그러나 비샨의 전략은 처음부터 타당성 있는 계획을 내놓자는 것이었다. 사람들은 그 전략을 마뜩잖아했다. 개발 업체는 고밀도의 고층 건물을 원했다. 커뮤니티는 좀 더 낮은 건물을 원했다. 협상의 여지가 많지 않았다.

조슈아 / 이제 하이라인 사업의 성사 가능성이 실제로 커졌기 때문에 기금을 조성하는 문제가 중요해졌다. 우리는 디자인 트러스트 연구의 일환으로, 하이라인이 연방정부 예산에서 받을 만한 큰 돈줄이 없는지 알아본 적이 있었다. 가능성이 가장 큰 방법은 다년도 운송 법안을 적용해 연방 기금을 타내는 것인데, 겨우 5년마다 한 번씩 투표를 한다는 게 문제였다. 고속도로 법안이었지만 그 안에 산책로와 자전거 길, 공원 조성의 재원을 담당하는 소규모 프로그램이 포함되어 있었다. 실제로는 각 법안이 진행될 때 입법자가 별도로 "우선 사업"이나 "지정 사업"을 추가할 수 있다. 가장 최근 법안인 TEA-21의 경우, 만기가 가까웠다. 입법자들이 이 법안을 재승인할 시간이 임박해 있었다. 우리에게는 많은 액수의 연방 기금을 신청할 수 있는 기회였다.

짐 캐펄리노는 워싱턴에서 대리인을 고용하라고 권유했다. 그의 권유에 따라 로버트와 나는 기차를 타고 내려가 로비스트와 면접을 했다. 우리는 지상운송위원회 소송 건에서 여전히 우리를 무료로 변호해주던 '커빙턴 앤 벌링'의 잭 셰넌도르프Jack Schenendorf를 고용했다. 잭은 요란하게 일하지 않았다. 모든 일을 혼자서, 조용하고 침착한 목소리로, 이끌면서 밟아야 할 단계를 차근차근 밟아갔다. 서너번째 단계를 통과할 때는 여러 회의와 회기, 법안 손질이 난무한 가운데 잭이 내 존재를 잊어버린 것 같았다. 그러나 나는 그가 우리를 이끌고 이 단계를 통과할 거라는 믿음으로 충만해 있었고 로버트 역시 그랬다.

잭은 위원회의 공화당 지도부와 관계가 돈독했다. '하이라인 친구들'은 민주당 사람이 대부분이었지만, 부시 대통령 집권기에는 공화당 사람들과 일 잘하는 로비스트를 두는 게 도움이 된다는 사실을 터득했다.

로버트 / 아이디어 공모전을 끝내고 우리는 커뮤니티 의견 제안 회의를 주최했다. 말도 안 되는 이상한 설계안을 하나 선정하려는 게 아니라, 커뮤니티의 의견을 듣고 이들이 원하는 바를 설계에 반영한다는 방침을 보여주어 커뮤니티를 안심시키기 위해서였다.

6번가에서 오래된 벼룩시장을 운영하던 앨런 보스Alan Boss는 18번가의 행사 전용 시설인 메트로폴리탄 파빌리온Metropolitan Pavillion을 소유하고 있었는데, 우리에게 회의를 개최할 만한 넓은 장소를 빌려주었다. 약 4백 명이 참석했고, 이들을 열 개의 테이블에 나누어 앉게 했다. 테이블마다 각각 회의 진행자를 두었는데, 하이라인 직원이나 우수한 자원봉사자 중에서 선발했다. 아이디어 공모전에 출품된 몇몇 작품은 프로젝터를 통해 보여주었고, 다른 출품작들은 회의실 가장자리에 빙 둘러 벽에 기대놓았다. 존 앨슐러가 토론을 진행하면서 하이라인의 전체적인 상황을 알려주었다. 그다음에는 그룹별로 출품작들에 대해서 마음에 드는 점과 마음에 들지 않는 점에 대해 얘기를 나누었다. 그리고 각 테이블마다 의견을 발표할 사람을 하나씩 뽑았고, 선정된 사람은 한 사람씩 나와 모든 참석자들 앞에서 발표했다. 우리는 그 내용을 모두 비디오로 녹화했고 기록한 내용은 짧게 요약해 나중에 나눠 주었다. 결국 그다음부터는 이런 방식으로 많은 회의를 진행했다. 모든 사람을 참여시키기에 효과적인 방법이었다.

조슈아 / 하이라인 일에 자원봉사자로 참여했던 건축가 스콧 로어Scott Lauer는 '오픈 하우스 뉴욕Open House New York'(비영리 문화 조직. 뉴욕의 건축, 디자인, 문화유산에 대한 인식과 보는 눈을 높이려는 목적으로 설립되었다—옮긴이)이라는 비영리 단체를 창단했다. 런던에서 활동하는 한 조직에서 영감을 받은 단체로, 평소에는 일반인에게 폐쇄하는 장소를 한 해 중 특정한 날에는 개방하게 하는 일을 추진하는 곳이었다. 스콧은 평소에는 폐쇄하는 뉴욕의 장소 목록을 모아가던 중에, 하이라인을 거기에 포함시킬 수 있는지 우리에게 문의했다.

하이라인을 포함시키는 일이야 우리의 희망 사항이었지만 철도 회사 측에서 허락해줄 성싶지 않았다. 책임 문제가 너무 컸다. "하이라인이 보이는 넓은 장소를 물색해보는 건 어떨까요?" 이런 의견을 나눈 다음 웨스트 25번가 511번지, 하이라인 옆에 위치한 오래된 창고 건물 소유주에게 문의했다. 뜻밖에도 그는 옥상을 이용하도록 허락해주었다. 그곳에는 오래된 대형 급수탑이 있었는데, 그 바로 아래 공간이 무척 근사했다. 난간에 기대면 하이라인이 보였다.

그날 아침 그곳에 도착했을 때는 이미 문 옆으로 사람들이 줄을 서 있었다. 해가 저물 때까지 건물 옥상은 난간에 기댄 사람들로 메워졌다. 옥상에 올라가지 못한 사람들은 그 아래층으로 가서 창문을 열고 복도와 통로에 매달려서 하이라인을 전망했다. 건물 전체가 말 그대로 인산인해였다. 그 광경을 보니 얼마나 많은 사람이 하이라인 프로젝트에 동참하고 싶어 하는지 알 것 같았다. 그동안 너무 바쁜 나머지 이렇게 관심이 커지고 있다는 걸 알아차리지 못했다.

로버트 / 칵테일파티에서 사람들이 묻기 시작했다. "철도 조차장에 스타디움을 건설한다는데 가만 두고 볼 건가요?" 댄은 '뉴욕 제츠New York Jets'(미국 프로 미식축구 팀—옮긴이)를 끌어들여 스타디움 사업비를 감당하고 그곳에서 경기를 치르게 할 작정이었다. 스타디움은 미식축구 경기장으로 쓰지 않을 때는 컨벤션 홀 역할을 하고, 개조하면 2012년 올림픽 시설로 이용할 수도 있을 터였다.

뉴욕의 2012년 올림픽 유치 신청 계획을 지휘하던 알렉스 가빈Alex Garvin이 우리에게 스타디움의 원래 계획안을 보여준 적이 있지만 거기에는 하이라인이 포함되어 있지 않았다. 이후 제츠 경영진은 건축 설계 회사 '콘 피더슨 팍스Kohn Pedersen Fox(KPF)'를 고용하고 컨설팅을 위해 조경 설계사인 줄리 바그먼을 채용했다.

우리는 콘 피더슨 팍스가 이런 스타디움만의 긍정적인 독창성을 나타내기 위해 일종의 차별화된 이미지를 창출하고 있으며, 이들이 기중기와 아우트리거를 동원해 옛 교각에서 영감을 찾고 있다는 이야기를 들었다. 줄리가 그들에게 조언했다. "이곳에는 이미 차별화된 이미지가 있습니다. 하이라인이 조차장 부지를 통과하잖아요. 바로 거기에 진짜가 있는데 왜 다른 걸 만들어냅니까?" 줄리는 제츠의 구단주인 제이 크로스Jay Cross와 뜻을 같이했다. 제이 크로스는 이미 조차장을 통해 하이라인을 걸어보았고, 하이라인을 스타디움 계획안에 통합시키자는 생각에 관심을 보였다. 구조물 일부는 철거하고 다시 지어야 하겠지만 레일뱅킹에 중요한 지역권은 그대로 유지할 수 있었다. 그 덕분에 댄은 하이라인과 스타디움, 두 가지 프로젝트를 모두 추진할 수 있었다.

조슈아 / 댄은 우리가 스타디움 사업을 지지해주었으면 하는 기대감을 분명하게 피력했지만, 커뮤니티의 하이라인 지지자들은 스타디움을 원치 않는다는 사실을 분명히 했다. 이 점이 피뢰침처럼 작용해 커뮤니티의 반대가 극도로 거세지는 것을 막아주었다. 우리는 댄과 커뮤니티 양쪽의 지지에 의존하고 있었다. 둘 중 한쪽이라도 없으면 앞으로 나아갈 수 없었다. 그래서 양쪽 사이에서 우리 입장을 조심스럽게 저울질하며 말했다. "우리는 '하이라인 친구들'입니다. 우리 문제는 하이라인이지요. 하이라인 이외의 문제에 대해서는 입장을 취하지 않겠습니다."

로버트 / 이 문제에 대한 논란은 우리 지역을 넘어 멀리까지 확산되었다. 재계 대표들은 9·11 테러 이후 경제 회생 프로그램과 시민 자부심의 원천으로서의 올림픽 유치 신청을 지지했다. 이는 뉴욕 시 전체의 이야깃거리였다.

나는 댄에게 스타디움과 하이라인이 서로 공존할 수 있다는 사실에 대해 긍정적인 반응을 유도할 수 있고 이런 계획이 가능하도록 추진해준 제츠에 감사를 표할 수도 있지만 스타디움을 적극적으로 지지하면 커뮤니티 지지 기반이 완전히 훼손된다는 점을 밝혔다. 댄은 달가워하지 않았지만 하이라인 프로젝트 추진을 위해 그의 팀이 열성을 다하도록 계속 독려했다. 그럼에도 우리는 댄이 심각하게 추진하는 일에 적극적으로 지지하지는 않았다. 커뮤니티와의 관계도 마찬가지였다. 이들은 좀 더 소리 높여 반대하지 않는다고 우리에게 화를 냈지만, 하이라인 자체에 분노를 표출하지는 않았다.

나는 시의회에서 열리는 스타디움 공청회에 갔다. 그곳은 스타디움 건설을 지지하는 조합 사람들과 사업 관계자들로 꽉 차 있었고, 스타디움 건설을 반대하는 커뮤니티 사람들도 그만큼 많이 모여 있었다. 발언을 하려면 카드를 작성하고 '찬성'과 '반대' 칸에 표시해 등록해야 했다. 나는 내 이름을 쓴 다음 '의견 없음' 칸을 하나 만들어 거기에 표시했다. 직원이 "그렇게 하시면 안 됩니다. '찬성'이나 '반대'에 표시를 해야 합니다"라고 제지했다. 나는 "저는 찬성도 반대도 안 합니다. 중립적인 입장이에요"라고 대답했다. 그러자 직원이 말했다. "그럼 양쪽에서 다 당신을 미워하겠네요."

조슈아 / 허드슨 길드에 자리 잡은 사무실은 임대료는 저렴했지만 늘어가는 직원을 모두 수용하기에는 너무 협소했다. 당시 직원이 여섯 명이었는데 로버트와 나는 공간이 충분하지 않아 집에서 일해야 했다. 한편으로는 허드슨 길드 건물이 대대적인 수리 작업을 계획중이라 건물을 비우고 있기도 해서, 2003년 마지막 주에 미트패킹 지구, 워싱턴 가와 14번가에 위치한 로프트 건물(오래된 공장이나 산업 단지를 개조한 건물—옮긴이)로 이전했다.

그곳은 예전 사무실에서 남쪽으로 열두 블록이나 떨어진, 전혀 다른 세계였다. 모피 트리밍 코트를 걸친 세련된 여성들과 함께 엘리베이터를 타면 그들은 출입문 주위에 단순하게 꽃 장식을 한 헤어 살롱, '에드리스Edris'로 들어간다. 그곳을 지나칠 때 잘생긴 히피 스타일의 헤어디자이너를 언뜻 볼 수 있다. 샴푸와 파마 냄새가 삐걱거리는 마룻바닥을 타고 사무실까지 따라온다. 사무실은 서향이고 정육 공장이 줄지어 보이는 곳이다. 고개 돌려 창밖을 바라보면 피 묻은 흰색 외투를 입은 남자들이 골이 진 강철 차양 아래에서 고기를 싣고 내린다. 가끔씩 고기 조각을 모아놓은 통이 기다리고 있던 덤프트럭 안으로 쏟아지면 우리는 일제히 끙 하는 탄성을 내지른다. 갈매기들이 차양 위에 앉아 있다가 순식간에 내려가 돌멩이들 위에 떨어진 고깃점을 낚아채는 것이다.

옥상에서는 갱스부르트 가로 이어지는 하이라인 최남단의 대장관을 볼 수 있다. 강 옆의 가로등 불빛이 겨울 오후의 사무실을 가득 메우다가 시간이 흐르면서 모든 것을 오렌지색으로 물들인다.

로버트 / 2004년 초반, 시를 상대로 한 '78조항 이의 신청' 소송에서 우리가 승소한 판결이 뒤집혔다. 뉴욕 시는 토지 이용 검토 절차를 적용하는 선례를 남기면 추후에도 이와 비슷한 조치를 취해야 한다는 이유로 재판에 항소했다. 번복된 판결에 다시 항소해 사건을 주 대법원까지 끌고 갔다. 우리는 그 항소에서 패소했지만 블룸버그 시장이 하이라인을 지지하기로 시 정책을 바꿨기 때문에 더 이상 문제가 되지 않았다. 우리는 시청과 긴밀히 협력해 하이라인 프로젝트를 추진해나갔다.

조슈아 / 2월, 철도 조차장을 스타디움으로 변경하려는 계획을 놓고 첫번째 주요 공청회가 42번가의 어느 극장에서 열렸다. 조합 지지자들이 먼저 도착했고 뒤를 이어 지역 주민들이 왔다. 극장 안이 너무 붐벼서 우리는 거의 문밖까지 밀려났다.

스타디움이 가져온 난제는 비단 정치적인 문제만이 아니었다. 스타디움을 건설하면 하이라인의 상당 부분을 잃을 터였다. 비록 부지는 30번가와 33번가 사이, 그리고 11번가와 웨스트사이드 하이웨이 사이의 블록 세 곳을 모두 점유하고 있었지만, 스타디움을 건설하려면 그 정도로는 충분하지 않았다. 하이라인은 부지를 삼면으로 둘러싼 채로 노른자 땅을 차지하고 있었다. 스타디움을 그 규모에 맞게 건설하려면 하이라인 일부를 철거해야 하는데 이는 분명 우리가 원하는 바가 아니었다. 그러나 우리는 댄 닥터로프와 블룸버그 행정부와 손을 잡고 서쪽 조차장의 전체 구조물을 제거하더라도 하이라인 지역권의 추후 선로 이용 가능성을 유지할 방도를 모색했다. 하이라인에서 철도를 다시 운행할 계획은 없었지만, 하이라인 지역권을 보존하는 일은 사업 계획에 아주 중대한 사안이었다. 하이라인을 공원으로 용도를 바꿔 재이용한다는 연방 레일뱅킹 프로그램을 이용하고 있었기 때문이다.

로버트 / 그 전년도 여름, 지상운송위원회 공청회에서 댄 닥터로프와 한 팀을 이루어 발언한 뒤로 우리는 독자적인 경로를 밟으면서도 시와 동일한 목표를 향해 힘을 합쳐 일해왔다. 우선 뉴욕 시는 하이라인 주변 구역을 재편해 하이라인 아래의 땅을 소유한 부동산 지주들에게 자신들의 개발권을 행사할 수 있는 새로운 방법을 제공한다. 이러한 지구 개편 사업이 제자리를 잡으면 부동산 소유주들은 소송을 멈출 것이다. 소송이 제기되지 않으면 지상운송위원회가 '잠정적 트레일 용도 허가서'를 내줄 것이고, 그러면 CSX는 하이라인을 뉴욕 시에 기부해 레일뱅킹 사업을 추진하도록 할 것이다. 하이라인 구조물은 시의 자산이 되고 공원관리국에서 관리한다. 그렇게 되어야 뉴욕 시는 하이라인에 공영 공원을 설계하고 조성하는 데 할당된 시 기금을 쓸 수 있다. 소유하지 못할 시설물을 조성하는 일에 시는 돈을 지출할 수 없다.

조슈아 / 하이라인 소유권이 시로 넘어가기 전에, 설계 계약 비용을 감당하기 위한 연방 책정 기금을 확보하려고 내들러 의원과 손을 잡았다. 하이라인 소유권이 바뀌는 시점에는 설계가 이미 완료될 것이고, 따라서 연방 기금을 미리 확보해두면 시는 공원 건설에 즉시 착수할 수 있었다. 시간을 다투는 일이었다. 우리는 시장 측과 시의회 양쪽 모두의 지원을 받는 보기 드문 행운을 누리고 있었다. 이런 통합된 지원이 기껏해야 몇 년 못 갈 것으로 예상했고, 이런 좋은 기회가 생겼을 때 되도록 많은 일을 이루고 싶었다.

"당신들은 들러리 역할로 만족하겠는가,
아니면 공원을 관리하고 공원의 미래를 선도하는
주체적인 역할을 하겠는가?"

로버트 / 존 앨슐러는 그의 사무실에서 우리에게 앉을 자리를 권한 뒤에 말했다. "우리는 항상 하이라인 공원을 어떻게 조성할지에 대해서만 얘기하고 있는데 운영에 관한 측면도 다뤄야 합니다. 돈이 어디서 나올지 솔직하게 의견을 나눠봅시다. 여러분이 조직의 미래를 어떻게 보느냐에 따라 답이 달라질 겁니다. 여러분 조직의 이름은 '하이라인 친구들'입니다. 그렇다면 여러분 스스로도 '하이라인 친구들'을 '친구들' 조직으로 보는 겁니까?"

전형적으로 공원 사업에서는 친구들 조직이 한쪽으로 물러나 있다. 누군가 다른 주체, 보통은 정부가 공원 조성 비용을 지불하고 공원을 운영하며, 친구들 조직은 특별 프로그램을 위해 기금을 조금 더 조성하거나 나무를 추가로 심는 일을 맡는다. 존의 말인즉 "당신들은 들러리 역할로 만족하겠는가, 아니면 공원을 관리하고 공원의 미래를 선도하는 주체적인 역할을 하겠는가?" 하는 질문이었다.

벳시 발로 로저스와 센트럴 파크 관리국은 우리의 모델이었다. 원래 기존 공원이었던 센트럴 파크가 사라질 위기에 처했을 때 일반 시민 단체가 등장해 개발을 막고 공원의 관리와 운영을 맡았다. 이를 위한 대부분의 자금도 스스로 조성했다. 브라이언트 공원Bryant Park도 일반 시민 단체가 관리를 떠맡아 최악의 위험천만한 상태로 운영되던 공원을 보석으로 바꿔놓은 또 하나의 위대한 사례였다.

뉴욕 시는 이미 소유한 공원들을 관리할 예산도 충분치 않았다. 하이라인에 새로 조성할 공원은 일상생활에 필요한 일반적인 공원은 아닐 터였다. 하이라인은 지상에서 9미터 정도 높이에 있었다. 한때는 하이라인 선로가 건물들을 통과했다. 공원 조성을 위한 자금을 조성하려면 우리 같은 단체가 필요할 터였다. 그와 동시에 우리는 "돈을 계속 기부한다면, 여러분의 비전을 살릴 의지나 힘이 없는 조직보다는 하이라인을 운영하는 조직에 주고 싶다"는 도널드 펠스 같은 기부자의 목소리도 경청했다.

조슈아 / 로버트도 나도 우리가 들러리 역할을 하는 데 그칠 거라고는 생각하지

이 일은 더 이상
하이라인 철거를 막기 위한 노력이 아니었다.
우리는 뉴욕의 공영 공원 운영이 목표인
조직을 설립해가는 중이었다.

않았다. 그러나 궁극적으로 센트럴 파크 관리국같이 핵심 역할을 맡는다는 것은 영향력을 높여 공원의 주된 자금 공급처로 영구히 자리를 잡는다는 뜻이다. 이 일은 더 이상 하이라인 철거를 막기 위한 노력이 아니었다. 우리는 뉴욕의 공영 공원 운영이 목표인 조직을 설립해가는 중이었다.

로버트 / 블룸버그 행정부는 공공-민간 협력이라는 원칙에 문을 활짝 열어두었지만, 일단 하이라인 프로젝트를 적극적으로 추진하기 시작하면서 우리 따위는 한쪽으로 쉽게 제쳐두었을 법도 했다. 그러나 블룸버그 행정부는 우리가 행정부 출범 수년 전부터 일하면서 터득해온 것들을 존중해주었고, 비록 하이라인이 막대한 예산을 들여 조성하는 시 소유 부동산이었음에도 설계 팀을 선정하는 데 우리의 긴밀한 참여를 허락했다.

아이디어 공모전을 개최하긴 했지만 특별한 설계를 선정하기 위한 작업은 아니었다. 하이라인을 어떻게 조성해야 할지 여전히 확실하게 갈피를 잡지 못했다. 그저 하이라인을 사람들에게 공개하고 싶다는 것과 그 경험을 하이라인 그 자체처럼, 그리고 이미 그곳에 존재하는 풍경처럼, 특별하고 고유하게 만들고 싶다는 소망뿐이었다.

시청의 로럴 블래치포드가 설계 팀 선정을 위한 운영위원회를 만드는 일에 앞장섰다. 시청의 시장 측 인사로는 댄 닥터로프, 어맨다 버든, 수석부시장 퍼트리샤 E. 해리스Patricia E. Harris, 경제개발공사Economic Development Corporation(EDC) 대표인 앤드루 앨퍼Andrew Alper, 공원관리위원회Parks Commission 위원인 에이드리언 베네프Adrian Benepe, 이렇게 다섯 명이었다. '하이라인 친구들'은 네 자리를 얻었다. 그 자리에는 나와 조슈아, 필, 게리가 앉았다. 기포드 밀러는 시의회 의장 자격으로 한 자리를 배정받았다. 선거에 당선된 공무원은 위원회나 이사회에 배정된 의석을 대리인에게 배정하는 경우가 종종 있다. 모든 회의에 일일이 참석할 시간이 없기 때문이다. 기포드는 우리 위원회의 신입 위원인 바버럴리 다이아몬슈타인 슈필보겔Barbaralee Diamonstein-Spielvogel에게 자리를 내주었다. 이로써 '하이라인 친구들'과 시청 쪽의 5대 5 구도가 성립되었지만, 결국에는 시를 따라야 한다는 것을 알고 있었다.

조슈아 / 위원회 위원들은 대개 진행중인 여러 회의에 대신 참석해줄 직원을 두고 있었다. 에릭 버츠퍼드Erik Botsford는 어맨다 버든 대신 왔고 제니퍼 호퍼Jeniffer Hoppa와 조슈아 레어드Joshua Laird는 에이드리언 베네프와 공원관리위원회 대신, 렌 그레코Len Greco는 경제개발공사를 대신해서 왔다. 로럴은 주택보존개발국Housing Preservation Development(HPD) 일로 출장중이어서 마크 릭스Mark Ricks가 대신 참석했다. 마크는 하이라인 건 이외에도 댄 닥터로프를 위해 다른 중요한 프로젝트를 수행중인 듯했다. 그는 그 많은 회의 내내 자신의 '블랙베리'를 두드려댔다.

로버트 / 그때까지 조슈아와 나는 건축가 게리 핸덜을 비롯한 우리 위원회의 도움을 받아 설계에 관한 모든 일을 처리했다. 그런데 뉴욕 시와 새로 진행한 회의는 몇 시간이나 이어졌고 그 회의에서 제기된 몇 가지 문제는 설계의 기본을 아는 사람만이 해결할 수 있었다. 우리는 설계 팀 선정에서의 '하이라인 친구들'의 역할을 감독하고 궁극적으로는 우리가 선정한 설계 팀과 함께 일할 건축가를 정식 직원으로 채용할 필요가 있겠다고 결정을 내렸다. 시는 하이라인에 공원을 조성하는 계약을 독점하려 할 터였다. 결국 공원을 운영하는 쪽이 시로 결정된다면 우리는 설계와 건축에 관한 모든 면에 관여하고 싶었다.

'폴셰크 파트너십'의 건축가인 피터 멀란Peter Mullan은 원래 '하이라인 친구들'의 자원봉사자였다. 그와 나는 프린스턴 대학을 다녔지만 서로 모르는 사이였다. 위원회 첫 멤버인 올리비아 더글러스는 그를 잘 알고 있었다. '패서스바이Passersby'라는 15번가의 술집에서 열린 올리비아의 생일 파티 때 하이라인에 대해 피터와 이야기를 나누기 시작했다.

조슈아 / 모든 업무를 처리하는 일이 로버트와 나에게 부담스럽게 여겨지던 시기가 있었다. 우리가 지쳐서 그만두거나 버스에 치이기라도 하면 어떡하지? 마치 하이라인이 서서히 가다가 멈춰버릴 것만 같았다. 피터가 정식으로 합류했을 때 나는 처음으로 '만약 로버트와 나에게 무슨 일이 생기면 다른 누군가가 이 일을 추진하겠구나' 하고 안심했다. 피터는 우리만큼이나 하이라인에 대해 에너지와 열정이 넘쳤다.

네 개의 팀과 비전의 사지선다

로버트 / 우선 우리는 참가신청서Request For Qualification(RFQ) 공고를 내서 참여할 회사를 불러 모으되 건축가, 조경 설계사, 도시계획가, 디자이너, 엔지니어가 팀을 이뤄 공모할 것을 요청했다.

고민 중 한 가지는 '팀의 리더를 건축가로 할 것이냐, 조경 설계사로 할 것이냐'였다. 결국 팀 안에서 원하는 사람에게 리더 역할을 맡기는 것으로 결정을 내렸다. 이 과정을 다시 한번 반복할 수 있다면, 나는 반드시 조경 설계사를 리더로 내세우도록 방침을 정할 것이다.

조슈아 / 로버트는 하이라인을 풍경 위주로 바라보았다. 하지만 나는 하나의 구조물로서 더 많은 관심을 가지고 하이라인을 지켜보았다. 아마도 거리에서 하이라인의 철제 기둥과 대들보를 올려다보다가 하이라인에 처음으로 관심을 갖게 되었기 때문일 것이다. 또한 하이라인 프로젝트를 시작하기 직전에 제인 제이컵스Jane Jacobs의 저서를 읽은 적이 있다. 제인이 최고의 도시 거리에는 인간의 활력이 느껴진다고 했듯이, 나도 하이라인에 인간의 활력이 넘치길 바랐다. 식물에는 별로 관심이 없었다.

로버트 / 모두 51개 팀이 참가신청서를 냈는데, 이들 중 일곱 개 팀을 선정한 다음 각 팀의 설계자 일곱 명을 인터뷰해 하이라인에 어떤 식으로 접근할 것인지 알아보았다.

한 팀이 말했다. "가장 먼저 할 일은 하이라인에 있는 것들을 불도저로 모조리 밀어버리고 깨끗한 흙을 까는 거고, 그다음에 할 일을 생각해봐야죠."

조슈아 / 그 말은 당시 상황으로는 너무 과격했다. 하이라인 풍경을 보고 무조건 좋다며 찬양하는 분위기가 형성되어 있던 터라 그 팀의 답변에 사람들 입이 떡 벌어졌다. 그러나 결국 우리는 그 팀의 말을 따랐다. 가슴 깊은 곳에서는 그렇게 해야 한다는 사실을 인정하면서도 집단 거부 상태에 있었던 것 같다.

이 밖에 '하이라인 친구들'이 지지하던 젊은 팀이 하나 있었다. '오픈메시워크OpenMeshWork'라는 팀으로, 다양한 구성원이 일하는 작은 회사 세 곳이 모인 조직이었다. 이 팀은 하이라인 같은 큰 프로젝트를 수행할 준비는 되어 있지 않았지만, 우리 역시 시작 시점에 준비되어 있지 않기는 마찬가지였다. 게다가 여러 팀 중에서 성공 가능성이 적은 약체 팀을 적어도 한 곳은 원했다. 오픈메시워크는 아이디어가 기발했다. 그중 스페인 팜플로나의 '황소와 함께 달리기Running of the Bulls축제'를 본떠 기념식을 개최하자는 생각이 마음에 쏙 들었다. 하이라인의 경우에는 '제츠와 함께 달리기'로 명칭을 바꾸면 되었다. 첼시 주민 모두가 하이라인 위를 달리고 유니폼을 입은 제츠 선수들이 그 뒤를 따라 달린다. 걸려 넘어지지 않기 위해 조심하면서 사람들은 스타디움 안으로 들어오고 우레와 같은 박수갈채가 쏟아진다.

우리는 페터 라츠Peter Latz가 이끄는 팀에 많은 희망을 걸었다. 페터는 독일 뒤스부르크노르트Duisburg-Nord에 위치한 공장 단지에 유명한 공원을 설계한 사람인데, 오래된 가스탱크를 없애지 않고 재이용해 공원에 다시 배치했다. 라츠는 뉴욕 하이라인의 문제는 산책로를 조성하고 식물을 심기에 공간이 너무 협소한 것이라고 말했다. 그가 제안한 해결책은 하이라인 전역에 아치형으로 올라갈 격자 구조물을 세우는 것이었다. 가장자리의 화단을 제외하고는 모든 것을 포장하고 화단에는 넝쿨을 심어 격자 구조물을 타고 자라게 하자고 했다. 일종의 그린 터널을 만들자는 의견이었다.

그의 제안에 어맨다는 이렇게 반응했다. "재미있는 생각이지만 우리는 페터 씨가 하이라인에서 보는 전망, 다시 말해 하이라인에서 뉴욕 시를 바라볼 때의 전망을 고려했으면 합니다. 그렇게 보면 이런 제안은 걸림돌이 되겠지요."

로버트 / 우리는 일곱 개 팀 중에서 세 팀을 선정할 계획이었지만, 시청에서 투표를 한 결과 네 팀이 선정되었다. 네 팀은 각각 자하 하디드Zaha Hadid와 '발모리

어소시에이츠Balmori Associates' 연합 팀, '제임스 코너 필드 오퍼레이션James Corner Field Operations'와 '딜러 스코피디오 플러스 렌프로Diller Scofidio+Renfro'와 피에트 우돌프Piet Oudolf 연합 팀, '스티븐 홀 아키텍츠Steven Hall Architects'와 '하그리브즈 어소시에이츠Hargreaves Associates' 연합 팀, 마이클 밴 발켄버그Michael Van Valkenburgh와 D. I. R. T. 스튜디오, '베이어 블라인더 벨Beyer Blinder Belle' 연합 팀이었다.

우리는 네 팀에 각각 2만 5천 달러씩 지급했다. 나중에 안 사실이지만, 이는 이들이 쓴 비용을 충당하기에는 어림도 없는 금액이었다. 설계 도중에 우리는 인터뷰 계획을 세워 각 팀 사무실로 찾아갔다.

나는 마이클 밴 발켄버그 팀의 승리를 점쳤다. 그의 팀은 환상적이었다. 소호의 '프라다' 매장에서 렘 쿨하스Rem Koolhaas와 함께 일했던 건축가 팀 ARO, 아이디어 공모전에 작품을 출품한 그래픽 회사 '투 바이 포(2×4)'의 마이클 록, 그리고 하이라인을 위해 제츠 로비를 담당했던 조경 설계사 줄리 바그먼이 포진해 있었다. 밴 발켄버그는 이미 허드슨 리버 파크와 브루클린 브리지 파크, 배터리 파크 시티에 위치한 티어드롭 파크Teardrop Park의 첼시 구역에서 일하고 있어서, 위원회 내에서는 마이클의 흔적이 너무 많은 도시 공원에 남는 것 아니냐고 우려하는 사람들도 있었다.

조슈아 / 마이 밴 발켄버그 팀은 자생적으로 조성된 하이라인 풍경에 진심 어린 애정을 보여주었다. 이들은 야생의 하이라인을 거대한 녹색 동물처럼, 자갈들 틈에 둥지를 틀고 그곳에서 살아남아 무슨 일이 있어도 계속 살려야 하는 희귀한 생명체처럼 다루었다.

로버트 / 스티븐 홀은 조경 설계사 조지 하그리브즈George Hargreaves와 손을 잡았다. 스티븐의 사무실에서는 하이라인이 내려다보이는 데다, 이곳에 여러 해 동안 매일같이 하이라인을 생각하며 프로젝트 설계를 위해 경쟁해온, 세계 최고로 손꼽히는 건축가가 있다는 점도 아주 매력적이었다.

조슈아 / 1981년 스티븐이 제안한 '주택 가교'안 덕분에 모든 건축과 교수와 학생들이 하이라인의 존재를 알게 되었다. 스티븐은 프레젠테이션 시작 부분에서 옛날 흑백사진 한 장을 보여주었는데, 우리가 하이라인에 발을 딛기 한참 전에 스티븐 자신이 하이라인의 돌무더기 한가운데 의자를 놓고 앉아 있는 장면이었다.

로버트 / 자하 하디드는 프리츠커 건축상Pritzker Architecture Prize(건축계의 아카데미상으로 통한다—옮긴이)을 수상한 사람이다. 수개월 전, 〈뉴욕 타임스〉의 건축비평가 허버트 머스챔프Herbert Muschamp와 함께 하이라인을 투어했을 때, 그곳에 올라가 그가 맨 처음 내뱉은 말은 "자하"였다. 자하는 선을 소재로 작품 활동을 하는데 하이라인에 바로 적격이라고 말했다. 허버트는 하이라인 투어 내내 담배를 피웠다. 철도 회사 측에서 나온 로리 이제스는 하이라인에서는 흡연이 금지되어 있다고 계속 말했다. 그래도 그는 꽁초를 버리고 1분쯤 지나면 새 담배에 불을 붙였다.

자하가 이끄는 팀은 완전히 새로운 것을 만들어내는 일에 착수했다. 자하는 조경 설계사 다이애나 발모리Diana Balmori와 아이디어 공모전 심사위원단이었던 '스키드모어, 오윙스 앤 메릴'의 대표인 메릴린 조던 테일러와 손을 잡았다. '스키드모어, 오윙스 앤 메릴'과 자하 하디드는 각각 실용성과 야성을 추구하는 회사로, 재미있는 조합이었다.

자하 방식의 설계에는 식물과 나무가 거의 없었다. 마치 플라스틱 틀에서 나온 것처럼 흰색 일색의 조경이었다. 내가 "나무를 좋아하지 않나요?"라고 물었더니, 자하는 "나무는 공간을 무엇으로 채워야 할지 막막할 때 건축가가 설계도에 넣는 겁니다"라고 대답했다. 우리에게 허튼소리를 하지 않는 점은 마음에 들었지만, 이로써 자하는 적격자가 아니라는 생각이 들었다.

조슈아 / '제임스 코너 필드 오퍼레이션'과 '딜러 스코피디오 플러스 렌프로DS+R' 연합 팀은 첫 프레젠테이션에서 많은 이들의 마음을 움직였다. 이들은 하이라인을 폐허이지만 '발견된 오브제Found Object'(기성의 물건이지만, 미술 작품이나 미술 작품의 일부분으로서 새로운 지위를 부여받은 오브제를 의미한다—옮긴이)로 묘사했다. 리즈 딜러Liz Diller는 '불법'이라는 단어를 사용했다. 철망 아래로 기어 들어가, 과거의 섹스와 마약의 기운이 서려 있는 금지된 비밀의 영역으로 들어간다는 의미였다. 이 팀은 하이라인의 어둡고 신비스러운 측면에 애착을 가졌고, 나 역시 그 점이 끌렸다.

로버트 / '제임스 코너 필드 오퍼레이션'과 '딜러 스코피디오 플러스 렌프로' 팀은 자기들의 접근 방식을 확신하지 못해, 프레젠테이션에서 이를 두고 서로 말다툼을 했다. 하이라인에 서려 있는 신비로움을 보존하고 새로운 대상을 창조하는 데 있어 어떤 식으로 균형을 맞출 것인가? 얼마 전 《표범The Leopard》이란 스릴러물을 읽다가 유명한 글귀를 보았다. "뭔가를 있는 그대로 두고 싶으면, 그걸 바꿔야 한다." 설계에 대해 달라지고 있는 내 생각을 한마디로 압축한 말이다.

나는 그 팀의 구성원이 마음에 들었지만, 우리 위원회 위원 중 한 사람은 "사람을 보고 설계 팀을 선정하지 말고 일을 보고 선정하라"고 조언해주었다. 필 애런즈에게 이 얘기를 꺼내자 그가 말했다. "그 말은 믿지 마세요. 우리는 사람들과 일할 겁니다. 같이 일하고 싶은 사람을 뽑으세요."

조슈아 / 공모전을 "네 개의 팀, 비전의 사지선다"라는 제목의 전시회로 마무리 짓겠다는 계획을 세웠고, 전시회는 당시 라과디어 플레이스LaGuardia Place에 새 사업소를 연 아키텍처 센터Center for Architecture에서 열기로 했다.

〈뉴욕 타임스〉의 예술과 여가 담당 편집자인 애리얼 캐미너Ariel Kaminer가 회신 전화를 해주었을 때 짜릿한 기분을 느꼈다. 애리얼은 자기들에게 개막전 취재 독점권을 주어 일반인에게 공개하기 전에 미리 작품을 엿볼 기회를 준다면 줄리 로빈Julie Lovine을 전시회 담당 기자로 배정하겠다고 했다. 네 팀 중 언론에 전달할 기본 자료를 준비한 팀은 전혀 없었지만 모든 팀이 서둘러 작품 사진 몇 장을 완성했다.

전시회를 코앞에 둔 일요일, 네 팀의 작품 사진이 〈뉴욕 타임스〉의 한 면을 가득 메웠다.

마감 날, 각 참가 회사로부터 전시용 작품 보드판을 두 세트씩 받았다. 하나는 아키텍처 센터로 보내고 다른 하나는 웨스트 12번가의 다이앤 폰 퓌르스텐베르크 스튜디오로 보냈다. 그곳 여름 모금 행사장에서 전시회를 미리 시연했다. 먼저 다이앤의 칵테일파티를 열고, 그다음 순서로 필립스 드 퓨리Phillips de Pury 옥션하우스에서 디너 행사를 가졌다.

플로랑은 다이앤의 칵테일파티에 마리 앙투아네트의 의상을 입고 들렀다. 매년 7월 14일이면 자신의 레스토랑에서 바스티유 데이(프랑스혁명 기념일로 7월 14일이다—옮긴이) 파티를 열기 때문이었다. 그해에 플로랑이 입은 앙투아네트 의상은 하이라인에서 영감을 받은 것으로, 가발 둘레에 기차를 매달아 지나가게 했고 치맛자락을 부풀리는 뒤쪽 허리받이에도 기차를 매달아 디자인했다.

필립스 드 퓨리에서 열린 디너 행사장으로 자리를 이동했을 때는 상황이 악화되었다. 에어컨이 고장 나서 모두들 땀에 흠뻑 젖었다. 식사를 담당하는 웨이터는 서빙 솜씨보다는 외모 때문에 뽑힌 것 같았고, 식사는 10시 30분까지도 테이블에 차려져 있지 않았다. 바버럴리 다이아몬슈타인 슈필보겔은 배고프고

목마른 30명의 친구들이 모인 한 테이블을 챙기던 중, 웨이터에게 물과 빵을 갖다 달라고 부탁하면서 기분을 맞춰준다고 그의 남부 악센트가 듣기 좋다는 말을 덧붙였다. 그러자 웨이터가 대꾸했다. "그건 악센트가 아니라 제가 술이 취해서 그런 겁니다."

로버트 / 커트 앤더슨Kurt Andersen은 당시 〈뉴욕〉 잡지에 '제국의 도시'라는 칼럼을 정기적으로 쓰고 있었는데, 아키텍처 센터에 참가한 설계 팀 네 곳과 패널 토론을 진행했다. 각 팀의 설계 담당자들이 너무 오랜 시간 얘기한 탓에 우리는 겨우 한 가지 질문밖에 할 시간이 없었다. 장소는 적정 인원을 훨씬 초과해 사람들로 꽉 메워져 있었다. 언론은 패널 참가자뿐 아니라 넘치는 관중까지 취재했다.

조슈아 / 최종 우승 팀을 선정하는 일은 쉽지 않았다. 팀을 하나씩 떨어뜨릴 때마다 하이라인에 펼쳐질 미래가 사라지는 느낌이었다.

결국 가장 유력한 우승 후보는 스티븐 홀 팀과 제임스 코너 필드 오퍼레이션/딜러 스코피디어 플러스 렌프로 연합 팀이었다. 나는 내심 스티븐 홀이 선정되기를 열망했다. 하이라인과 맺은 인연이 있고, 그의 작품이 좋은 데다, 뉴욕에서는 그가 이렇다 할 활동을 한 적이 없었기 때문이다. 하이라인으로 처음 뉴욕시에서 중요한 일을 따내는 게 당연하다는 생각이 들었다.

스티븐 홀 팀은 하이라인에 여러 가지 형태를 만들어 추가하고 없앨 것은 과감히 없애자고 제안했다. 불빛이 거리까지 퍼져나갈 수 있도록 구조물을 절삭하고 철제 대들보를 타고 쏟아져 내리는 폭포를 만드는 것이다. 또 넓은 절삭면을 통해 계단이 구불구불 이어지도록 설계했다. 스티븐 홀 팀은 하이라인이 마치 맨해튼의 알프스산맥에 걸려 있는 초록 계곡이라도 되는 것처럼 다루었다. 그렇게 해야 하이라인 주변을 둘러싼 높이 솟은 창고 건물과 공장에, 하이라인 위에 자라난 풀잎사귀 경관을 쉽사리 전해줄 수 있겠다고 생각했다.

로버트 / 제임스 코너 필드 오퍼레이션/딜러 스코피디오 플러스 렌프로 팀은 새로운 산책로 체계를 설계의 핵심으로 내놓았다. 이 산책로의 특징은 녹지 조성이 가능한 콘크리트 판이었다. 이 통로는 각각 다른 용도로 쓰일 수 있는 여러 가지 모양과 크기의 판을 모아 조립해 만든다. 식물은 선로에 깔린 자갈 틈바구니를 뚫고 나왔던 것처럼 콘크리트 판 사이를 뚫고 나와 딱딱한 통로와 부드러운 모판의 경계를 없애준다. 마치 자연이 인간이 만든 구조물로 도로 기어들어가 다시 그곳을 점령하려는 것 같다.

제임스 코너 필드 오퍼레이션 팀은 하이라인 구조물을 절단해서 강철 들보로 통하는 계단을 내자고 제안했다. 다른 설계안에서도 보았던 전략이다. 이들은 또한 '플라이오버flyover'(고가 횡단도로—옮긴이)라는 것도 보여주었다. 하이라인 지면에서 경사로 형태로 올라가 지붕처럼 우거진 나무를 거쳐 뻗어가는 길이었다. 아이디어는 좋았지만 공사로 이어질 것 같지는 않았다.

릭 스코피디오Ric Scofidio는 말했다. "건축가로서의 제 임무는 하이라인을 인위적인 건축으로부터 지키는 것입니다." 수천 명의 건축가들은 하이라인을 뭔가를 만들어내는 연습장으로 보았다. 하지만 제임스 코너 필드 오퍼레이션 팀은 하이라인에 뭔가를 덧붙이는 대신 옷을 벗기고 구조물을 그대로 드러내는 데 초점을 맞추었다.

이 팀의 식물을 보는 비전도 설득력이 있었다. 네덜란드 원예가인 피에트 우돌프가 이 팀 소속이었는데, 그의 과거 작품 사진을 보니 하이라인에 적용하면 안성맞춤인 이상적인 자연 조경이라는 생각이 들었다. 피에트는 풀과 다년생 식물을 자연스럽게 구성했고 겨울에는 식물의 죽은 부분을 그대로 방치해 눈이 왔을 때 조각 작품처럼 보이는 효과를 창출했다. 이 사진을 본다면 자연 상태의 하이라인만큼 아름다운 대상을 만들 수 있는 사람이 바로 피에트라는 생각이 들 것이다.

조슈아 / 위원회의 마음은 필드 오퍼레이션/딜러 스코피디오 플러스 렌프로 팀으로 기울고 있었지만, 우리는 불안했다. 건축가와 조경 전문가들에게 이 팀의 계획안이 창의적이며 독창적이고 아름답긴 하지만 건축하고 관리하는 게 불가능할 거라는 얘기를 계속해서 들었다.

로버트 / 전통적으로 공모전에서 최종 경선 작품을 선정할 때는 이들이 완성한 프로젝트 현장을 방문한다. 제임스와 릭과 리즈는 내 말에 반기를 들지도 모르지만, 당시 이 팀은 시공 건수가 많지 않아 우리가 직접 가볼 만한 프로젝트 현장이 전혀 없었다. 제임스 코너 필드 오퍼레이션은 스태튼 아일랜드의 매립지에 프레시 킬즈 파크Fresh Kills Park를 설계했지만 아직 완공 전이었다. 딜러 스코피디오 플러스 렌프로가 완공한 프로젝트 중 가장 큰 건은 스위스의 어느 호수 한가운데 지은 임시 구조물이었다. 구름을 연상시키기 위해 증기를 내뿜는 파이프로 지은 구조물이었지만 겨우 두 달간 자리를 지키다가 철거되었다. 뉴욕 시그램 빌딩Seagram Building 내에 위치한 레스토랑 '브라스리Brasserie'도 이들이 설계했는데 최고가의 레스토랑 인테리어라는 평판이 있던 터라 딱히 강력한 지지를 받을 만한 것은 아니었다. 이들은 보스턴의 컨템퍼러리 아트 인스티튜트Institute of Contemporary Art(ICA)에서 일하고 있었고 링컨 센터의 개조 공사를 맡았지만 그 어떤 프로젝트도 완공된 건이 없었다. 이들은 휘트니 미국미술관Whitney Museum Of American Art에서 열린 회고전으로 가장 유명세를 떨쳤다. 많은 사람들은 이들을 실제로 뭔가를 짓는 건축가라기보다는 개념 예술 건축가로 더 쳐주었다.

나는 비샨 차크라바르티를 찾아가 조언을 구했다. 비샨이 말했다.

"괜찮다고 생각하는 것을 그냥 가질래요, 아니면 대단한 것을 위해 모험을 할래요?"

그의 말을 듣고 보니 답이 뻔해졌다.

조슈아 / 시청 회의실에서는 논쟁이 벌어졌지만 의견 충돌은 없었다. 패티 해리스Patti Harris 부시장을 대신해 참석한 나넷 스미스Nanette Smith가 말했다. "결정하기 전에 '하이라인 친구들'의 의견을 경청해야 합니다. 우리보다 이 일에 훨씬 오랫동안 매진해왔으니까요." 칼자루를 쥔 사람이 이런 식으로 발언하다니 믿어지지가 않았다.

그해 늦여름, 우리는 제임스 코너 필드 오퍼레이션/딜러 스코피디오 플러스 렌프로 팀을 최종 우승 팀으로 선정했다. 노동절이 지나고 발표할 생각이었다.

전시회를 취재할 언론사를 물색하는 과정에서, 허버트 머스챔프를 대신해 〈뉴욕 타임스〉로 갈 로스엔젤레스 출신의 건축비평가 니콜라이 우루소프Nicoli Ourousoff를 만났다. 우리는 그를 하이라인으로 데려갔고, 최종 후보인 네 팀과 면담할 수 있도록 주선했다.

시청에서 실시한 투표 직후, 니콜라이가 전화해서는 어떤 팀을 선택했는지 알고 있다며, 우리가 발표하기에 앞서 비평 기사를 싣겠다고 했다. 특종으로 취재하겠다는 것이었다. 투표를 끝내고 우리는 어떤 팀도 모르게 뉴스를 전달했다. 니콜라이에게 누가 귀띔했는지는 전혀 알 길이 없었다.

하이라인 기사는 니콜라이가 〈뉴욕 타임스〉 건축비평가로서 처음으로 쓴 기사였다. 아침마다 모퉁이 신문 가게에서 신문의 예술란을 펼치기 전에 나는 한 번씩 심호흡을 했다. 8월 12일 아침, 예술란 1면 전체에 "평가: 열차가 달리던 공간에 들어설 하늘공원"이라는 제목의 기사가 실렸다. 우리가 각 팀의 설계 방식에서 평가했던 점들, 즉 옛것과 새것을 혼합한 설계, 하이라인의 거친 면을 살린 설계, 기발한 산책로 체계 등을 그도 우리와 동일한 눈으로 보았다. 기사를 읽다 보니, 니콜라이가 방금 우리를 투석기로 날려준 덕분에 하늘 높이 올라가는 듯한 기분이었다.

로버트 / 선정된 설계 팀을 발표하기 위해 기자회견을 열 계획이었지만, 니콜라이의 기사가 나간 뒤로 뉴스거리가 많지 않았다. 하지만 다른 면에서 아주 중요한 진전이 있었다. 우리가 설계 팀 선정에 골몰하는 동안 댄 닥터로프와 마크 릭스가 연방 정부의 레일뱅킹 사업 참여 신청에 대한 동의를 주 정부로부터 얻어낸 것이다. 주 정부를 끌어들이니 CSX도 참여하기로 결정을 내렸다. 오직 하이라인 아래쪽 땅을 소유한 지주들만이 여전히 반대 입장을 고수했다. 이와 동시에 시장은 하이라인에 2천 7백 50만 달러의 기금을 할당하기로 결정했다. 시의회에서 할당한 1천 5백 75만 달러와 합하면 공사 비용에 4천 3백 25만 달러가 돌아가는 셈이었다. 우리는 새로 기금을 할당해준 댄에게 감사했다. 댄이 하이라인 사업에 뛰어들면서부터 우리 비전을 받아들이는 그의 포용력과, 비전을 이루겠다는 그의 결단력은 우리의 가장 큰 자산이 되었다. 댄은 하이라인 사업을 시 행정부의 우선순위 프로젝트로 결정했으며, 자기가 추진하는 스타디움 건설에 대해 우리가 지지를 보내지 않았음에도 하이라인을 전폭적으로 지원해주었다. 줄리아니 행정부와 입장을 달리한 점이야말로 가장 극적인 조치였다.

우리는 이 모든 내용을 같이 발표하기로 결정했다. 설계 팀을 결정했고 4천 3백만 달러 이상의 건설 자금을 확보했으며 사실상 모든 이해 당사자가 하이라인 프로젝트에 동의했다는 사실을 발표하기로 한 것이다. 하이라인을 두고 여는 최초의 시장 주최 기자회견이 되겠지만 나는 그곳에 참석하지 않을 작정이었다. 나는 1년에 수차례씩 '쇼트 마운틴Short Mountain'이라고 부르는 래디컬 페어리 집회에 참여하기 위해 테네시에 갔다. 기자회견장에는 내가 딱히 필요할 것 같지 않았다. 기자회견은 시장과 기포드가 주인공이니 나는 쇼트 마운틴에 가련다. 그런데 필이 전화했다. "바보 같은 소리 마세요. 그곳엔 로버트 당신이 있어야 합니다."

조슈아 / 레일뱅킹 사업 신청에 주 정부가 서명한 것은 올림픽 유치 신청, 제비츠 센터 개조 계획, 지하철 7호선 연장 등의 사업을 위해 시와 주가 공동으로 일한다는 일괄 협약의 일부였다. 스타디움 건설은 이 모든 사업의 중심을 차지했다.

많은 사람이 스타디움 건설에 대한 우리 입장에 관해, 또 우리가 별다른 입장을 취하지 않는 것을 두고 갈수록 못마땅해했다. 어느 날 저녁 한 파티에서 대학 친구는 하이라인을 팔아먹고 있다며 큰 소리로 나를 비난하기 시작했다. 스타디움이 들어서면 그곳에 내 이름을 새겨서 그 아래로 차를 타고 지나가는 사람들이 나를 욕할 수 있게 해야 한다고 했다. 이런 입장을 취할 수밖에 없는 우리 사정에는 눈곱만큼의 관심도 없이.

로버트 / '오픈 하우스 뉴욕'은 2주년 차에 규모가 더욱 커질 것으로 예상했다. 우리는 그때까지도 하이라인을 일반인에게 개방할 수 없었다. 그러던 차에 오래된 정육 공장이 있는 워싱턴 가와 갱스부르트 가 모퉁이에서 하이라인을 전망할 만한 장소를 발견했다. 뉴욕 시 경제개발공사 소유의 빈 건물이었다. 경제개발공사에서는 이 건물을 어찌 처리할지 고민하던 참이었다.

경제개발공사 담당 직원인 제프 맨저Jeff Manzer는 이전 임차인이 어느 날 불쑥 나가버린 뒤로 돌아오지 않는다고 했다. 전기가 끊겨 냉장고가 작동하지 않아서 건물 안에 있는 고기가 썩어버렸다. 경제개발공사 사람이 와서 건물 문을 열었을 때는 참을 수 없는 악취가 진동했고 곳곳에 구더기가 들끓었다고 한다.

우리가 도착할 즈음 경제개발공사 측에서 그곳을 깨끗이 청소했지만 처음과 비교해 깨끗해진 정도였다. 칠은 벗겨지고 모든 게 녹슬어 있었다. 묵은 고기 냄새도 났다. 천장에는 갈고리 선반이 매달려 있고 피 때문에 바닥에는 배수 시스템이 완비되어 있었다. 감히 들어갈 엄두가 나지 않는 방이 하나 있었는데 바로 3층의 냉장실이었다. 이 방을 지나 문을 열고 밖으로 나가면 짐을 싣고 내리는 곳이 나오는데, 바로 이곳에서 하이라인을 볼 수 있었다.

우리는 시에서 발행하는 건물 사용 허가증을 받아야 했고, 우리 직원과 자원봉사자들이 방문객들을 그룹별로 인솔해서 데리고 다녀야 했다. 날이 갈수록 줄이 길어져, 워싱턴 가를 지나고 모퉁이를 돌아 리틀 웨스트 12번가까지 이어졌다. 사람들은 즐거운 마음으로 한 시간 정도를 기다려 이 오래된 건물을 통과해 나온 다음, 쇠사슬로 연결된 철창 사이로 하이라인에 자라나는 잡초를 2분 정도 구경했다. 하이라인은 하이라인 이상으로 발돋움하고 있었다. 일종의 상징으로 자리를 잡아가고 있었다.

공원 이상의 새로운 공원

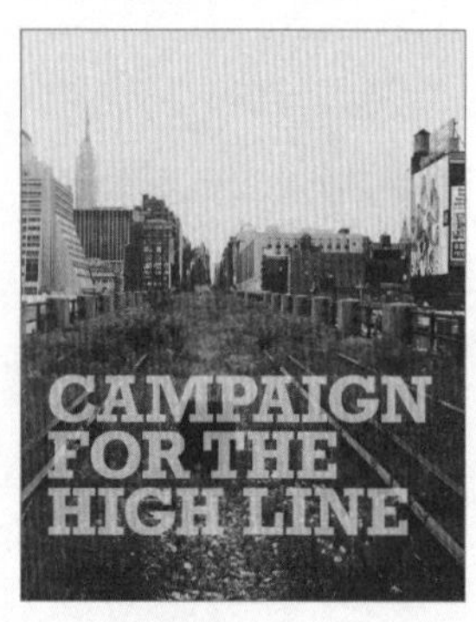

조슈아 / "브로슈어, 변호사, 경제성 연구, 로비스트 비용도 마련 못하면 하이라인 건설 비용은 절대 조달하지 못한다"는 조언대로 모든 일을 진행한 끝에, 이제 하이라인 건설을 위한 민간 자금을 조성해야 했다.

뉴욕 시는 기금 할당액을 6천 1백만 달러로 올렸지만 그 정도로는 충분치 않았다. 2002년 당시 하이라인 공사비를 6천 5백만 달러로 예측했지만 그것은 현재 계획보다 훨씬 단순한 방식에 근거해 추산한 금액이었다.

우리는 연방 기금을 끌어오기 위해 애쓰고 있었다. 나는 그 전년도에 '혼잡 해소 및 대기 질 개선Congestion Mitigation and Air Quality(CMAQ)' 프로그램에 3백만 달러의 지원금을 따내기 위해 노력했다. 그와 동시에 내들러 의원은 다년도 운송 법안 시행 초반기에 5백만 달러를 요청했고, 하이라인 지지자들은 상원의원인 찰스 슈머와 클린턴에게 편지를 보내 법안이 상원에 상정되면 지원 액수를 늘리는 데 힘써줄 것을 요청했다. 그러나 연방 할당액이 1천만 달러로 올라간다 해도 여전히 부족하기는 마찬가지였다.

우리는 위원회 위원들과 함께 5천만 달러 범위 내에서 모금 캠페인을 벌여보자는 얘기를 꺼냈다. 전통적으로 돈을 제공하고 조달하는 일은 위원회의 업무다. 이런 식의 토론은 처음에 듣기에는 솔깃한 얘기가 아니었다. 그러나 우리는 사업 제안서에 매번, '하이라인 친구들'은 민간 자금을 하이라인 공사비로 기부할 것이고, 만약 이 일을 감당하지 못한다면 하이라인 프로젝트와 뉴욕 시에서의 우리 입지는 어려움에 처할 거라고 언급했다.

기부자들은 하이라인의 승무원이라고 할 수 있는 '하이라인 친구들', 즉 불가능해 보이는 프로젝트를 미래로 끌고 가는 사람들을 후원하고자 한다는 점을 알리고 싶어 했다.

'하이라인 친구들'의 개발 책임자인 줄리엣 페이지와 로버트는 캠페인을 이끌어갈 컨설턴트를 인터뷰하기 시작했고, 2004년 말에는 도널드 펠스에게 이 캠페인에 관해 말을 꺼냈다. 도널드와 웬디는 시작부터 우리와 함께였고 우리가 추진하는 중요한 프로젝트는 모두 도와주었다. 줄리엣은 도널드와 특별한 관계여서 로버트나 나와는 달리 그에게 쉽고 솔직하게 얘기를 꺼낼 수 있었다. 도널드는 큰 선물을 안겨줄 준비가 되었다는 말로 줄리엣에게 힌트를 던져주었다. 줄리엣은 도널드가 우리를 경제적으로뿐만 아니라 전략적으로도 도와주고 싶어 한다는 낌새를 알아차렸다. 그는 기부자들이 단순히 하이라인만을 지지하는 게 아니라는 점을 뉴욕 시에 보여주기를 원했다. 기부자들은 하이라인의 승무원이라고 할 수 있는 '하이라인 친구들', 즉 불가능해 보이는 이런 프로젝트를 미래로 끌고 가는 사람들을 후원하고자 한다는 점을 알리고 싶어 했다.

로버트 / 도널드를 만나러 가기 전날 밤, 우리는 크리스마스 파티를 열었다. 스콧 스키는 '캐비아 루스'에서 직원들에게 저녁 식사를 대접했고, 그곳에서 나는 B-52 칵테일을 처음으로 마셔보았다. B-52는 칼루아, 베일리스 아이리시 크림, 그랑마르니에(브랜디와 오렌지로 만드는 프랑스 술—옮긴이)로 만드는데 그중 몇 가지를 마셨다. 다음 날 아침, 어퍼이스트사이드로 향하는 택시 안에서 신호 대기 중에 몇 번이나 차 문을 열고 구토를 해야 했다.

커피숍에서 줄리엣을 만났다. 내가 몸을 추스르는 사이 줄리엣은 어떻게 말해야 하는지 알려주었다. 숙취와 더불어 긴장감이 밀려왔다. 그러나 도널드는 줄리엣과 나를 아주 편안하게 대해주었다. 그는 노련한 사람이라 현실적으로 우리 손을 잡고 길을 안내해주었다.

조슈아 / 봉투 하나가 책상에 놓여 있기에 열어보니, 전화 요금을 낼 때 쓰는 것처럼 손으로 써서 보낸 도널드의 수표가 들어 있었다. 1백만 달러짜리 수표였다. 나는 환호성을 질렀다.

줄리엣은 휴가중이었다. 줄리엣이 도널드의 소식을 애타게 기다린다는 걸 알고 있었기에 곧장 마이애미로 전화를 걸었다. 좀 뜸을 들이며 일상적인 업무 얘기를 잔뜩 늘어놓은 다음에야 이렇게 말했다. "아, 그런데 말이에요, 도널드 펠스한테 봉투가 왔어요." 봉투 안에 든 금액을 말해주니 줄리엣 역시 환호성을 질렀다.

다시 한번 도널드와 웬디는 우리를 위해 믿기지 않는 일을 해주었다. 이들의 기부금은 다른 사람들을 상대로 한 모금 캠페인도 성공할 수 있음을 입증해 주었다. 아마도 5천만 달러를 조성하는 일은 결국 그렇게 터무니없는 생각이 아닐 터였다.

우리는 도널드의 기부에 이어 거액의 기부금을 많이 받는 행운을 누렸다. 이런 기부금 덕분에 하이라인에 필수적인 요소가 현실로 이뤄졌다. 도널드가 먼저 나서지 않았다면 이런 기부금을 받을 수 있었을까? 그건 잘 모르겠다. 일이 성사되려면 누군가 먼저 나서야 한다. 하이라인의 경우에는 그 누군가가 바로 도널드였다.

로버트 / '잠정적 트레일 용도 허가서'를 신청하려면 시 변호사와 철도 회사 측 변호사, '코빙턴 앤 벌링'의 우리 측 변호사 사이에 복잡한 협상이 이뤄져야 했다. '커빙턴 앤 벌링'에서는 마이크 헤머 다음으로 캐럴린 코윈Carolyn Corwin이 사건을 인수받았다. 그와 동시에 웨스트 첼시 지구 개편 사업이 진행되고 있었는데, 이 사업을 계속 하려면 22명의 하이라인 부동산 지주를 설득해 하이라인에 대한 반대 입장을 철회시켜야 했다.

조슈아 / 우리에게 마크 릭스가 있다는 것은 행운이었다. 그는 부동산 지주들의 지지를 얻어내는 데 힘썼다. 시청의 로럴 블래치포드에게 이 일을 인수받기 전, 마크는 '매킨지 앤 컴퍼니McKinsey and Company'의 컨설턴트로 일했다. 마크가 설계팀 선정 과정에서 하이라인에 얼마나 많은 관심을 기울였는지 나는 잘 몰랐다. 그는 소년 같은 면이 있어, 얼핏 보면 똑똑하고 결단력 있는 사람이라는 티가 나지 않았다. 알고 보니 마크는 하이라인의 가장 든든한 지원병이었다. 그는 댄 닥터로프에게 목표를 부여받아 한결같은 마음으로 일을 추진해나갔다.

지구 개편과 '잠정적 트레일 용도 허가서'를 놓고 회의 건수가 늘어나면서 조 건Joe Gunn을 자주 만났다. 조는 뉴욕 시법무국의 변호사였다. 줄리아니의 시장 재임 당시, 하이라인 철거 서류의 맨 밑단에 조 건의 서명이 있었다. 정작 그를 만나본 적이 없으면서도 나는 뉴욕 시의 위력을 모아 하이라인의 철거를 이끈 보이지 않는 그를 막연히 미워했다. 그런데 막상 만나보니 하이라인의 보존을 위해 뉴욕 시의 위력을 전과 동일하게 끌어들이는 좋은 사람이었다. 그와 시 법무국 동료인 하워드 프리드먼Howard Friedman은 한 차례 이상 철야 근무를 하면서 지구 개편이나 '잠정적 트레일 용도 허가서'에 필요한 중요한 서류 작업을 마무리 지었다. 조는 시장이 바뀌어 또 한 번 정책을 뒤집으면 더이상 뒷감당을 할 수 없으므로 하이라인 프로젝트를 이번에 완전히 끝내야 한다면서, 마치 그런 극적인 반전이 다시 한번 일어나기라도 할 것처럼 농담하곤 했다.

로버트 / 설계 팀은 하이라인 제1구간 계획을 마무리하는 야심찬 시기를 보내고 있었다. 우리는 먼저 갱스부르트 가부터 15번가까지의 구간부터 공사를 시작해야겠다고 생각했다. 딱 그 구간까지의 공사 자금만 확보되어 있었다. 설계자 감독을 위해 우리는 시와 '하이라인 친구들'에서 대표자를 뽑아 실무진을 구성했다.

우리는 대개 건축 사무소에서 만났다. 나는 그곳에 가는 게 좋았다. '딜러 스코피디오 플러스 렌프로' 건축 사무소는 지금은 하이라인이 내려다보이는 스터릿리하이 빌딩의 크고 쾌적한 사무실로 이전했지만, 당시는 쿠퍼 유니언Cooper Union 맞은편에 위치한 바워리Bowery 바로 위층의 작은 사무실을 썼다. 그곳은 여러 건물 모형이 어수선하게 흩어져 있고 설계도가 쌓여 있어 그 사이를 헤집고 걸어 다니기도 힘들 정도였다. 직원 몇 명은 그곳에 상주하는 게 분명했다. 이와는 대조적으로, 설계 팀을 이끌어가는 조경 건축 사무소인 '제임스 코너 필드 오퍼레이션'은 공간의 여유가 있었다. 가먼트 지구에 사무소가 있었는데 직원 각자의 책상이 단순함을 추구한 예술 작품 같았다.

조슈아 / 한때는 건축가가 되고 싶었던 적이 있다. 이제 와서 보니 의뢰인의 자리에 있는 것이 더 행복한 것 같다. 하이라인 건축가들은 업무 완수를 위해 하루나 이틀 밤씩 철야 근무를 했다. 한번은 파이어 아일랜드에서 주말을 보내고 얼굴을 그을린 채 돌아왔는데 이들이 며칠째 퇴근을 못했다는 사실을 알고 기분이 착잡했다. 건축가들이 작업 내용을 보고하면 우리는 마구 트집을 잡았다. 건축가들은 우리를 머리가 여럿 달린 의뢰인이라고 불렀다. 공원, 도시계획, 경제개발공사 관계자와 '하이라인 친구들'이 포진해 있어 각자가 다른 사항을 요구했기 때문이다.

통로의 폭, 딱딱한 산책로 노면과 조경 구역 간의 비율 문제를 두고 토론이 끝도 없이 이어졌다. 제임스 코너는 산책로를 되도록 좁게 유지해야 한다고 주장했다. 조경 구역이 줄어들면 하이라인은 그저 가장자리에 식물을 좀 심어놓은 여느 길과 똑같아 보일 거라는 얘기였다. 우리는 결국 산책로의 폭을 2.5미터 정도로 최소화하기로 결정을 보았다. 정비 차량과 휠체어를 탄 방문객이 마주 오더라도 서로 비켜 갈 수 있을 정도의 폭이었다. 처음에 나는 제임스만큼 이 문제를 심각하게 고려하지 않았지만, 지금은 하이라인을 걸으면서 그의 말이 얼마나 옳았는지를 실감하고 있다.

로버트 / 파리의 프롬나드 플랑테 공원에서 사람들과 얘기를 나눠보니, 공원에 앉을 자리를 많이 만들지 않은 게 실수라고들 지적했다. 처음에는 프롬나드 플랑테 공원이 한 장소에서 다른 장소로 이동할 때 거쳐 가는 통로 구실을 할 거라고들 생각했지만, 시민들은 앉아서 쉬는 것을 즐겼다. 우리는 하이라인도 아마 마찬가지일 거라고 예측했다.

설계자들은 하이라인에 가구를 늘어놓는 것을 원치 않은 까닭에 산책로에 깔 두꺼운 판자를 위로 올려 앉을 자리를 만들자는 안을 내놓았다. 설계 팀은 이런 의자를 '필업peel-up 벤치'('필업'은 군더더기를 벗긴다는 의미로 쓴다—옮긴이)라고 불렀다. 원래는 벤치 전체를 콘크리트로 만들고 공중에 떠 있는 가장자리 부분에 지지대를 받치지 않을 계획이었다. 그런데 벤치를 세우려면 양 끝에 지지대가 필요했기 때문에, 설계 팀은 실제로는 보이지 않는 철제 다리를 고안했다. 우리가 콘크리트는 불편할 거라고 말하자 이들은 설계를 바꿔 나무로 벤치를 만들기로 했다. 또한 원래는 등받이 없는 벤치를 디자인했지만, 뉴욕 시 규정에 공원 벤치의 절반은 등받이가 있어야 한다고 명시되어 있어 다시 설계를 바꾸었다. 공모전 당시 우리는 이 설계 팀이 전위적이라고 생각했는데, 실제로는 진정한 실용주의 감각을 보여주었다.

하지만 벤치의 폭만큼은 정말 타협하고 싶지 않은 문제였다. 공용 장소의 벤치에 관한 뉴욕 시의 규정에 따르면, 벤치 폭이 약 46센티미터여야 했지만 우리 벤치는 겨우 30센티미터 정도 폭의 콘크리트 판을 연장한 것이었다. 좌석의 폭을 늘리려고 했지만 모양새가 좋지 않았다. 결국 어맨다 버든이 폭이 좁은 벤치에 직접 앉아보고 폭을 넓히려고 받침을 덧대면 모양이 얼마나 이상해지는지 수긍했다. 하이라인의 벤치는 시 규정에서 예외로 인정해주었다.

조슈아 / 미 운송국Department of Transportation 규정에 따르면, 도심 거리 위에 설치된 모든 다리와 육교에는 2.5미터 정도 높이의 울타리를 세워야 한다. 어떤 사람들은 이 규정을 '냉동 칠면조 규정'이라고 불렀다. 아이들이 고속도로 위 다리에서 아래쪽으로 지나가는 차량에 냉동 칠면조를 던진 유명한 사건에서 비롯된 별칭이다.

이 규정을 준수하기 위해 설계 팀은 많은 형태의 울타리를 구상했지만, 실무진은 거리 건널목이 있는 자리에 울타리를 세우면 부정적인 면이 클 것이라 우려했다. 그래서 피터 멀란은 브루클린 하이츠Brooklyn Heights의 산책로와 브루클린 브리지의 보행로처럼, 2.5미터 높이의 울타리가 설치되지 않은 뉴욕 시의 다리와 육교를 조사했다. 또한 하이라인 아래 여러 건널목의 교통량도 함께 조사했다. 이후 설계 팀은 전망을 가리지 않으면서도 안전을 보장해줄 울타리의 대체 수단을 강구했다.

로버트 / 설계 팀은 10번가를 가로지르는 노던 스퍼Northern Spur(여기서 스퍼란 선로에서 옆으로 튀어나온 돌출부를 말한다—옮긴이)에 사람들이 들어갈 수 없는 풍경 보존 구역을 지정하자고 제안했다. 그렇게 하면 그곳의 역사 유적인 아르데코 난간에 굳이 울타리 시설을 댈 필요가 없다. 10번가 스퀘어의 한 지점에서는 하이라인 방문객들을 구조물 아래로 내려갈 수 있게 만들어, 하이라인이 그 자체로 2.5미터 높이의 장벽을 이루게 하자고 제안했다. 이 지점은 대로 바로 위로 올라가 있어 차량이 그 아래를 통과해 다닌다. 결과적으로 건축 규정 덕분에 도리어 하이라인에서 상징적인 특징물이 탄생한 것이다.

조슈아 / 공원 담당 위원인 에이드리언 베네프가 갈수록 야심차지는 설계 팀의 아이디어에 대해 많은 관심을 보인 것은 놀랄 만한 일이었다. 공원관리국은 많은 공원을 관리해야 하기 때문에 관리 작업을 용이하게 해줄 표준화 체계를 만들어냈다. 보행로에 '육각형 보도블록'(모서리가 여섯 개인 시멘트 타일이어서 쉽게 설치하고 교체할 수 있다)을 깔아야 한다는 것도 그중 하나였다. 공원관리국의 일부 직원들은 하이라인에도 이런 기존의 방식을 적용해야 한다고 주장했다. 그러나 에이드리언은 하이라인 운영위원회 회의에서 설계 팀의 설계를 접하자, "하이라인은 공원 그 이상의 역할을 해낼 겁니다. 예술 작품이 될 거예요"라며 자기 생각을 밝혔다.

모마 전시 역시 상징적인 절차였다.
우리가 모마에 입성하자 사람들은
하이라인 프로젝트가 분명 성사될 거라고 믿었다.

로버트 / 그랜드 센트럴역에서 개최한 아이디어 공모 전시회가 시야를 상당히 넓혀주었기 때문에, 나는 비슷한 방식으로, 웨스트 첼시의 갤러리 한 곳을 빌려 설계 팀의 예비 설계 작업을 공개하고 싶었다. "모마에서 합시다"라고 말한 사람은 줄리엣이었다.

뉴욕 현대미술관, '모마'는 몇 년 동안 새 단장을 위해 폐장되었다가 다시 개장을 준비하고 있었다. 줄리엣이 제안했다. "테리 라일리Terry Riley에게 전화를 한번 해보지그래요? 미술관을 다시 개장하면 하이라인 설계를 전시해줄 수도 있잖아요." 나는 그럴 일은 없을 거라고 장담했다. 그래도 줄리엣이 계속 재촉하는 바람에 모마에서 건축과 설계 파트를 담당하는 테리에게 이메일을 보냈다. "말도 안 되는 생각인 건 알지만, 테리 씨의 의견을 여쭤보는 것뿐입니다." 테리는 "아주 좋은 생각입니다. 그렇게 합시다"라는 답신을 바로 보내왔다.

전시회는 4월에 열렸다. 3개월 동안 열릴 예정이었지만 인기가 많아서, 모마에서 6개월 동안 전시할 수 있게 허락해주었다.

홀 중앙에는 갱스부르트 가에서 15번가까지 이어지는 하이라인 모형이 천장에 매달려 있었다. 세 벽면은 하이라인 설계를 소개한 보드로 메워놓았고 나머지 벽면에서는 비디오를 상영했는데, 남북으로 뻗은 하이라인을 걸으면서 보이는 풍광을 저속 촬영해 스틸 사진으로 담아 만든 영상물이었다. 영상 화면 옆에는 조엘 스턴펠드가 찍은 하이라인 사진 몇 장을 매달아놓았고, 이 사진을 따라 옆방으로 들어가면 모마의 전시 작품이었던 스티븐 홀의 '주택 가교' 모형이 나왔다. 홀, 스턴펠드, 설계 팀의 비전을 모두 같이 보면 시간에 따라 진화하는 하이라인 프로젝트의 의미가 다가왔다.

수십만 명의 사람들이 이 전시회를 관람했다. 이후 한동안 누군가에게 하이라인 이야기를 꺼내면 그들은 대뜸 "모마에서 쇼를 봤어요" 하고 응답했다.

모마 전시 역시 상징적인 절차였다. 전시회를 열었다고 해서 우리 앞에 놓인 법적 · 정치적 · 재정적 걸림돌 중 어느 것 하나도 없어진 것은 아니었지만, 일단 우리가 모마에 입성하자 사람들은 하이라인 프로젝트가 분명 성사될 거라고 믿었다.

댄 닥터로프가 개관 파티에 왔다. 당시는 그가 스타디움 건설을 계획해가는 데 특히나 힘든 시기였다. 매디슨 스퀘어 가든을 소유한 '케이블비전Cablevision'은 스포츠와 콘서트 사업에서 경쟁하게 될 스타디움 건설에 반대하기 위해 텔레비전 광고를 무더기로 쏟아냈다. 우리는 전시장에서 스타디움 문제를 회피하기 위해 하이라인 지도를 11번가와 30번가까지 축소해 표시하고 서쪽 철도 조차장은 아예 빼버렸다. 파티에서 댄을 보는 게 마음 편치 않았다. 그는 우리를 이렇게 멀리까지 데려왔는데, 우리는 그를 뒷받침해주지 못했다.

조슈아 / '오픈 하우스 뉴욕'을 위해 빌려 사용했던 워싱턴 가 820번지의 미트패킹 건물은 여전히 비어 있었다. 그 건물은 거의 모든 정육 업체가 입점해 있는 시 소유 블록의 구석 자리에 위치해 있었다. 하이라인은 바로 그 건물 안을 통과해 갱스부르트 가에서 끝이 났다.

우리는 하이라인으로 올라가는 계단과 엘리베이터를 만들기 위해 워싱턴 가 820번지의 부지 일부를 확보하고 싶었지만 우리만 그 건물에 눈독을 들이고 있는 게 아니었다. '시어리Theory' 의류 본점이 새로 들어서는 바람에 본래 자리에서 밀려난 식품 도매 업체 '울코Woolco' 역시 미트패킹 건물을 원했다. 이들은 뉴욕 시가 싼 임대료로 건물을 내주지 않으면 뉴저지로 사업장을 옮기겠다고 위협했다.

로버트 / 짐 캐펄리노가 제임스 오텐지오James Ortenzio를 소개해주었다. 짐은 오텐지오가 울코 관계자를 안다고 했다. 오텐지오는 미트패킹 구역에서 유명한 인물이었다. 플로랑이 그 지역의 첨단 유행과 관련된 모든 것을 쥐고 있다면, 오텐지오는 그 나머지 부분을 쥐고 있었다. 그는 정육 업체와 그곳에서 오랫동안 부동산을 소유한 지주, 유행 업체 매장이 들어서기 전 그곳에 터를 잡고 있던 사람들의 기둥이었다. 그는 워싱턴 가의 한 건물을 소유했는데 거의 무상으로 그 건물을 정육 업체에 임대해주었다. 단지 정육 업체 사람들이 좋다는 이유에서였다.

오텐지오와 나는 리틀 웨스트 12번가와 워싱턴 가 교차로 모퉁이 쪽의 하이라인 아래 오래전부터 자리하고 있었던 '헥터스Hector's'에서 아침을 먹기로 하고 처음 만났다. 오텐지오는 로마 전쟁과 라틴 어구 얘기를 꺼냈다가, 오스트리아 출신인 아널드 슈워제네거를 만났을 때 오스트리아 사투리로 말을 하다가 말싸움이 아닌 칼싸움을 했다는 이런저런 황당한 이야기를 하면서 틈틈이, 하이라인으로 가는 접근 수단을 제공하는 일은 이 지역에서 우선적으로 처리해야 할 사항이니 울코의 동의를 받아내겠다고 약속했다. 결국 울코가 뉴저지로 이전하면서 그 문제는 해결되었다. 나는 그 일로 오텐지오가 어떤 사람인지 파악했다. 가끔은 그가 무슨 얘기를 하는지 전혀 갈피를 잡지 못했지만, 그의 조언을 받아들이는 법을 재빨리 깨우쳤다.

오텐지오는 워싱턴 가 820번지의 새 구역 사업안에는 하이라인 접근 수단을 반드시 포함시켜야 한다고 했다. 갱스부르트 마켓 보존 운동을 벌였던 조 해밀턴은 이 건물에 화훼 시장을 조성하고 싶어 했다. 인근 지역의 정육 업체 역시 이 건물을 원했다. 그러던 차에 필 애런즈가 다이어 아트센터 관장인 마이클 고번Michael Govan이 다이어 아트센터를 이전할 새로운 맨해튼 본거지를 찾고 있다고 귀띔해주었다. 나는 마이클에게 전화를 걸어 워싱턴 가 820번지를 보여주었다.

조슈아 / 웨스트 22번가에 자리 잡은 다이어 아트센터는 웨스트 첼시의 변모에 박차를 가했다. 그러나 계단과 엘리베이터가 좁아서 많은 방문객을 수용할 수 없었고 건물에 에어컨이 설비되어 있지 않아 여름에는 문을 닫았다.

마이클은 이전 건물을 매각한 대금으로 새 건물을 세울 만한 부지를 찾으려 했다. 그는 박물관 제안서를 들고 우리를 찾아왔고 우리도 그 제안이 맘에 들었다. 그의 제안에 따르면, 하이라인 아래쪽 공간을 비워두어 계단과 엘리베이터를 설치할 수 있게 하고 하이라인 높이의 층을 하나 만들어 우리 사무실과 유지 보수 시설을 수용할 수 있게 배려했다. 우리는 또한 이 제안에 담긴 속뜻, 즉 예술계가 애초부터 하이라인을 지지했다는 사실이 마음에 들었고, 하이라인을 개장할 때 예술이 하이라인의 주요 테마가 되기를 바랐다.

마이클의 제안이 형편없었다 해도 우리는 그에게 넘어갔을 것이다. 그는 훌륭한 외모에 지성과 카리스마까지 갖추어 무슨 얘기를 하든 싫어할 수가 없는 사람이었다. 그가 프라다 맞춤 양복을 입고 우리 사무실로 들어왔을 때 나는 이 남자가 이야기한 그 많은 내용에는 그다지 귀를 기울이지 않았다. 그저 그의 반짝거리는 검은 눈동자를 바라보고 잘생긴 입을 열고 닫는 모습을 보며, '그래, 이 남자는 다른 사람들도 이런 식으로 설득했겠구나' 하고 생각했다. 그해 5월쯤 다이어 아트센터와 뉴욕 시의 협상 내용이 〈뉴욕 타임스〉에 발표되었던 것이다.

로버트 / 정육 업체 사람들이 예전에 자기들이 독주하던 곳에 박물관이 들어서는 것을 과연 원하는지 확신이 서지 않았다. 오텐지오는 '플로랑'에서 나와 마이클 고번과 함께 아침 식사를 하며 정육 업체 사람들에게 다시 가져갈 제안서를 구상했다. 마이클은 언변이 대단한 사람인데도 오텐지오와 같이 있을 때는 거의 한마디도 끼어들지 못했다. 오텐지오는 마이클을 가리켜 계속 '잭 요원'이라고 불렀다. 끝이 좋지 않을 것 같은 예감이 들었지만 협상은 타결되었다. 마이클은 박물관 맨 아래층의 절반을 정육 업체에 내주기로 했다. 다이어 아트센터는 박물관으로 변신해 한쪽 끝에는 정육 업체를 두고, 다른 쪽 끝에는 하이라인이 지나는 것으로 최종 합의를 보았다.

조슈아 / 하이라인 최남단에서 다이어 아트센터의 박물관 계획이 활기차게 진행되는 동안, 최북단에서는 스타디움 계획이 사장되고 있었다. 스타디움 건설을 반대하는 케이블비전의 텔레비전 광고는 가차 없었다. 내가 다니는 헬스클럽의 '스테어매스터스StairMasters' 스테퍼들 앞의 여섯 개 스크린 모두에서 이런 광고가 나왔다. 나는 화가 났다. 광고에는 주로 지역 주민이 스타디움 계획을 비판하는 장면이 등장했는데, 이들은 이득을 노리고 스타디움을 반대하는, 대규모의 사기업으로부터 매수당한 사람들이었다. 광고는 먹혔다. 소규모 지역사회의 반대를 침소봉대해 도시 전체로 퍼뜨린 것이다.

마지막 치명타는 한 무명의 국가기관이 날렸다. 공공당국통제위원회Public Authorities Control Board는 주의 스타디움 재정 지원 승인을 거부했다. 이 말은 스타디움 건설이 뉴욕 시의 2012년 올림픽 유치안에 포함될 수 없다는 의미였다. 올림픽을 배후에 두지 않는 한, 스타디움이 성사될 가능성은 없었다.

우리 사무실에서는 대체로 안도하는 분위기였다. 우리가 해결하기 어려웠던 사회적인 논란이 마침내 일단락된 것이다. 하지만 당시 나는 입 밖에는 내지 않았지만 조금 실망스러웠다. 사람들이 좋아하든 싫어하든, 스타디움은 대담한 비전이었는데 그것이 무산되고 만 것이다.

3분의 2를 확보하다

로버트 / 지구 개편 사업의 막바지 단계가 2005년 5월 시작되어, 6월 15일에는 시의회 공청회가 열렸다. 우리는 공청회 당일, 시청에 하이라인 지지자들이 많이 올 수 있도록 힘썼다. 그들은 하이라인 로고 둘레에 손으로 하트 모양을 만든 초록색 하이라인 그래픽 티셔츠를 입고 왔다. 기포드는 의장으로서, 크리스틴 퀸은 시의회 의원으로서, 둘 다 하이라인 보존을 지지하는 지구 개편 사업 계획을 소리 높여 지지했고, 우리는 이들에게 힘을 실어주고 싶었다.

지구 개편 추진 과정에서는 서로 맞서는 이익집단이 많았다. 아무도 원하는 바를 다 얻어내지 못했지만 마지막에는 모든 사람들의 문제가 해결되었다. 크리스틴의 집무실과 도시계획국, 주택보존개발국은 신축 건물에 서민 주택을 수용하는 개발 업체에 주는 인센티브를 늘려주기 위해 힘썼다. 사적 보존 단체는 새로이 역사 지구로 지정된 구역에 대해 연구를 실시한다는 약속을 받아냈다. 이 연구에 따라 25번가와 27번가 사이의 개발이 규제당할 것으로 전망되었는데 이곳에는 규모가 크고 보기에 괜찮은, 전쟁 전에 지은 창고들이 늘어서 있었다. 수위, 유지 보수 기술자, 건물 안내원 대표 노조인 '32BJ'와도 합의가 이루어졌다. 새로운 지구의 건물 안내원은 이제 노조를 조직해야 했다. 그리고 하이라인 부동산 지주들은 하이라인 상공 개발권을 10번가와 11번가 부지에 매각할 권리를 따냈다. 첼시 역사 지구 근처에서는 높이 규제가 심했지만 지구 북단과 남단에서는 규제가 상당히 완화되었다.

시의회에서 아직 투표를 하지는 않았지만 지구 개편 사업은 순조롭게 이루어져, 공청회 몇 주 전 부동산 지주들은 하이라인에 대한 오랜 반대를 철회했다. 이로써 레일뱅킹화 사업의 마지막 장애물이 제거되었다. 시의회 공청회 이틀 전인 6월 13일, 지상운송위원회에서 뉴욕 시가 신청한 '잠정적 트레일 용도 허가서'를 승인했다는 뉴스가 〈뉴욕 타임스〉 1면을 장식했다. 컬러사진과 함께 그 아래, "철로 위의 개구리, 공원의 왕자님이 되다"라는 사진 설명이 실렸다.

조슈아 / 6월 15일, 시청 위원회실에서 열린 공청회에서 어맨다는 기쁨을 감추지 못했다. 두 손에 신문을 움켜쥐고 기쁨으로 몸을 떨고 있었다.

로버트 / '잠정적 트레일 용도 허가서'의 획득과 지구 개편 사업 인가는 불과 며칠 사이에 일어난 일로, 우리에게는 두 차례의 대단한 승리였다. 그러나 승리의 흥분도 잠시, 비용 조달, 설계 마무리, 하이라인 공사 등 우리 앞에 첩첩이 산적해 있는 과제를 생각할 때마다 마음이 차분하게 가라앉았다. 우리는 그때껏 모든 일이 정말 정말 잘될 거라는 믿음을 사람들에게 심어주기 위해 항상 표정 관리를 하려고 노력했다. 그러나 조슈아와 나는 언제나 어깨 너머를 주시하고 있었다.

조슈아 / 여름 모금 행사가 불과 몇 주 앞으로 다가왔다. 바버럴리 다이아몬슈타인 슈필보겔은 '치프리아니 월 스트리트Cipriani Wall Street'에서 모금 행사를 열 수 있도록 주선해주었다. 우리는 한 사람당 50달러만 내면 되었는데, 치프리아니 관계자가 바버럴리에게 신세를 졌기 때문에 가능한 일이었다.

'치프리아니 월 스트리트'는 한때 미국 세관 청사였다. '매킴 미드 앤 화이트' 건축 사무소에서 설계한 중앙 홀로 걸어 들어가면 위압감이 느껴진다. 나는 줄리엣에게 작은 소리로 말했다. "이런 곳을 가득 채우는 건 어림도 없겠는데요." 그러나 우리는 해냈다. 디너 행사 자리에 9백 명이 참석한 것이다. 로버트의 친구 하나가 CNN의 앤더슨 쿠퍼Anderson Cooper에게 우리를 소개했고, 앤더슨은 식을 주관하기로 승낙했다. 우리는 처음으로 어맨다 버든과 조엘 스턴펠드, 에드워드 노턴의 아버지이자 레일-트레일 관리국 창립위원회 위원인 에드워드 노턴 1세를 모금 행사 공로자로 시상했다.

그날 밤 1백만 달러 이상을 모금했다. 디너 행사에서 그렇게 많은 금액을 모은 것은 처음이었다. 등이 꺼지면서 지구 개편 사업, '잠정적 트레일 용도 허가서'의 획득, 하이라인 하부의 다이어 아트센터 유치 계획, 모마 전시회 등 우리의

> 조는 줄리아니 행정부의 하이라인 반대 정책을
> 대표하는 얼굴이었다. 그가 웃으면서 다가와 말했다.
> "당신들은 믿을 수 없는 일을 해냈어요."
> 페이지가 한 장 넘어갔다는 게 느껴졌다.

최근 승전보를 자세히 담은 비디오가 상영되었다. 이들 소식이 발표될 때마다 장내에 있던 사람들 모두가 환호했다.

처음에 우리에게 반대했던 하이라인 부동산 지주들이 그날 밤의 모금 행사 자리에 많이 참석했다. 그중에는 한때 철거 운동을 이끌었던 제리 고츠먼도 있었다. 조 로즈 역시 참석했다. 어맨다 이전의 도시계획위원회 위원장이었던 조는 줄리아니 행정부의 하이라인 반대 정책을 대표하는 얼굴이었다. 이제 조의 부동산 회사는 하이라인 옆의 대규모 개발 부지를 개발할 선택권을 갖게 되었다. 행사가 마무리되면서, 2층 좌석 앞쪽에 앉아 있던 내가 붐비는 계단을 비집고 1층으로 내려가는데 조 로즈가 내 쪽을 향해 계단을 올라오고 있었다. 그는 웃으면서 다가와 내 손을 잡고, 어색하지만 따뜻하게 악수를 하면서 나를 자기 쪽으로 끌어당겨 반쯤 포옹하며 말했다. "당신들은 믿을 수 없는 일을 해냈어요." 페이지가 한 장 넘어갔다는 게 느껴졌다.

로버트 / 클린턴 상원의원이 그해 8월에 하이라인을 방문해, 다년도 운송 법안 재승인 과정에서 하이라인에 연방 기금 1천 8백만 달러를 할당한다고 발표했다. 원래 내들러 의원이 하원에서 5백만 달러를 요청하면서 시작된 일이었다. 법안이 상원으로 옮겨 가자 클린턴과 슈머 의원은 할당액을 1천 8백만 달러로 상향 조정할 수 있었다. 두 상원의원에게 편지를 썼던 수백 명의 자원봉사자부터 정치꾼을 잘 아는 바버럴리 같은 위원회 위원까지, 많은 하이라인 지지자들이 소리 높여 지원금을 요청했던 것이다.

조슈아 / 클린턴 상원의원이 도착했을 때는 기온이 33도쯤을 웃돌았다. 태양빛에 시들시들해진 잡초 사이로 하이라인을 걸어다니다 보니 나는 땀범벅이 되었다. 정장 차림에 모자로 햇빛을 적당히 가린 클린턴 의원은 땀을 한 방울도 흘리지 않았다.

로버트 / 10월 말 전시회 폐장 직전, 우리는 다이앤 폰 퓌르스텐베르크와 베리 딜러Barry Diller, 알렉스 폰 퓌르스텐베르크와 함께 '모마'로 갔다. 당시 하이라인 위원회에 갓 합류한 알렉스는 다이앤과 베리에게 하이라인에 좀 더 관심을 가져달라고 부탁했다. 설계 팀 대표인 제임스 코너와 릭 스코피디오, 리즈 딜러도 같이 와서 이들과 함께 전시회를 관람했다.

조슈아 / 2005년은 '플로랑' 레스토랑이 문을 연 지 20년째 되는 해였다. 레스토랑 소유주인 플로랑 모를레는 1985년 미트패킹 지구에 왔다. '플로랑'을 너무나 좋아했던 우리는 재미있는 행사를 개최해 레스토랑 20주년을 축하하고, 하이라인과 '미트패킹 지구 살리기 운동'을 이끌어갈 자금을 조달하고 싶었다. 미트패킹 지구 살리기 운동은 친구 애니 워시번Annie Washburn이 이끄는 이웃 단체였다.

플로랑은 규모가 작은 것은 성에 차지 않는 성격이라, 우리는 족히 스무 군데의 술집, 클럽, 차고, 갤러리를 물색하고 나서야 11번가와 18번가에 위치한 나이트클럽 '록시'로 행사 장소를 결정했다.

행사 이름은 '플로랑 격년 퇴폐 무도회와 정육 시장 드레스 아가씨 콘테스트'였다. '하이라인 친구들'은 운영 쪽을 맡고, 플로랑이 공연 쪽을 맡아 플로틸라 디바지Flotilla DeBarge와 머리 힐Murray Hill을 행사 사회자로 영입하고 공연할 연기자를 초빙하는 일을 했다. 그런데 록시가 우리 행사 바로 다음 순서로 마돈나의 '비밀' 공연을 기획하면서 첫 드라마가 만들어졌다. 이 말은 록시에서 일하는 그 매력적인 친구들이 마돈나 팬들의 자리를 마련하기 위해 저녁 일찍 우리 손님을 모두 쫓아낼 거라는 의미였다. 이들은 행사를 홍보할 때 '비밀' 공연 얘기를 꺼내면 말 그대로 우리를 죽이겠다고 위협했다. 우리 초대장은 이미 발송되었기 때문에 우리는 두 손 놓고 있을 수밖에 없었고, 마돈나에 대한 소문이 온라인상으로 퍼져나가면서 우리는 가치 있는 명분을 위해 '비밀' 공연을 이용하려고 애썼다. 예측대로 뒤에 남아 마돈나 공연을 볼 수 있을 거라는 기대감에 우리 행사 티켓을 구매한 사람이 많았다.

로버트와 나는 '정육 시장 드레스 아가씨 콘테스트'에서 여장을 하기로 흔쾌히 결정했다. 분장실에서 나왔을 때는 무대에 저속한 희극 무용수만 남아 그 놀라운 파이 돌리기 묘기를 하고 있었다. 젖가슴으로 파이를 한쪽 방향으로 돌리다가 다시 방향을 바꾸어 원래 방향으로 돌리는 묘기였다. 로버트는 드레스 콘테스트 초반에 보기 좋게 탈락했다. 하이힐을 신고 걷는 연습을 하지 않았으니 당연한 일이었다. 나는 3위에 입상했다. 딜러 스코피디오 플러스 렌프로 팀은 이탈리아 햄 프로슈토같이 얇게 썬 고기 조각으로 옷을 만들어 모델에게 입혔다. 레이디 가가의 생고기 드레스가 나오기 몇 년 전의 일이었다. 하지만 조명 아래 얇은 고기 조각이 기름기가 너무 많아 보여 이 팀은 탈락했다.

콘테스트가 끝난 직후 록시의 행사 진행 요원들은 우리 손님을 클럽 밖, 천둥 치는 폭우 속으로 내몰았다. 우리는 하이라인 아래로 비를 피했지만 배수 시스템이 고장 나는 바람에 록시 정문 밖에 나이아가라 같은 폭포가 생기고 말았다. 우리는 여전히 화장한 상태로 9번가의 '빌리 베이커리Billy's Bakery'에 들어갔고, 그제야 로버트와 내가 속눈썹을 붙이는 동안 무슨 일이 일어났었는지 파악했다. 놀랄 만한 공연이 벌어졌던 것이다. 무엇보다 놀라운 것은 퍼포먼스 아티스트 줄리 애틀라스 머즈Julie Atlas Muz가 그룹 주다스 프리스트Judas Priest의 노래, 〈브레이킹 더 로Breaking the Law〉를 그녀의 성기로 립싱크한 부분이었다. 다음 날 아침 로버트는 하이라인 지지자에게 편지 한 통을 받았다. "그날은 즐거운 저녁이었습니다. 당신을 보지 못해서 유감이네요. 하지만 사제로 분장한 남자가 복사(사제의 미사 집전을 돕는 소년—옮긴이) 옷을 입은 남자를 자기 무릎에 앉혀 바지를 벗기고 엉덩이를 때린 다음 엉덩이에서 로사리오 묵주를 빼냈을 때 이제 그만 나가야겠다고 생각했습니다."

그 후로 몇 주 동안 나는 마음을 졸였다. 행사를 비난하는 기사가 나올 것이고 뉴욕 시는 우리와의 관계를 단절하려고 들 터였다. 결국 고생만 실컷 한 채, 성기 립싱크 공연과 로사리오 묵주 때문에 모든 게 수포로 끝날 것 같았다. 그러나 기사는 나지 않았고, 블룸버그 행정부는 우리를 계속 괜찮은 동반자로 봐주었다.

로버트 / 앤 패스터나크Anne Pasternak는 특정 장소의 공공 예술물 설치를 담당하는 '크리에이티브 타임'의 총감독이었다. 어맨다 버든은 여러 해 동안 이 회사의 이사회 의장이었고, 필 역시 이곳 소속이었다. 앤을 소개해준 사람은 필이었다. 앤은 1999년인가 2000년에 하이라인에 처음 올라가보았을 때 같이 동행했고 그 뒤로 우리와 같이 일하고 싶어 했다. 우리는 전에 앤에게 워싱턴 가 820번지의 오래된 미트패킹 공장을 보여준 적이 있었다. 다이어 아트센터가 이전을 추진하고 있던 부지였다. 앤은 그 건물을 마음에 들어했지만, 나는 시에서 승인받는 게 어려울 거란 이유로 그곳에서 일을 벌이는 것을 말렸다. 그러나 앤은 뉴욕 경제개발공사를 대신해서 그곳 부동산을 여전히 관리하고 있던 제프 맨저를 설득해 건물을 사용하게 해달라고 부탁했다. 앤과 앤의 큐레이터인 피터 엘리Peter

Eleey는 열네 가지의 다른 작품을 배치해 '천국의 평원'이라는 쇼를 기획했다. 고기를 자르던 방인 절단실 꼭대기 층에서 댄서 하나가 윌리엄 포사이드William Forsythe가 안무를 한 춤 공연을 펼쳤다. 다른 방에서는 피터 엘리가 고든 마타클라크Gordon Matta-Clark(건물 해체 작업으로 유명한 미국의 아티스트—옮긴이)가 1975년 실시한 52 부두 해체 작업을 담은 비디오물을 상영했다. 오래된 부두 창고가 해체되고 절단되어 햇살이 쏟아져 들어오는 장면이었다. 하이라인 공모전에 출품된 많은 작품들이 마타클라크의 작업을 참고해 하이라인의 해체를 제안했다. 우리 설계 팀이 제안한 계단도 고든 마타클라크의 아이디어에서 따온 것이다.

조슈아 / 우리는 조엘 스턴펠드의 사진 위에 전부 대문자로 "레일뱅킹화 사업RAILBANKED"이라고 인쇄한 다음 하이라인 지지자들에게 우편으로 발송했다. 이제는 공식적인 일이었다. '잠정적 트레일 용도 허가서'를 따낸 뒤, 뉴욕 시와 'CSX 운송'은 하이라인의 미래를 공원으로 공식화한 트레일 사용 협정을 타결했다. 이와 동시에 CSX는 30번가 하이라인 남단을 뉴욕 시에 헌납했다. 우리 앞을 가로막는 장애물은 아무것도 없었다. 이제 공사를 시작할 수 있었다.

한 가지 옥의 티는 CSX가 조차장 주변의 30번가 하이라인 북단 소유권을 그대로 유지할 거라는 전망이었다. 스타디움 계획이 물거품이 되고 하이라인의 그쪽 구간만 합의가 이루어지지 않은 상태였기 때문에 모든 당사자들의 동의를 구하는 일이 훨씬 쉬워졌다. 그 구간이 앞으로 어떻게 될지는 아무도 몰랐지만, 이제 우리는 하이라인의 3분의 2를 확보했다.

뉴욕에서는 꿈이 이루어진다

조슈아 / 다이앤 폰 퓌르스텐베르크와 베리 딜러, 알렉스 폰 퓌르스텐베르크가 모마 전시회를 다녀간 뒤, 우리는 이들에게 자금 지원을 부탁하는 서신을 보냈다. 베리를 포함해 가족과 몇 개월 동안 심사숙고한 다이앤은 로버트와 나에게 자기 사무실로 와달라고 부탁했다. 자기들이 결정한 내용을 알려주고 싶어 했다.

이런 만남에서는 실망할 준비를 단단히 해두는 게 좋다. 어떤 사람이 약속한 선물은 기대에 훨씬 못 미칠 수도 있지만, 그렇더라도 호들갑스럽게 감사의 표시를 할 준비를 해야 한다.

다이앤의 사무실은 웨스트 12번가의 한 건물 최고층에 자리했다. 마구간과 마차 차고가 딸린 저택 단지를 개조한 곳으로, 다이앤이 예전에 우리를 위해 파티를 주최한 장소였다. 그곳은 흙빛 립스틱 색상으로 꾸며져 있고, 미술과 패션 책이 쌓여 있고, 발리 섬 조각품, 개인 사진이 곳곳에 있는, 사무실이라기보다는 근사한 아파트 같은 곳이었다. 한쪽 벽 게시판에는 알렉스와 그의 여동생 타티아나Tatiana의 사진, 햇살 가득한 여러 장소에서 찍은 다양한 연령대의 다이앤의 사진이 꽂혀 있었다. 액자에 넣은 사진도 있었다. 애니 레보비츠Annie Leibovitz가 찍은 사진으로, 〈배너티 페어〉에서 본 기억이 있는 작품인데, 베리와 다이앤이 칼라일 호텔 객실에서 엷은 색상의 실크 소파에 앉아 포즈를 취하고 있다.

다이앤은 사무실로 들어와 우리에게 앉으라고 권한 다음 하이라인 프로젝트의 진행 상황을 물었다. 그러더니 몸을 숙여 팔꿈치를 무릎에 기대고서 말했다. "자, 여러분, 우리는 다섯 장을 기부할게요." 여기서 말하는 '다섯' 장은 5백만 달러였다. 우리는 감히 5백만 달러를 바라기는 했지만 그보다 금액이 훨씬 적더라도 감사하기로 마음의 준비를 해둔 터였다. 나는 너무 행복해서 그 자리에서 왈칵 눈물이 쏟아질 뻔했다. 이후 회의를 어떻게 끝냈는지는 기억나지 않는다. 그저 우리 사무실로 돌아와 환호성을 터뜨렸다.

로버트 / 기포드의 임기가 끝나자 크리스틴 퀸이 2006년 1월 시의회 의장으로 선출되었다. 기포드가 처음 의장이 되기 위해 선거운동을 하던 당시, 사람들은 맨해튼 출신의 의장은 나오지 못할 거라고 예측했다. 이제 또 한 번, 맨해튼 출신의 크리스틴이 자신이 동성애자임을 떳떳이 밝히고 시의회 의장이 되었다. 전직 의장 기포드처럼, 크리스틴은 전략적으로 선거운동을 했으며 브루클린과 퀸스에서 탄탄한 관계를 쌓아 동료들에게 표를 얻어냈다.

조슈아 / 나는 크리스틴이 자랑스럽고 뉴욕에 살고 있다는 게 자랑스러웠다. 뉴욕 시는 이렇게 강인한 여성을 시의회 의장으로 선출했다. 자신이 동성애자임을 공개하고 당선된 최초의 의장이었다. 시의회 의장은 시장 다음으로 시 정부에서 권한이 큰 자리다.

기포드가 의장직을 떠날 때 시장과 시의회가 하이라인을 함께 지지하던 시대는 이제 끝났다고 생각했다. 그런데 운 좋게도 그 기간이 연장된 것이다. 하이라인은 크리스틴의 지역구였고, 크리스틴보다 하이라인을 강력하게 지지하던 의회 의원도 없었다. 그런 그녀가 이제 의장이 된 것이다.

로버트 / 2월에 공사장 인부들이 하이라인으로 올라가기 시작했다. 어떤 사람들은 하이라인을 보고 기존의 녹지에 콘크리트 판을 깐 것이라고 생각하지만, 우리는 먼저 모든 것을 들어내야 했다. 철로에 깐 자갈들을 받치고 있던 콘크리트 평판까지 들어내어 손을 보고 배수 시설을 새롭게 설비해야 했다. 배수 시설은 수십 년 동안 제대로 돌아가지 않았다. 하이라인을 두고 사람들이 불평했던 것도 바로 물이 줄줄 새는 배수 때문이었다.

부지 준비 작업은 하이라인 프로젝트에서 비용이 가장 많이 드는 일이었다. 기존에 칠해져 있던 백연 페인트를 모두 걷어내고 모든 철강에 다시 칠을 하는 작업은 6천 1백 40만 달러나 드는, 돈 먹는 하마였다.

조슈아 / 장비를 하이라인 위로 올리면서 선로를 들어내는 작업이 시작되었다.

사무실 창 너머로 불도저가 크레인에 매달린 채 허공에 떠 있는 모습이 보였다.

지난 6년간 하이라인에서 일을 했지만, 그곳은 가끔씩 오는 무단출입자를 제외하고는 항상 아무도 없이 텅 비어 있었다. 이제는 출근길에 14번가를 따라 걷다 보면 하이라인 위로 안전모를 쓰고 형광 빛의 안전 조끼를 입은 공사 인부들을 볼 수 있었다. 결코 일어나지 못할 거라고 생각했던 일이 눈앞에서 벌어지기 시작했다.

로버트 / 우선 인부들은 강철 선로 트랙에 노란색 숫자를 표시하고 부지 측량 결과에 따라 꼬리표를 달아 나중에 선로를 원래 위치에 다시 설치할 수 있도록 작업했다. 하이라인 공원에 가면 다시 설치된 일부 선로에 노란색 숫자가 표시되어 있는 것을 지금도 볼 수 있다. 선로를 들어내어 보관한 뒤, 인부들은 남아 있는 모든 것을 긁어내기 시작했다. 인부들이 땅을 팔 때 보니, 식물이 자라난 생태 기반이 너무나 허술했다. 겨우 몇 센티미터 깊이의 얕은 층으로, 식물은 이런 자갈들에 뿌리를 내렸다. 흙이라고는 거의 없는 이곳에 그토록 무성하게 식물이 자랄 수 있었다는 사실이 놀라울 따름이었다.

모든 것을 걷어내니 기분이 좋으면서도 씁쓸했다. 원래 상태로 되돌린다는 게 불가능했기 때문이다. 나는 우리 팀이 만든 설계가 마음에 들었지만, 원래의 모습과는 상대가 되지 않을 거라는 두려움을 갖고 있었다. 그러나 아무도 그곳에 발을 들여놓지 않아야 원래의 모습을 간직할 수 있는 법이다.

조슈아 / 하이라인을 헤집어놓은 모습은 처참했다. 인부들은 하이라인 바깥쪽으로 커다란 구멍을 파서, 불도저로 조엘 스턴펠드의 멋진 풍경을 그 안으로 모조리 밀어 넣어버렸다. 케이티 로라Katie Lorah가 사무실 비서로 합류해 언론 홍보 쪽 일을 점점 늘려가기 시작했는데, 모든 자갈과 선로 버팀목, 여타의 잔해가 트럭 아래로 폭포수처럼 떨어지는 장면을 비디오로 찍어두었다.

로버트 / 식물은 정말 강했다. 문제가 좀 생겨 작업을 중단한 구역이 있었는데, 식물은 불도저로 밀어버려 산같이 쌓아놓은 자갈을 뚫고 자라면서 바로 다시 군락을 이루기 시작했다.

조슈아 / 한동안 하이라인은 진흙, 자갈, 흙을 뒤집어놓은 아수라장이었다가, 이후 깨끗한 맨콘크리트가 모습을 드러냈다. 백지상태가 된 하이라인에서는 해방

설계 팀은 자기들의 설계 방식을 규정짓는
슬로건을 하나 만들어냈다.
'단순하게, 야생 그대로, 조용히, 천천히'.

감이 느껴졌다. 그 모습을 보니 하이라인을 순수하게 보존해야 할 대상이라고 생각하던 족쇄에서 벗어나, 그곳에 무엇을 만들 수 있는지 집중하게 되었다.

로버트 / 공사 시작과 동시에 웨스트 26번가에 위치한, 댄스 공간을 갖춘 시더 레이크Cedar Lake 극장에서 설계에 관한 커뮤니티의 의견을 듣기 위해 포럼을 개최했다. 이번 포럼은 세번째 열리는 행사로, 한 번은 아이디어 공모전 직후 개최했고 다른 한 번은 설계 팀을 선정하고 난 후 마련했다.

우리는 설계 팀을 커뮤니티 회의에 정기적으로 데려간다는 원칙을 세워두었다. 설계사들은 대개 설계 초반에 이런 과정을 거치는 것을 좋아하지 않는다. 아이디어를 완전히 전개해서 렌더링과 모형을 최고의 조명으로 공개하기도 전에 사람들이 그 아이디어를 거부하는 사태를 원치 않는 것이다. 그렇다고 커뮤니티에서 제안하는 모든 사항을 그대로 따를 필요는 없다. 다시 회의에 나가, "여러분의 의견을 들었지만, 우리는 다른 방향으로 갈 생각이라 이 자리에 나왔습니다"라고 밝힌다면 사람들은 보통 그 이유를 수긍하고 설계자가 자기들의 말을 경청했다는 점을 감사하게 여긴다.

사람들은 하이라인에서 자전거를 타는 것과 상업 행위가 많이 이루어지는 것은 원치 않는다고 말했다. 설계 팀은 자기들의 설계 방식을 규정짓는 슬로건을 하나 만들어냈다.

'단순하게, 야생 그대로, 조용히, 천천히'.

커뮤니티에 의견을 물으니 대다수가 이 생각에 찬성했다.

조슈아 / 시장의 홍보국에서 근무하는 제니퍼 포크Jennifer Falk는 4월의 하이라인 기공식에서 우리를 도와주었다. 로버트와 나는 하이라인에 관한 한 고집 세게 될 때까지 밀어붙이는 편이었다. 그러나 제니퍼에게는 이 방법이 통하지 않았다. 그렇다고 시장의 홍보국과 싸울 수는 없는 노릇이어서 제니퍼의 방식을 그대로 따르기로 했다. 양보하면서 배울 점이 생겼다. 제니퍼가 제시하는 방식은 대개 우리 방식보다 나았다.

"기공식은 안 됩니다! 이미 불도저 작업을 했잖아요"라고 말한 사람도 제니퍼였다. 대신 제니퍼는 다른 의견을 내놓았다. 공사 현장에서 마지막 선로를 들어 올릴 때 모든 선출직 공무원들이 그 뒤에서 카메라를 향해 포즈를 취하자는 제안이었다.

공무원을 제외한 모든 사람들이 안전모를 쓰기로 했다. 1988년 대통령 선거 당시, 대선 후보 마이클 듀카키스Michael Dukakis가 탱크 안에서 사진을 찍은 뒤로 홍보국에서는 정치인에게 안전모를 씌우지 않기로 원칙을 세웠다.

제니퍼는 이렇게 제안했다. "사진 찍을 때 안전모를 써야 한다면 저에게 흰색은 주지 마세요. 눈이 번쩍 뜨일 만한 색깔 있는 것을 주세요." 우리는 밝은 초록색의 안전모를 쓰기로 결정했다. 모든 안전모 앞면에는 단순한 선으로 표현한 꽃 그림이 그려져 있었는데, 거리 예술가 마이클 디페오Michael De Feo가 완성한 상징적인 이미지였다. 마이클은 뉴욕 전역과 가끔은 가로등 하단에 이와 똑같은 꽃을 밀가루풀로 붙여놓곤 했다. 꽃은 어린아이 같고 낙천적인 느낌을 전해주어 기공식 분위기와 딱 어울렸다.

기공식은 날씨 좋고 쾌청한 4월 아침에 열렸다. 연단에서 우리는 기분 좋은 꽃 그림이 그려진 밝은 초록색 안전모를 쓴 수백 명의 하이라인 지지자들과 마주했다. 우리와 하이라인 프로젝트에 대해 이들이 보내오는 행복감은 우리 자신이 느끼는 행복감보다 훨씬 컸다. 그 행복감이 나를 향해 빛을 발산하는 것 같았다.

하이라인 프로젝트를 지원했던 모든 정부 공무원과 더불어 베리 딜러와 다이앤 폰 퓌르스텐베르크도 우리와 함께 연단에 서서 5백만 달러 기부금을 발표했다. 그날 있었던 많은 연설 중에서 기억나는 것은 다이앤의 말이다.

"하이라인은 우리에게 얘기해줍니다. 뉴욕에서는 꿈이 이루어진다고요."

로버트 / 그날 우리와 함께 하이라인 기공식에 참석한 수백 명의 사람들과 이들 외에도 아래 거리에서 열린 파티 참석자 1천여 명은 모두 "내가 하이라인을 살렸다I Saved the High Line"라고 새겨진 작은 배지를 달고 있었다. 정말로 그들 대다수가 하이라인을 살려냈다. 수천 명의 사람들이 하이라인 프로젝트의 실현을 도왔다.

선로를 들어내는 작업을 찍은 사진 중 가장 마음에 드는 것은 모든 공무원이 들어 올리는 선로 위에 손을 올려놓고 있는 모습이다. 크리스틴 퀸, 힐러리 클린턴, 척 슈머Chuck Schumer, 블룸버그 시장, 어맨다 버든, 제리 내들러가 이 사진에 등장한다. 이들은 모두 다른 쪽을 보고 있고 어느 누구도 다른 사람을 쳐다보지 않는다.

“하이라인은 우리에게 얘기해줍니다.
뉴욕에서는 꿈이 이루어진다고요.”

기포드는 연단 위로 올라오지 않고 청중들 사이에 끼어 있었다. 그건 우리 실수였다. 당시 기포드는 더이상 의장 자리에 있지 않았지만 그가 연단에 올라올 수 있도록 우리가 힘을 쓸 수도 있었다. 그가 연단에 있고 싶다는 말을 하지는 않았지만, 우리와 함께 그곳에 있어야 했다.

조슈아 / 설계 팀은 하이라인을 보호하자는 입장이어서, 매일매일의 일상적인 면면들로 하이라인의 특수성이 희석되지 않기를 원했다. 예를 들어 설계 팀은 하이라인에서 커피를 마시지 못하게 하자는 의견을 내놓았다. 뉴욕에는 커피를 마실 수 있는 장소가 넘쳐나기 때문이다. 하이라인 옆에 늘어서 있는 건물과 관련된 원래 연결 도면을 보면 이들의 관점을 엿볼 수 있다. 공원과의 연결에 대해 조심스러운 입장이어서, 설계도에 나타난 연결 수단이 도개교(들어 올릴 수 있는 다리—옮긴이)와 비슷했다.

어맨다 버든 역시 하이라인에서의 산책과 그 아래의 도시 생활을 차별화하는 문제를 두고 고민했다. 하이라인으로 통하는 문이 너무 많으면 도시의 여느 거리와 다를 바 없어진다. 그리고 그 누구도 개인 건물에서 하이라인으로 통하는 문을 만들어 하이라인을 독점하는 것을 원하지 않았다. 뉴욕에서는 사유지에서 공용 공원으로 마음대로 드나드는 전통이 없고 우리도 그런 선례를 만들고 싶지 않았다.

그렇지만 한편으로 하이라인을 만들어놓고도 아무도 찾아 오지 않는다면? 사람들이 북적이는 공원을 만들기 위해서는 인접 건물에서 사람들이 찾아와야 한다. 이것은 제인 제이컵스가 생각한 성공적인 공원의 조건이다. ‘한날 다른 시간에 다른 이유로 다양한 장소에서 다양한 방문객이 찾아올 것.’

이 무렵 ‘칼레도니아Caledonia’의 등장으로 우리는 어쩔 수 없이 일을 서둘렀다. 웨스트 17번가에 올라갈 예정이었던 칼레도니아는 웨스트 첼시 지구 개편 사업 조항에 근거해 하이라인 옆에 건설될 최초의 주거 단지였다. 개발사인 릴레이티드 컴퍼니The Related Company는 하이라인과의 연결 수단을 요구했다.

‘하이라인 친구들’은 도시계획국, 공원관리국과 협력해 일반 시민을 최우선으로 생각하는 동시에 건물 주민의 요구를 충족시킬 수 있는 방침을 강구해냈다. 간단히 말해 개인 건물에서 하이라인으로 통하는 전용 문은 없다. 만약 개발 업체에서 하이라인과 건물을 연결하는 전용 문을 원한다면 계단이나 엘리베이터처럼 사람들이 인도에서 하이라인으로 올라갈 수 있는 공공 전용의 수직 접근 수단을 먼저 만들어야 한다. 그다음으로 건물에 공공 수직 접근 수단과 연결되는 문을 내서 건물 거주민과 일반인이 한데 섞여 모두가 같이 하이라인으로 올라가게 해야 한다. 이런 연결 수단에 대한 권리를 확보하려면 뉴욕 시에 매년 일정 금액의 사용료를 지불해야 한다. 거둬들인 사용료는 시의 특별 운영 기금으로 들어가 하이라인 운영에 쓰인다.

칼레도니아는 이미 공용 계단과 엘리베이터를 건물 일부로 설계했기 때문에 건물과 계단을 연결하는 문을 설계하는 일이 상대적으로 간단했다. 그러나 지금까지 그 문을 한 번도 개방한 적이 없다. 칼레도니아와 뉴욕 시가 사용료에 대해 합의를 보지 못했기 때문이다. 지금 상황으로는 이런 식의 연결 문은 결코 다시는 만들어지지 않을 것 같다. 개발사 쪽에서 보면 보안 문제가 복잡하다. 연결 문을 만들면 건물 안에 경비원을 두어야 할 장소가 한 군데 더 는다. 하이라인 입장에서 보면 운 좋게도 방문객이 예상보다 늘어나서 굳이 공원과의 또다른 연결 수단을 만들 이유가 딱히 없다.

로버트 / 지구 개편 사업이 통과되자마자 거의 동시에 칼레도니아는 건축에 들어갔다. 26층 높이로, 지구 개편 사업에서 허용하는 대형 건물 중 한 곳이었다.

보통 이런 건물을 홍보할 때는 건물의 렌더링을 보여준다. 그런데 이 경우에는 〈뉴욕 타임스 매거진〉에 하이라인의 아르데코 난간만 자세히 보여주는 전면 광고가 실렸다. 광고에서는 칼레도니아가 하이라인 최초의 호화 아파트로 부상할 거라고 선전했다. 하이라인과의 근접성을 아파트를 팔기 위한 홍보 수단으로 활용하고 있었다. 경제성 타당성 연구를 통해 이런 현상이 벌어지리라고 이미 예측한 터였지만, 실제로 일어나는 것을 보니 놀라울 따름이었다.

조슈아 / 선로를 들어내고 한 달쯤 뒤, 시장은 5천만 달러의 모금 마련 캠페인을 지원할 만한 새로운 기부자들에게 하이라인을 소개하는 모금 후원 디너 자리를 마련했다. 우리는 하이라인이 보이는 장소에서 디너 행사를 마련하고 싶어 필립스 드 퓨리 옥션하우스를 다시 찾아갔다. 그곳은 14번가와 15번가 사이를 지나는 하이라인을 전망할 수 있는 장소로, 뒤편에는 강이 흘렀다.

당시 존 블론델John Blondel이 우리 위원회에 합류했다. 골드만삭스Goldman Sachs

에서 일하는 존은 회사 동료인 데이비드 헬러David Heller와 젠 파도바니Jen Padovani와 함께, 시장이 주최하는 디너파티에 초대할 사람들의 명단을 뽑았다. 자신들의 이름을 딴 건물의 비영리 위원회에 이미 속해 있는 거물급 인사들은 겨냥하지 않고 대신 똑똑하고 전도유망한 사람들이 대상이었다. 대부분 금융 업종에 종사하는 이들로, 당시 우리도 모르는 사이 최고 호황을 누리던 경제계의 젊은 스타들이었다. 그날 저녁 우선 공사 부지를 한 번 둘러본 다음, 필립스 드 퓨리 옥션하우스에서 열리는 디너파티장으로 다 같이 자리를 옮겼다.

시장은 연설이 끝나고 질의응답 시간을 주었다. 조엘 스턴펠드는 갈수록 환경 문제에 열성을 보이던 참이라, 시장의 환경 정책에 관해 캐물으며 시청 옥상 녹화綠化 작업을 실시하겠냐고 물었다. 시장의 첫 답변이 성에 차지 않았는지, 조엘은 시장을 물고 늘어졌고, 둘은 계속 질문과 답변을 주고받았다. 그 때문에 그날 행사는 시장이 주최한 행사라기보다는 일반 디너파티 같은 분위기였다.

그날 파티에 온 손님 중 데이비드와 허민 헬러Hermine Heller 부부, 마이크와 수키 노보그라츠 부부, 빌과 캐런 애크먼Karen Ackman 부부, 필립과 리사 팰컨Lisa Falcone 부부는 하이라인 최고의 후원자가 되었다.

로버트 / 하이라인에서 백연 페인트를 안전하게 벗겨내고 다시 칠하는 작업은 공사 계약 중 비용이 가장 많이 드는 부분이었다. 하이라인 구조물은 1930년대 이후 단 두 번, 페인트칠 작업을 했다. 한 번은 붉은 기가 도는 갈색으로, 또 한 번은 그보다 더 어두운, 검정에 가까운 갈색으로 칠했다. 공사 당시에는 원래 칠했던 페인트 색이 거의 남아 있지 않았다. 대부분의 사람들은 하이라인 하면 가장 먼저 녹슨 빛깔을 떠올렸다. 마침 우리가 칠한 색상은 그동안 전혀 변함이 없이 항상 그 색상 그대로인 느낌을 준다. 우리는 웨스트 13번가 건널목에서 열다섯 가지쯤 되는 색상의 견본을 시험해보았다. 한데 합쳐놓으니 나폴리 아이스크림처럼 보였다. 어맨다 버든은 수차례 그곳을 방문해, 거리에서 색상을 보고 그 다음에는 공사 현장 계단으로 올라가 자세히 살펴보는 등 색상 선정에 고심했다. 어떤 색상도 마음에 쏙 들지는 않았다. 붉은 기가 도는 갈색은 진흙같이 탁했고 밝은 황갈색은 어색해 보였다. 검은색이 가장 깔끔해 보였지만 좀 불길한 느낌이 들지 않을까 걱정되었다. 설계 팀은 원점으로 돌아가 검은색을 보완하기 위해 연구하던 중에 우리 모두가 마음에 들어하는 색상을 찾아냈다. 바로 '흑녹색greenblack'이었다. 말 그대로 검은색에 실제로는 잘 드러나지 않는 초록빛이 살짝 섞인 색상이었다. '셔윈윌리엄즈Sherwin-Williams'(페인트 등의 홈 인테리어 용품 생산

업체—옮긴이)에서 만드는 색상이고 누구든지 살 수 있다. 나는 얼마 전 주방에 칠을 하려고 철물점에 가서 이 색상의 페인트를 샀다. 색상 번호는 SW6994다.

조슈아 / 6월, 뉴욕 시 예산 작업이 마무리되어가는 시점에 맨해튼 자치구 구청장인 스콧 스트링어Scott Stringer는 하이라인에 2백만 달러를 할당한다고 발표했다. 그 전년도 겨울, 의장 임기가 끝나가던 기포드는 신임 자치구 구청장인 스콧을 하이라인에 초청했다. 그날 기포드가 늦는 바람에 내가 스콧에게 하이라인 투어를 시켜주었다. 지독히도 추운 날이었다. 하이라인은 얼음 한 겹으로 덮여 있었고, 가죽 밑창의 예복용 구두를 신은 스콧은 내내 미끄러지듯 걸어 다니며 열의 있는 모습을 보여주기 위해 최선을 다했다. 기포드는 스콧이 막 떠나려던 찰나에 도착했다. 스콧은 기포드를 보자 말했다. "이런 좋은 곳에 초대해주셔서 감사합니다, 기포드 씨. 이렇게 모습을 뵈니 정말 기쁘네요." 그러나 그는 이런 형편없는 첫인상을 뒤로하고 하이라인이 뉴욕 시에서 차지하는 의미를 보았다. 스콧의 예산 책정액과 기포드의 후속 연도 할당액, 시장 집무실에서 내놓은 하이라인 프로젝트 분담금 범위 안에서 우리가 진행하는 하이라인 1구간 공사 범위를 확장할 수도 있었다. 우리는 15번가에서 멈추지 않고 20번가까지 쭉 나아갈 작정이었다.

로버트 / 마이클 고번은 놀랍게도 다이어 아트센터를 떠나 로스앤젤레스 카운티 미술관Los Angeles County Museum of Art의 최고 자리를 차지했다. 마이클이 떠나고 몇 개월 뒤, '반즈 앤 노블Barnes & Noble'의 최고 경영자이자 다이어 아트센터의 이사회 의장인 렌 리지오Len Riggio 역시 그만두었다. 2006년 가을, 의장과 관장 두 명을 잃은 다이어 아트센터는 하이라인 부지로 이전하려던 계획을 취소했다.

우리는 다이어 아트센터 자리를 어떻게 대신할지 걱정되었지만, 오래 걱정할 필요는 없었다. 일주일도 안 되어 휘트니 미국미술관에서 해당 부지에 건물을 올리고 싶다고 발표한 것이다. 휘트니 미국미술관은 몇 년 동안 매디슨 가에 자리 잡고 있던 건물을 확장하려는 계획을 세워두고 있었다. 마이클 그레이브스Michael Graves가 설계한 확장 계획은 1985년에 포기했고, 렘 쿨하스가 설계한 또 다른 확장 계획은 2003년에 취소했다. 최근에는 렌조 피아노Renzo Piano와 손을 잡고 세번째 확장 계획을 진행하는 중이었지만 커뮤니티의 격렬한 반대에 부딪혔다. 〈뉴욕 타임스〉에는 휘트니 미국미술관과 '어퍼이스트사이드 역사 지구 친구들Friends of the Upper East Side Historic District'과의 분쟁 기사가 격주마다 실리는 것 같았다. 그냥 새로운 부지를 찾아 새로 시작하는 게 현명해 보였다.

휘트니 미국미술관 관장인 애덤 와인버그Adam Weinberg는 발표 며칠 후 우리 사무실을 방문했다. 그로부터 두세 주 뒤, 애덤은 렌조 피아노를 동반하고 우리를 찾아왔다. 애덤은 확장 사업을 포용하는 커뮤니티 지역에서 일을 진행하게 되어 기뻐했고, 우리는 하이라인 최남단에 대형 미술관이 정착한다는 사실이 기뻤다.

조슈아 / 10월에 우리는 자원봉사단을 이끌고 공사 부지 위쪽인 하이라인 북단으로 올라가 야생식물 씨앗을 거두었다. 공사가 끝난 뒤 공원에 씨앗을 다시 심기 위해서였다. 스태튼 아일랜드 공원관리국의 '그린벨트 자생식물센터'에서 온 직원들이 자원봉사자들에게 어떤 씨를 거두어야 하는지 가르쳐주었고, 거둔 씨앗은 그날 작업이 끝나고 자생식물센터로 보내졌다. 그곳에서는 씨를 말려 종자보관소에 보관했다. 자원봉사자들은 보랏빛 참새그령, 달맞이꽃, 키 큰 향등골나물 같은 식물에서 커다란 자루 35개를 가득 채울 만한 씨를 모았다. 그날은 바삭함이 느껴지는 청명한 가을 날씨였고, 하이라인에 올라가 활기찬 자원봉사자들과 함께 하이라인의 원래 풍경을 되살려줄 씨앗을 모으고 있다는 생각에 뭔가 복구의 기운이 느껴졌다.

조차장의 결투

로버트 / 스타디움 계획이 무산되면서 뉴욕 시 허드슨 야드 개발공사는 수정안 준비에 돌입했다. 이런 시도는 하이라인 프로젝트에는 좋은 소식이 아니었다. 하이라인은 괜찮기는 하지만 관리 비용이 지나치게 높은 시설로 분류되었다.

조차장은 동부와 서부 조차장, 두 개 부지로 이루어져 있었다. 올림픽을 겨냥한 계획에서는 동부 조차장을 호텔, 문화센터, 주택 단지, 사무 공간, 주차장으로 개편했다. 서부 조차장을 차지할 스타디움을 보완하기 위해 나온 방안이었다. 이제 서부 조차장은 전체 계획을 조율하기 위해 여러 용도를 혼합해 전적으로 다시 개편될 터였다.

허드슨 야드 개발공사의 계획 전문가들은 하이라인을 유지 비용이 문제가 되는 시설로 규정했다. 비용이 너무 많이 들지 않으면 그 부지에 계속 수용할 수 있다는 의미였다. 그리고 이들은 하이라인 유지 비용을 감안하면 프로젝트 비용에 1억 2천만 달러가 추가된다는 연구 결과가 나왔다고 알려주었다. 그런데 연구 결과를 살펴보니 이런 주장을 뒷받침할 만한 근거, 즉 공학적인 계산이나 건축 분석 결과는 전혀 없었다. 그래서 자체적으로 연구를 시작해 하이라인 계획 이유, 경제 효과, 건설 타당성과 조차장 부지의 하이라인을 유지하는 비용 효과를 조사했다.

과정이 만만치 않아서 하이라인 보존을 위해 처음부터 다시 싸워야 했다. 허드슨 야드 개발공사는 개발업자에게 제안요청서를 공개할 예정이었고, 제안요청서에 들어가는 우선 조건에 따라 개발 업체가 하이라인 보존을 제안할 것이냐의 여부가 결정될 전망이었다. 우리는 대다수 사람들이 듣도 보도 못한 계획 서류에 그 조건을 집어넣기 위해 투쟁했다.

우리는 두 단계로 연구를 진행했다. 첫번째 단계에서는 조차장에 하이라인을 그대로 두어야 하는 계획상의 이유를 검토하고 그 잠재적인 경제적 가치를 조사했다. 허드슨 야드 개발공사에 희망적인 연구 결과를 제시하자 이들은 새로운 문제점을 내밀었다. 이들은 하이라인 때문에 불필요한 비용이 추가될 것이며 공사도 물리적인 방해를 받을 것으로 단정했다. 구체적으로 말해 이들은 아주 큰 크레인이 필요한데, 하이라인이 중간에 가로막고 있는 상태로는 그런 큰 크레인이 공사 부지에 들어갈 수 없는 노릇이었다. 그래서 우리는 공사 관리자와 비용 추산 전문가를 고용했고, 그 결과 하이라인 유지 비용이 예상보다 '덜' 든다는 사실을 알아냈다. 따라서 하이라인을 구태여 철거할 필요는 없고, 철거하지 않을 경우 결과적으로는 오히려 비용 절감 효과를 볼 수 있었다. 유지 비용은 허드슨 야드 개발공사가 추정한 1억 2천만 달러가 아니라, 기껏해야 전체 공사 비용에 2백만 달러 내지 1천만 달러 정도 추가되는 수준으로 보였다. 크레인의 경우, 맨해튼에 건설되는 모든 건축물은 다리와 터널로 이동할 수 있는 자재와 장비로 짓는데 하이라인 아래의 높이는 이런 자재와 장비가 이동하는 데 전혀 무리가 없다는 사실도 알아냈다. 허드슨 야드 개발공사 사무실에서 나는 즐거운 마음으로 도시교통국에서 필요로 하는 크레인이 하이라인 아래를 쉽게 통과할 수 있다는 그림을 화면으로 보여주었다. 허드슨 야드 개발공사에서 반대를 제기할 때마다 우리는 전문가를 찾아내어 해결책을 마련했다.

우리는 다시 한번 세심하게 입장을 저울질했다. 허드슨 야드 개발공사는 뉴욕 시 기관이고 시는 하이라인 프로젝트에서 우리와 동반자 관계였다. 궁극적으로 뉴욕 시에 이익이 될 만한 것을 조차장에 건설하는 일은 시가 우선시하는 사항이었다.

2002년 하이라인의 경제성 타당성 조사를 담당하고, 그 후 우리 위원회에 합류했던 존 앨슐러는 이번에도 우리를 위해 조차장 연구를 맡았다. 그는 열성적으로 연구에 임했다. 평소에는 아주 침착한 어조로 말을 하던 그였기 때문에, 허드슨 야드 개발공사와의 회의에서처럼 정부 관계자와 만나는 자리에서 그렇게 화를 내는 모습은 본 적이 없었다. 그들이 프로젝트의 장점을 보려 하지 않는다는 점에 그는 화를 냈고, '그가 이렇게까지 할 수 있을까' 하고 내가 감히 상상하지 못했던 입장을 취했다. "우리는 힘닿는 데까지 물불 가리지 않고 당신들을 저지할 겁니다. 우리가 반대하는 상황에서는 허드슨 야드는 개발에 나서지 못해요. 설사 공사를 한다 해도 10년은 지연되게 방해할 겁니다." 존은 개발 기관 같은 곳에 컨설팅을 하면서 수입을 올렸는데 이제 그런 의뢰처에 협박을 하고 있었다. 존은 우리를 위해 자기 명성을 걸었다.

조슈아와 나는 하이라인 남단 공사와 운영비 조달을 위해 할 일이 너무 많았기 때문에 이따금 이런 싸움에 대해 양면적인 입장을 취했다. 그러나 결국에는 철도 조차장 구간을 놓고 싸워야 한다는 사실을 깨달았다. 필이 말했다. "우리는 하이라인, 그러니까 하이라인 전체의 친구들입니다. 하이라인 일부 구간의 친구들이 아니라고요."

조슈아 / 조차장은 주의 소유였기 때문에, 2007년 1월 초에 취임식을 한 신임 주지사 엘리엇 스피처Eliot Spitzer의 지원을 받을 수 있겠다는 희망을 품었다. 우리는 전직 주지사인 조지 퍼타키George Pataki보다는 스피처와 좋은 관계를 유지했다. 바버럴리 다이아몬슈타인 슈필보겔은 그 전년도에 스피처가 선거운동을 할 당시 여름에 열렸던 하이라인 모금 행사에 참석하도록 주선했다. 스피처는 다이앤 폰 퓌르스텐베르크, 케빈 베이컨, 크리스틴 퀸, 이렇게 세 명의 하이라인 공로자에게 상을 수여했다. 그러나 그때는 스피처 행정부가 출범한 해였고 주지사가 처리할 임무 중에는 하이라인보다 우선순위에 놓인 일들이 있었다. 우리는 선거에 당선된 주지사가 조차장 구간의 하이라인을 철거하면 지지율에 악영향이 미칠 거라는 생각에 희망을 걸었다.

로버트 / '하이라인 친구들'의 첫 개발 책임자이자 정식 직원으로 합류해 4년간 일한 줄리엣 페이지가 뉴올리언스로 이사를 하게 되었다. 남편이 툴레인 대학에 교직원으로 들어갔기 때문이다. 줄리엣 없는 '하이라인 친구들'은 상상하기 힘들었다. 그녀는 개발 책임자 이상의 존재였다. 줄리엣은 우리를 도와 업무와 프로그램 짜는 일을 했다. 줄리엣은 하이라인이 개장되면 우리 마음속에 '누구든지 와서 하이라인을 조금이나마 느껴봤으면' 하는 바람이 생길 거라고 했다. 줄리엣은 커뮤니티와 어떻게 협력해야 할지, 특히 풀턴하우스와 첼시엘리엇 주택단지에 사는 이웃과의 관계에 관심을 기울이게 했다. 그리고 여러 다양한 구역 사람들을 설계 과정에 끌어들이고 교육 프로그램을 시작하라고 조언했다.

그녀는 '뉴요커 포 파크'에서 일한 경험을 살려, 공원은 도시의 모든 사람, 즉 부유하든 가난하든 온갖 배경과 직업을 가진 사람들이 모이는 장소이기 때문에 중요하다는 믿음을 전해주었다.

공원은 도시의 모든 사람, 즉 부유하든 가난하든
온갖 배경과 직업을 가진 사람들이
모이는 장소이기 때문에 중요하다.

조슈아 / 우리는 모금 캠페인 업무를 해본 적이 있는 개발 책임자를 물색했다. 우리 캠페인은 출발은 좋았지만 갈 길이 아직 멀었다. 뉴어크의 뉴저지 공연예술센터New Jersey Performing Arts Center에 있던 다이앤 닉사는 몇 차례 모금 캠페인을 완수한 경험이 있었다. 미네소타 출신에 함박 미소를 잘 짓는 여자였고 쓸데없는 소리는 하지 않았다. 비영리 집단에서 일하는 사람들은 이해하기 어려운 말과 '척'하는 언어를 잘 쓰는 편인데, 다이앤은 그렇지 않았다.

다이앤은 시장의 디너 행사 직후 '하이라인 친구들'에 합류했고, 그 뒤로 여러 차례 행사를 기획했다. 첫 행사는 '인터액티브코퍼레이션InterActiveCorp(IAC)' 건물에서 열렸다.

베리 딜러는 프랭크 게리Frank Gehry에게 인터액티브코퍼레이션의 새 본사 설계를 의뢰했다. 뉴욕에서는 게리가 설계한 첫번째 건물이었다. 우리는 이상한 형태의 건물이 웨스트사이드 고속도로변에 들어서는 과정을 하이라인에서 지켜보았다. 건물 정면은 배의 돛에서 영감을 얻은 물결 모양의 우윳빛 유리였다. 건축에 관심 있는 사람이라면 그 안에 들어가보고 싶어 안달이 난다. 베리가 신축 건물에서 주최하는 첫 행사로 하이라인 기부자 점심 행사를 주최하겠다고 제안했을 때 큰 기회가 왔음을 알아챘다.

50명 정도가 긴 테이블 양쪽으로 앉았다. 일부 손님은 시장의 디너 행사에 참석한 사람이었고, 나머지 일부는 베리와 다이앤 폰 퓌르스텐베르크가 초대한 손님이었다. 식탁보와 꽃, 의자, 모든 게 흰색이었다. 베리와 로버트와 나는 각자 돌아가며 얘기했다. 우리 뒤에서는 하이라인 설계의 특징을 잡아 제작한 렌더링이 벽 공간 전체 폭에 맞게 설치된 거대한 비디오로 상영되었다.

나는 참석한 손님에게 기부를 부탁하는 역할을 맡았다. 전에는 거의 로버트의 전담 업무였지만 이제 내가 그 일을 좀 더 맡기 위해 연습을 했다. 처음에 가장 힘든 것은 입 밖에 그 말을 꺼내는 일이었다. 기부자들과의 큰 모임이 있는 날 아침이면 키우는 개를 상대로 연습했다. 내가 백만 달러를 자꾸 달라고 하면 개는 고개를 갸우뚱하며 나를 쳐다봤다.

로버트 / 인터액티브코퍼레이션 행사 이후, 딜러 스코피디오 플러스 렌프로의 새 사무소에서 소규모 행사를 열었다. 에드워드 노턴이 주최자였고 릭 스코피디오, 리즈 딜러, 찰스 렌프로가 그 자리에 나와 설계에 대해 설명했다. 참석한 손님은 하이라인에 대해 점점 많은 관심을 보여주던 소규모 단체 사람들이었는데, 캐런과 빌 애크먼 부부, 리사와 필립 팰컨 부부, 허민과 데이비드 헬러 부부, 브리트니Brittany와 애덤 레빈슨Adam Levinson 부부, 수키와 마이크 노보그라츠 부부였다. 마이크는 2001년 초반 '키친'에서 열린 커뮤니티 행사에 부인 수키와 함께 참석한 바 있지만, 당시는 하이라인이 까마득한 미래 일처럼 보여 더 이상 관여하지 않았다고 말했다.

우리가 10번가 스퀘어의 렌더링을 보여주었을 때, 계단식 좌석이 아래 유리판까지 쭉 이어져 내려와 지나가는 차량을 내려다볼 수 있게 만든 설계가 마이크의 관심을 끈 것 같았다. 우리가 민간 기부금으로 2백만 달러를 조성하지 못하면 10번가 스퀘어는 불가능하다고 말하자 마이크는 자기와 수키가 도움을 줄 수도 있겠다고 했다. 그는 아내 수키의 생일을 맞아 아내를 위해 뭔가 특별한 일을 하고 싶어 했다.

두세 주 뒤에 비용 견적을 받았는데, 실제로 보니 10번가 스퀘어는 2백만 달러가 아니라 4백만 달러의 비용이 드는 것으로 나타났다. 나는 마이크에게 다시 가서 얘기했다. 아마 그는 내가 그저 돈을 더 받아내기 위해 수를 쓰는 거라고 생각했을지도 모르지만, 4백만 달러가 실제 공사 비용이었다. 마이크는 데이비드 헬러에게 이 말을 전했고, 둘은 10번가 스퀘어를 공동으로 후원하기로 결정했다. 이들이 나섰다는 것은 고무적인 일이었다. 10번가 스퀘어는 하이라인에서 내가 가장 좋아하는 장소 중 한 곳이다. 설계 팀이 하이라인에 대한 비전을 제시했을 때, 이들은 처음부터 구조물 위에 그대로 공원을 조성하기보다는 구조물을 해체해서 안쪽의 모습을 드러내고 싶다고 했다. 10번가 스퀘어는 그런 생각을 흥미진진하게 표현했다.

그날 밤은 모금 캠페인과 '하이라인 친구들'에 전환점을 마련한 날이다. 그날 참석한 다섯 쌍의 부부는 몇 주 뒤에 각각 거금을 기부했다.

조슈아 / 허드슨 야드 개발공사의 계획 팀은 동부 조차장에 지하 주차장을 지으려면 하이라인 지지대를 철거해야 한다는 그림을 제시했다. 주차장을 짓기 위해 하이라인을 철거해야겠다는 소리였다! 이들은 하이라인 자리에 하이라인과 아주 흡사한 새 시설물을 조성할 수도 있다고 말했다. 새로 들어선 소매 매장 위에 고가형 공원을 세우자는 얘기였다. 우리는 이 아이디어에 '가짜 라인Faux Line'이라는 별명을 붙였다.

사람들을 동원해야 할 때가 왔다는 생각이 들었다. 엽서와 전단지를 만들어 하이라인 지지자들 모두에게 발송하면서, 조차장 구간의 하이라인 보존을 지지해달라는 편지와 이메일을 도시교통국에 보내달라고 부탁했다. 엽서 이외에 에드워드 노턴이 출연하는 비디오도 촬영했다. 비디오 화면에서 에드워드는 조차장이 내려다보이는 건물 옥상에서 하이라인을 가리키며 말한다. "그들이 바로 저곳을 철거하려고 합니다. 무엇 때문에 저곳을 없애려는 걸까요? 주차장을 만들고 싶답니다. 주차장이요!" 에드워드는 새로 조성한다는 하이라인 대체 시설물에 대해 언급하며 우리가 지은 별명 그대로 '가짜 라인'이라고 부른다. "그들은 '가짜 라인'이 본래 하이라인보다 나을 것이라고 말합니다. 그런데 1963년 펜 역을 철거할 때도 똑같은 말을 했습니다. 최근에 펜 역에 가본 적이 있습니까?" 우리는 에드워드에게 아주 격분한 목소리를 내달라고 주문했고 그 결과 강렬하고 선동적이다시피 한 비디오가 만들어졌다. 우리는 이 영상물을 유튜브에 올리기로 했다. 이 비디오가 굉장한 반응을 불러일으킬 것 같았다.

로버트 / 조차장을 놓고 벌인 우리의 적극적인 노력의 결과, 내들러 의원은 주지사에게 편지를 보내 조차장 구간의 하이라인을 철거하지 말고 그대로 두는 게 좋겠다는 입장을 밝혔다. 그 편지 사본이 댄 닥터로프에게 전해진 게 분명했다. 필과 내가 그 일 직후 댄을 만나러 갔을 때 그가 편지에 대해 유감을 표시했으니 말이다. 그는 조차장 사업이 뉴욕 시에 얼마나 중요한 일인지 얘기하면서 그 일이 순조롭게 진척되어야 한다고 호소했다.

우리는 조차장 구간의 하이라인을 지키기 위해 싸울 필요가 있음을 느꼈고, 지지자들도 이 점을 염려하고 우리가 앞에 나서서 자기들을 이끌어주기 바란다는 사실을 알고 있었다. 그러나 동시에 뉴욕 시는 우리와 협력 관계에 있었다. 블룸버그 행정부, 특히 댄 집무실의 노력이 없었다면 하이라인은 조성되지 못했을 것이다. 댄은 조차장 구간의 하이라인을 철거하고 싶지는 않다며, "비용이 지나치게 많이 들지만 않는다면, 하이라인을 그대로 두겠다"고 말했다. 한편 부동산 업체 '보르나도 리얼티 트러스트Vornado Realty Trust'와 손을 잡은 부동산 개발업자 더글러스 더스트Douglas Durst는 조차장 부지에 하이라인을 그대로 두면 1억 1천만 달러의 비용이 든다는 연구 결과를 언론에 흘렸다.

우리에게는 괴로운 결정이었지만 엽서 캠페인은 벌이지 않기로 결정했다.

재사용해야 할 엽서 상자가 잔뜩 쌓였다. 에드워드 노턴의 비디오도 올리지 않았다.

우리는 언젠가 싸움을 그만둔 것을 후회할 날이 올 거라고 걱정했다. 그러나 그 일 직후, 처음으로 조차장 구간에 대한 작은 승리를 얻어냈다. 도시교통국이 개발 업체에 발표한 제안요청서에서, 하이라인 유지 비용과 경제적 타당성을 여전히 우려하고는 있지만 조차장 구간의 하이라인을 그대로 두고 싶다는 입장을 밝힌 것이다. 도시교통국은 개발 업체에 하이라인을 그대로 둔 상태와 철거한 상태, 두 가지를 고려한 비용 견적서를 각각 제출하라고 요구했다. 개발 업체에서 하이라인 유지 견적을 부풀리지 않을까 우려되었다. 그러나 제안요청서에 적힌 설계 지침에는 우리에게 매우 도움이 되는 몇 가지 중요한 요건이 들어 있었다. 우리는 작지만 중요한 몇 가지 승리를 거두었다.

첫번째의 작은 승리와 그 이후의 큰 승리를 차지할 수 있었던 것은 대부분 어맨다 버든이 우리를 대신해 댄 닥터로프를 아주 강하게 밀어붙이고, 크리스틴 퀸이 힘써준 덕분이었다. 댄 닥터로프는 한 번에 한 단계씩 하이라인을 조차장 계획 과정에 편입시켰다. 우리는 또한 커뮤니티로부터 전폭적인 지지를 얻었다. 특히 애나 레빈Anna Levin이 이끄는 허드슨 야드 커뮤니티 자문위원회Hudson Yards Community Advisory Committee(HYCAC)라는 연합 단체와 커뮤니티 위원회 4가 적극적으로 지원해주었다. 허드슨 야드 커뮤니티 자문위원회는 조차장 구역의 하이라인을 그대로 보존하는 일을 서민 주택 건설과 더불어 최우선순위에 두었다. 우리 위원회 역시 이 일에 열정을 가졌고, 특히 '하이라인 친구들' 직원인 피터 멀란이 열성적이었다.

조슈아 / '티파니Tiffany & Co.'가 월 가에 매장을 새로 열었다. 매장 개장과 더불어 티파니 재단은 로어 맨해튼Lower Manhattan에 위치한 여러 다양한 공원에 대대적으로 세 가지 기부를 하고 싶다는 의사를 밝혔다. 다이앤 닉사와 로버트는 티파니 재단의 페르난다 켈로그Fernanda Kellogg와 아니사 카마돌리 코스타Anisa Kamadoli Costa를 찾아가 하이라인이 수혜 대상이 되어야 한다는 의견을 전했다. 다이앤은 이들과 만난 뒤 좋은 결과를 예견했다. 두세 주 뒤, 페르난다가 전화를 걸어왔다. 통화 대기 불이 켜지자 다이앤은 사무실에 있는 모든 사람에게 "내가 신호를 주면 페르난다가 들을 수 있게 환호성을 질러요"라고 말했다. 다이앤은 페르난다와 이야기하며 미소를 짓기 시작했다. 다이앤이 손으로 동그라미를 그리자 우리는 모두 크게 환호성을 질렀다. 티파니 재단에서 1백만 달러의 기부금을 내놓기로 한 것이다. 기업 재단에서 기부금을 받기는 이번이 처음이었다. 이 일을 계기로 우리는 다른 기업도 비슷한 방식으로 하이라인을 후원해주기를 희망했다.

로버트 / 애덤 스턴버그Adam Sternbergh라는 작가가 〈뉴욕〉 지에서 전화를 걸어왔다. 그 잡지사 편집자가 하이라인 이야기를 싣고 싶어 한다는 얘기였다.

조슈아와 나는 인터뷰를 하는 동안 애덤이 부동산과 하이라인에 초점을 맞출 거라는 느낌을 받았다. 공원 건설이 진행되면서 신개발에 대한 관심이 높아지고 있었다. 개발 업체는 하이라인 주변 지역으로 이름 있는 건축가들을 끌어들이고 있었다. 한때 하이라인에 반대했던 조 로즈는 베리 딜러의 인터액티브 코퍼레이션 건물 개발업자였다. 뉴욕 최초로 프랭크 게리가 설계한 대형 건물을 건설하면서, 조는 하이라인 주변을 건축 혁신 지역으로 부각시키는 데 일조했다. 이후 앨프 네이먼Alf Naman이 뒤를 이어 닐 디너리Neil Denari가 설계한 고급 콘도미니엄 아파트 'HL23'과 장 누벨Jean Nouvel이 설계한 '100 일레븐스 애비뉴100 Eleventh Avenue'를 건설했다. 앙드레 발라즈André Balazs는 '폴셰크 파트너십'의 토드 슐리만Todd Schliemann이 설계한 스탠더드 호텔을 건설하는 중이었다. 이 건물은 하이라인을 연결하는 다리 역할을 할 터였다. 일부 사람들은 하이라인 주변 지역에서만 이런 개발 활동이 이루어진다고 생각했지만, 부동산 붐은 뉴욕 시 전역에서 일어나고 있었다. 그렇지만 하이라인 주변 건축물들이 흥미롭기도 하고 유명인이 관련되어 있어, 더 많은 관심을 받았다.

〈뉴욕〉 지는 결국 하이라인 이야기를 표지에 담았다. 표지 그림에서는 마천루 형태의 대문자로 하이라인을 한 글자 한 글자 표시했다. 이와 함께 "고물 더미 위에 조성된 공원, 뉴욕에 대한 애증이 묻어나는 모든 것들의 화려한 상징물이 되다"라는 표지 문구가 실렸다.

조슈아 / 잡지 기사는 개인적으로 로버트와 나에게는 우호적이었지만 중점적인 내용은 호화 부동산과 고급 매장이 하이라인을 망칠 것이며, 이로 인해 역사의 어떤 특정한 순간에 이르면 하이라인이 뉴욕 시의 어리석은 계급주의 상징물로 변질될 거라는 주장이었다. 우리는 작가의 이러한 관점이 사람들의 일반적인 인식에 영향을 줄까봐 슬프고 걱정스러웠다. 그동안 하이라인 프로젝트를 추진하기 위해 우리가 도움을 구한 세력들에 대해서는 나름의 우려감이 좀 있었다. 그러나 나중에 가서는 모두 좋은 결과가 나올 거란 희망을 놓지 않았다. 지금 이 부분에는 이 글을 쓴 당시의 분위기가 상당히 많이 반영되어 있다. 2007년 5월의 부동산 거품은 대단했다.

로버트 / 풀턴하우스와 첼시엘리엇 주택 단지에서 피자 파티 행사를 시작했고, 그 과정에서 건축가 설계 브리핑에 이 두 단지 주민을 초대했을 때보다 더 많은 주민들을 알게 되었다.

피자 파티 순서에 사진 촬영을 추가하자 훨씬 좋은 반응이 나왔다. 우리는 톰 클리테처Tom Kletecha라는 사진사를 고용했다. 나는 톰이 휴일에 웨스트빌리지의 '마크제이컵스' 매장에서 일하는 것을 본 적이 있었다. 그는 산타클로스 그림이 있는 배경판을 가지고 왔는데, 사람들이 그 앞에 서서 사진을 찍으면 산타클로스와 같이 찍은 것처럼 보였다. 초등학생의 인물 사진이나 시어스Sears(유통 업체. 형형색색의 카탈로그로 소비자의 시선을 끌어모았다—옮긴이)에서 흔히 쓰이는 배경 사진의 일종으로, 좀 더 최신 유행으로 바뀐 모습이었다.

처음에는 톰을 우리 모금 행사에 불러서, 하이라인 배경 사진 앞에서 초대한 손님이 포즈를 취하면 사진을 찍어주게 했다. 배경은 조엘 스턴펠드가 조차장에서 찍은 사진으로 제작했다. 그 앞에 서면 진짜 하이라인에 있는 것처럼 보였다.

많은 사람이 이런 형태의 사진 촬영을 좋아하는 것을 보고, 하이라인 주변의 모든 커뮤니티를 상대로 하이라인 인물 사진 프로젝트라는 행사를 기획해 그 범위를 확대했다. 톰은 인근에서 행사가 열릴 때마다 배경판을 설치했고, 우리는 행사에 와서 사진을 찍고 피자를 먹으며 하이라인에 대해 얘기를 나누자고 사람들을 초청했다. 사진은 즉석에서 인화해 가져갈 수 있게 했다. 하이라인은 실현되고 있는 꿈이었기 때문에, 사람들에게도 자기들 꿈을 적어내라고 부탁했다. 우리는 사진을 몽타주로 만들고 포스터로 구성해 하이라인 근처의 공사장 울타리에 세워두었다. 사람들 각자의 꿈을 사진 밑에 적어서 인터넷에 올리기도 했다. 사람들은 이런 사진을 좋아했다. 하이라인 위에 서 있는 자신들의 모습을 상상하면서, 개장은 언제 하느냐, 어디로 올라가느냐, 어떤 시설이 있느냐고 묻기 시작했다.

조슈아 / 2007년 10월, 드디어 하이라인 지지자들에게 조차장 구간을 보여줄 기회를 마련했다. 뉴욕 시와 CSX는 오픈 하우스 뉴욕 주간에 사람들을 하이라인에 데려올 수 있게 하는 데 합의했다.

우리는 몇 개월 앞서 이 일을 계획했다. 당시는 하이라인 공영 공원을 운영할 관리국 역할을 맡기로 뉴욕 시와 초기 협상중이었는데, 대규모 인원을 안전하게 통제할 능력이 있음을 시에 입증해야 했다.

투어 인원은 7백 명으로 확정했다. 온라인 예약 시스템에 인원수를 올렸더니, 시스템 열람 후 5분도 채 안 되어 모든 예약이 끝나버렸다. 즉시 전화가 울리기 시작했다. 투어 자리를 확보하지 못한 사람들이 격분해 있었다. 어떤 사람은 행사를 기획하는 직원인 메러디스 테일러Meredith Taylor에게 고함을 치기도 했다. 우는 사람도 있었다. 메러디스도 너무 많은 사람이 자기한테 소리를 지른다고 울기 시작했다.

그 주 주말, 직원과 자원봉사자 모두가 하이라인에 올라가 투어를 관리했다. 바삭한 느낌이 드는 10월 날씨였고, 밀 색깔의 장대 풀은 조엘 스턴펠드가 3년 전에 찍은 가을 사진과 똑같은 모습이었다. 그날 투어에 참여한 사람들은 드디어 하이라인에 발을 디딜 수 있게 되었다는 사실에 황홀해했다. 그중 많은 이가 수년 동안 하이라인 프로젝트를 주시해온 사람들이었다. 이 행사 덕분에 8년 동안의 언론의 관심과 일반인 접근 금지로 생겨난 억눌린 욕망을 이해할 수 있었다.

로버트 / 제안요청서에 대한 응답으로 개발 업체 다섯 곳에서 조차장 사업 계획서를 제출했다. 그중 브룩필드 프라퍼티즈Brookfield Properties, 엑스텔 개발Extell Development, 릴레이티드 컴퍼니의 세 개 업체는 하이라인 전체 구조물이 조차장 부지에 그대로 있는 상태의 계획안을 보여주었다. 티시먼 스파이어Tishman Speyer는 하이라인의 극히 일부만 철거된 계획을, 더스트 오거나이제이션/보르나도 리얼티 트러스트Durst Organization/Vornado Realty Trust는 상당 부분을 철거한 계획안을 제시했다.

도시교통국은 그랜드 센트럴 역 근처의 한 매장 앞 공간에 다섯 곳의 사업 계획안을 모두 전시했다. 엑스텔 개발의 계획안을 만든 사람은 스티븐 홀이었다. 가장 창의적이고 가장 아름다운 설계였다. 홀은 조차장 둘레에 모든 건물을 세우고 선로 위에 케이블로 녹지 공원을 매달아 조차장 위에 값비싼 플랫폼을 만들 필요를 없애주었다. 이 설계를 보면 허드슨 야드 개발공사와 도시교통국의 고려 대상에서 제외될 거라는 느낌이 바로 온다. 이들이 설계 지침에 명시한 비전과 너무 달랐기 때문이다.

최악의 계획안은 더스트/보르나도의 안이었다. 더글러스 더스트는 우리나 언론과의 만남에서 하이라인을 좋아하지 않는다고 공공연히 밝혔다.

나는 더스트/보르나도 계획안 모형 옆에 서 있다가 내 옆에 있는 여자에게 정말 이 모형은 형편없지 않느냐고 말을 걸었다. 하이라인은 거의 모두 사라지고 대신 벽면 전체가 유리인 '스카이라인'이라는 갤러리아 건물이 들어서 있는 모형이었다. 이들은 이것이 하이라인의 21세기 버전이 될 거라고 설명했다. 내 옆의 여자가 실제로는 이 안이 타당성이 있다고 설득하려 들자, 나는 반박했다. 그녀가 누구인지 알아차렸을 때는 이미 언성을 높였을 때였다. 내가 더글러스 더스트의 딸인 헬레나 더스트Helena Durst에게 소리를 지르고 있었던 것이다.

최악의 싸움을 벌일 때도 조슈아와 나는 우리를 반대하던 사람들에게 항상 친근감을 주기 위해 노력했다. 나는 조슈아를 찾아가 헬레나 더스트에게 가서 제발 친절하게 말을 붙여달라고 부탁했다.

왜 우리에게 운영권을 넘기겠는가?

조슈아 / 하이라인 공원을 관리해야 할 시점이 다가오자 운영 자금을 조성해야 했다. 다이앤 닉사는 기부자 층을 확대해야 한다고 설득했다. 이에 따라 광고용 우편물 컨설턴트를 영입하고, 편지를 기획하며, 우편물 수신자 목록을 구입해 멤버십 판촉물을 발송하기 시작했다.

나는 광고용 우편물이라면 받는 족족, 개봉도 하지 않고 쓰레기통에 버리는 사람이었다. 광고용 우편물에 쓰는 문구는 이제까지 후원자를 대상으로 썼던 문구와는 너무 달랐다. 우리가 기획한 우편물이 스팸메일처럼 보이자, 나는 결사적으로 반대했다. 컨설턴트는 "당신이 메일을 받는 당사자는 아니잖아요"라는 말만 반복했다. 로버트와 나는 이 컨설턴트와의 팽팽한 갈등이 깊어지다 보니, 그녀가 놀라운 기능의 프로그램을 새로 도입했어도 계약을 갱신하지 않는 게 최선이겠다고 판단했다.

다이앤 닉사가 하이라인에서 일하기 시작한 지 1년이 다 되어가던 날, 뉴욕 시티 발레단에서 다이앤을 영입해 갔다. 떠나기 전, 다이앤은 우리를 앉혀놓고 그동안 잘못된 점을 일러주었다. 로버트와 내가 가만히 앉아 듣고 있기 힘든 이야기였지만, 배울 점이 있었다. 나중에 우리는 현장 코치인 세라 홀랜드Sarah Holland를 고용해 다이앤이 제기한 몇 가지 문제를 해결하는 데 도움을 받았다.

다이앤이 떠나고 우리는 바로 사무실을 이전했다. 뉴욕 시 전역의 임대료가 계속 오르는 통에 미트패킹 지구에서는 더이상 버틸 수가 없었다. 웨스트 20번가의 갤러리 건물 8층에 공간이 좀 더 넓고 임대료가 적당한 장소를 찾아냈다.

사무실 창밖으로 하이라인 주변에 들쭉날쭉 들어선 신축 건물을 볼 수 있었다. 프랭크 게리, 반 시게루Ban Shigeru, 안나벨레 셀도르프Annabelle Selldorf, 게리 핸덜, 장 누벨이 설계한 건물이다. 길 맞은편에는 하이라인같이 1930년대 아르데코 양식으로 지은 중급 보안의 여성 전용 수감 시설이 있었다. 교도소 운동장은 옥상에 있었다. 오후 3시경, 창가에 서 있으면 오후 휴식 시간을 보내는 수감자들이 울타리 안쪽에서 손을 흔들며 야유를 보냈다.

로버트 / 우리는 센트럴 파크 관리국을 비롯한 다른 관리 단체가 밟았던 길을 그대로 따르고 있었다. 이 말인즉 뉴욕 시와 협상을 맺어야 했다는 뜻이다. 이를 위해서는 매년 공원 관리 기금을 조성해야 하고, 그렇게 해야 시에서 공원관리국 관할 아래 공원 운영 권한을 우리에게 동시에 부여할 터였다. 처음에는 우리가 공원을 운영해본 경험이 없기 때문에 시에서 주저했다. 하이라인 1구간과 2구간은 건설 비용만 1억 5천만 달러 이상이 들고 그 비용 중 1억 달러 이상을 시 예산으로 충당할 예정이었다. 그러니, 왜 시에서 우리에게 하이라인 운영권을 넘기겠는가? 다른 관리 단체들은 우리보다는 서서히 일을 진행해 공원관리국의 일을 보조하면서 점진적으로 공원 운영을 완전히 떠맡았다. 우리는 공원 운영을 개장 첫날부터 맡아야 한다고 제안했다. 대안이 어떻게 나올지 분명하지 않았다. 뉴욕 시는 공원관리국 예산을 늘려 하이라인 운영권을 갖겠다는 식의 말은 하지 않았다.

존 앨슐러는 리치 데이비스Rich Davis를 영입해 도움을 받으라고 권유했다. 리치는 또 다른 공원관리국인 랜들스 아일랜드 스포츠재단Randall's Island Sports Foundation을 이끌고 있는 변호사였다. 이 재단은 자체 운영권 계약을 성사시켰다. 리치의 조언과 공원관리국을 상대로 한 변호로 상황은 급물살을 탔다. 도널드 펠스와 웬디 키즈의 챌린지 기부(기부 목표액을 미리 정해놓고 목표 달성을 위해 다른 후원자들의 관심을 끌어내는 기부 제도—옮긴이) 역시 도움이 되었다. 도널드와 웬디는 기부자들이 '하이라인 친구들'을 계속 후원하게 하려면 우리가 공원 운영을 맡아야 하다는 것을 뉴욕 시에 알리고자 했다. 도널드와 웬디의 챌린지 기부에 부응하기 위해 우리는 운영권 계약을 마무리해서 이들이 모금하겠다고 약속한 3백만 달러를 새 기부금으로 끌어들여야 했다.

공원 관리를 위한 인력 충당 역시 해결해야 할 과제였다. 본래 계획대로라면 두 명의 책임자를 고용해, 한 명에게는 원예를 맡기고 다른 한 명에게는 공원 운영을 맡길 작정이었다. 나는 이 분야의 전문 지식이 없어서 브루클린 식물원의 원예 책임자인 패트릭 컬리너Patrick Cullina에게 후보자 인터뷰를 도와달라고 부탁했다. 피에트 우돌프와 제임스 코너 필드 오퍼레이션에서는 하이라인에 심을 식물 종을 선정했는데, 패트릭은 이들 식물 종의 세밀한 조사를 위해 뉴욕 시가 소집한 위원회 소속 인물이었다. 패트릭이 하이라인과 피에트 우돌프의 비전의 진가를 알아보는 모습이 인상적이었다. 패트릭은 원예와 공원 운영 책임자를 따로 두자는 의견에 의구심을 표했다. 하이라인에서는 이 두 가지 일이 아주 밀접하게 연관되어 있으니, 따로 떼어놓고 생각하는 건 착오라고 했다.

인터뷰를 진행하는 동안 나는 조지 부시 대통령과 똑같은 상황에 직면했다. 부시 대통령의 팬은 아니지만 이분 이름을 언급해야겠다. 대통령에 출마하면서 부시 대통령은 딕 체니Dick Cheney를 영입해 부통령 후보 찾는 것을 도와달라고 청했지만 끝내는 체니를 부통령으로 뽑았다. 패트릭 컬리너를 영입해 공원 운영자를 찾아달라고 도움을 청했으나, 패트릭 컬리너가 바로 적임자가 아닐까 하는 생각이 들기 시작했다. 문제는 그를 데려올 수 있느냐 하는 것이었다. 당시 그는 뉴욕 시 최고의 원예 전문가였으니 말이다. 그런데 얘기를 꺼내자 그가 관심을 보였다.

패트릭 컬리너가 고심하고 있던 시기에 우리는 전에 뉴욕 원예협회에서 일한 적이 있는 멜리사 피셔Melissa Fisher를 고용했다. 패트릭처럼 좀 더 경력 많은 사람은 멜리사보다 고용하기가 수월치 않아 보였다. 멜리사는 똑똑했고, 9미터 상공의 다리 구조물에 조성한 정원을 관리하면서 뜻밖의 문제가 발생할 때도 적극적으로 해결할 자세를 갖추고 있었다. 멜리사가 처음 한 일은 원예 관리 프로그램을 개발해서 식물 심는 작업을 감독하는 것이었다. 인부들은 2008년 봄에 풀과 다년생식물을 심기 시작했는데, 이 작업을 감독할 사람이 필요했다. 멜리사는 나이는 어렸지만 이 분야에서 실력을 갈고닦으면 언젠가는 공원 전체를 혼자서도 운영할 수 있을 것 같았다.

조슈아 / 방문객들이 공사 부지를 찾아오면 권리 포기 각서에 서명하고 안전모를 쓰게 했다. 공사 현장 계단은 가팔라서 겁이 나고 지린내도 났다. 일단 하이라인에 올라서면 들쑥날쑥한 콘크리트 등성을 오르락내리락하며 전선관과 수도관에 걸리지 않게 조심해야 했다. 한번 가볼 만한 흥미진진한 장소였다.

우리가 하기로 한 시멘트 판 시스템은 전에는 한 번도 시도해보지 않은 작업이었다. 여러 다양한 형태와 크기의 판을 들어 올려 제자리에 맞추니 하이라인 산책로의 모습이 드러났다. 그다음으로 조경업자들이 와서 자갈을 깔고 배수 하이라인은 역사의 일부다.
뉴욕에서 얼마나 많은 사람이 공원을 조성하는 일에 참여할까?
리사는 어린 딸들과 이에 관해 이야기를 나누며
공원을 만들 수 있다는 것이
얼마나 놀라운 일인지 말해주었다고 했다.

로 공사를 한 다음 흙을 깔고 식물을 심었다. 부지 조성에 익숙한 사람에게도 색다른 작업이었다.

리사 팰컨은 2008년 3월에 공사 현장을 방문했다. 리사와 필립 부부는 14번가의 계단 공사를 돕기 위해 이미 아낌없는 후원을 해주었지만 정작 한 번도 하이라인에 올라와본 적이 없었다. 그날은 흐린 날씨에 눈이 여기저기 쌓여 있고 보행로는 얼어 있었다. 리사는 얼마 전 검은색 긴 머리를 돋보이는 단발머리로 잘랐고 종아리 중간까지 오는, 끈으로 묶는 스타일의 근사한 은색 스니커즈를 신고 있었다. 예전에 신었던 높은 구두는 공사 현장 얼음판에서는 안 된다고 리사의 비서에게 미리 귀띔해둔 터였다.

그날 처음으로 나는 리사와 단둘이 시간을 보냈다. 리사는 처음에는 말이 별로 없었다. 그저 길을 따라 걸으면서 주위를 둘러보고 모든 풍경을 받아들였다. 별 감흥이 없는 듯 보였다.

반쯤 걸었을 때, 리사가 천천히 말을 꺼내기 시작했다. 자기는 센트럴 파크 근처에 산다며, 오래전부터 종종 그 공원을 만든 사람들을 생각하면서 도시를 위해 얼마나 굉장한 일을 해주었는지 고마워하고 있다고 말했다. 언젠가 뉴욕 사람들도 하이라인을 만든 사람들을 이와 비슷하게 되돌아볼 거라고 했다. 하이라인은 역사의 일부다. 뉴욕에서 얼마나 많은 사람이 공원을 조성하는 일에 참여할까? 리사는 어린 딸들과 이에 관해 이야기를 나누며 공원을 만들 수 있다는 것이 얼마나 놀라운 일인지 말해주었다고 했다. 나도 전에 비슷한 얘기를 한 적이 있지만, 리사는 목소리가 떨리는 걸로 봐서 아주 강한 감흥을 느끼는 듯했다. 리사를 통해 나는 새로운 확신을 얻었다.

로버트 / 2008년 3월, 티시먼 스파이어는 조차장 개발을 위한 입찰을 따냈지만, 6주 뒤에 협상이 결렬되었다. 주택 시장 거품이 터지기 시작해 조차장 사업 같은 대규모 부동산 프로젝트를 진행할 돈줄이 막혀가고 있었기 때문이다. 그러던 차에 릴레이티드 컴퍼니가 도시교통국과 새로운 협상을 맺고 조차장 개발 업체로 선정됐다. 우리는 놀라울 정도의 급반전 상황에 흥분했다. 티시먼 스파이어의 계획안에서는 하이라인 일부가 철거된 반면, 롭 스파이어Rob Speyer(티시먼 스파이어의 공동 CEO—옮긴이)는 우리의 초기 노력을 지지했기 때문에 롭과 함께 일하면 조차장 문제를 해결할 수 있겠다고 낙관했다. 역시나 릴레이티드 컴퍼니의 계획안에서는 하이라인 전체가 그대로 보존된 모습이었다. 게다가 비샨 차크라바르티가 릴레이티드 컴퍼니에서 일하고 있었다. 비샨이 도시계획국에서 어맨다 버든의 지휘 아래 웨스트 첼시 지구 개편 사업을 감독하던 때부터 그를 잘 알고 있었다.

그런데 유감스럽게도 릴레이티드 컴퍼니 역시 하이라인에 대해 우려하고 있다는 소식이 들려오기 시작했다. 이들은 특히 10번가의 선로 돌출부를 염려했다. 그것 때문에 거리가 어두워져 10번가와 13번가가 만나는 모퉁이에 상업용 오피스 타워를 분양하는 일이 어렵겠다며, 그 구역의 하이라인은 그대로 두기 힘들 것 같다고 했다.

조슈아 / 서브프라임 모기지 채무 불이행 사태가 뉴스에 보도되었지만, 많은 뉴욕 시민들에게는 아직 플로리다나 라스베이거스에서 일어나는 일쯤으로 여겨져 실감하지 못했다. 뉴욕에서는 여전히 돈이 넘쳐났다. 그해 여름 모금 행사에서 이제껏 조성한 것 중 가장 많은 액수인 2백 50만 달러를 모금했다. 하이라인 멤버십 메일링이 제 역할을 톡톡히 해내고 있었다. 우리는 새 기부자와 끈끈한 관계를 쌓았고 한 차례 대대적인 모금 행사를 계획했다. 이 행사는 5천만 달러 목표의 모금 캠페인에서 또 한 차례 큰 성과를 올리는 계기가 될 것 같았다. 우리는 그때까지 2천 3백만 달러를 조성했다.

또한 뉴욕은 여전히 떠들썩한 행사의 본거지였고, 이제 하이라인에서 그런 행사를 주최할 예정이었다. '캘빈클라인 컬렉션'은 패션 주간에 창업 40주년 기념행사를 마련할 참이었다. 캘빈클라인의 홍보를 담당하는 맬컴 카프레이Malcolm Carfrae는 기념행사를 뉴욕 시에 선물하는 형식으로 치르고 싶어 했다. 맬컴은 하이라인 개장 시 유지 비용을 충당하는 데 도움을 주기 위해 자기네 회사에서 거금의 기부를 하도록 주선했고, 우리를 도와 시로부터 하이라인 행사 개최를 승인받았다.

캘빈클라인 매장을 설계한 미니멀리스트(최소한의 단순한 요소를 통해 최대의 효과를 이루려는 사람—옮긴이) 건축가 존 포슨John Pawson이 행사 구조물을 설계했다. 기본 파티 텐트는 한가운데 두었지만 외부와 내부를 세세하고 고급스럽게 꾸며, 마치 매끈한 대리석 옷을 입은 박물관이 링컨 터널 입구 근처의 10번가와 13번가 모퉁이에서 예상치 못하게 불쑥 솟아오른 것처럼 보였다. 구조물 안에는 예술가 제임스 터렐James Turrel이 설치한 조명이 있고, 29번가와 30번가 사이 굽잇길에는 일련의 계단이 하이라인 위까지 층층이 이어졌다.

이쪽 구간의 하이라인은 자갈을 제거해 콘크리트가 아직 그대로 드러난 채였다. 행사 팀은 콘크리트를 풀과 다년생식물, 줄기가 긴 백장미 수천 송이로 덮어놓았다. 하이라인이 언젠가 그렇게 될 거라는 그들 나름의 해석을 재현해놓은 것이다.

파티는 노동절 직후 더운 여름밤에 열렸다. 패션 주간에 처음 열린 큰 행사였다. 검은색 자동차가 10번가를 따라 일렬로 늘어섰다. 핼리 베리, 브룩 실즈, 나오미 와츠, 애나 윈투어 등 유명 인사가 레드 카펫에 올라설 때마다 수백 개의 플래시가 터졌다. 하이라인은 잡지사 편집자, 디자이너, 스타일리스트, 모델, 배우들로 미어졌다. 장미향이 대기 중에 짙게 떠다녔다. 뉴욕이 세상에 단 하나뿐인 유일한 곳이라는 생각이 들 정도로, 파티장에는 일종의 충만한 기운이 깃들어 있었다.

일주일 뒤, 레만브라더스Lehman Brothers가 무너졌다.

그날 밤에 하이라인 행사가 예정되어 있었다. 톰 콜리키오Tom Colicchio는 10번가와 15번가 모퉁이에 있는 자신의 레스토랑, '크래프트스테이크Craftsteak'(현재는 '콜리키오 앤 선스Colicchio & Suns'로 바뀌었다—옮긴이)에서 모금 행사를 열었다. 우리는 그 전년도에 '하이라인 셰프 디너'라는 이름의 작은 행사를 열었는데, 하이라인 지지자들은 그 행사를 좋게 기억했다. 하지만 이번 해의 셰프 디너에는 공석이 많았다. 자리를 구매한 사람들이 곧 미국 역사상 최대의 파산이라고 알려질 사건의 여파를 수습하느라 사무실에 불려 갔기 때문이다. 혼자 남은 배우자들은 엄지손가락으로 초조하게 휴대폰만 만지작거렸고, 디저트가 나왔을 때는 모든 테이블이 비어 있었다. 다음 날 아침, 다우 지수가 5백 포인트나 급락했다.

하이라인 1구간 개장까지 불과 몇 달 남지 않은 때였다. 뉴욕 시와 협상중인 운영권 계약에 따라 자선 기부 행사에서 조성한 모금으로 공원 유지비와 운영비 모두를, 그러니까 매년 2백만 달러 이상을 부담해야 했다. 공원을 유지할 의무 외에도 모금 캠페인에서 조성할 돈이 2천 5백만 달러 이상 남아 있는 상황이었다. 게다가 경기는 바닥으로 곤두박질치고 있었다.

계획중이던 대규모 모금 행사가 모두 보류되었다. 로버트와 나는 주변에 전화로 조언을 구했다. 어떤 사람들은 모금 캠페인을 중단하라고 했다. 거액의 기부금을 다시 구경하려면 몇 년은 기다려야 한다는 이유에서였다. 예전의 경제 위기 때 자금 조성 일을 했던 사람들은 계속 나아가라고 했다. 기대치를 낮추고 참을성 있게 기부금이 나오길 기다리면서 어려운 시기를 구실 삼아 기부자와 허심탄회하게 얘기해보라는 것이었다. 모금 캠페인을 중단한다면 그땐 끝장이라고 했다.

모임 자리를 마련하기가 어려웠다. 우리를 만나주려 하지 않았다. 모임을 마련해도 사람들은 "지금은 안 돼요. 당장은 그 문제를 생각할 겨를이 없어요"라고 말했다. 우리는 하이라인의 최고 후원자에게 계속 정보를 제공하기 위해 두세 주에 한 번씩 하이라인 공사 진행 상황을 담은 사진을 이메일로 보냈다. 그중 하나는 추수감사절 즈음에 보냈는데, 감사한 모든 일에 대해 짤막한 메모를 덧붙였다. 그런 어려운 시기에도 하이라인에는 감사할 일이 넘쳤다.

베리 딜러가 답장을 보내왔다. "지금의 경제와 하이라인이 받을 타격이 걱정됩니다. 우리 한번 얘기를 해봅시다." 로버트와 나는 베리와 약속을 잡았다. 그 자리에 우리의 예산 전부, 수익 이력, 하이라인 공사비와 운영비 추정 금액을 준비해 갔다. 베리가 어려운 문제를 물어볼 것에 대비해 꼼꼼히 준비했다. 우리는 베리에게 1구간 공사 비용은 치렀지만 2구간을 위한 자금을 추가로 조성해 플라이오버와 30번가 컷아웃Cut-out 같은 최고의 설계 요소를 모두 살려야 한다고 말했다. 더불어 기부금을 조성해서 장기적인 재정 안정의 기반을 구축할 계획이라는 입장도 밝혔다. 요즘 같은 경제 환경에서 자금을 조성하는 게 얼마나 힘든 일인지도 토로했다. 베리는 선도적인 후원자로서 다른 차원의 영향력을 보여줄 수 있었다. 베리와 다이앤이 하이라인 개장 축하 행사에 사람들을 초대할 수 있다면, 이 흥미진진한 뉴욕 시 프로젝트를 후원해달라는 얘기를 사람들에게 꺼낼 수 있을 터였다. 우리는 챌린지 기부가 기금 모금을 활성화하는 데 도움이 되지 않겠느냐고 제안했다. 로버트와 나는 기부 금액을 1천만 달러로 정해놓고 그 얘기를 내가 하는 것으로 미리 입을 맞췄지만, 그 말이 마치 작고 마른 깃털처럼 목에 달라붙어 결국에는 기침을 하고 말았다. 로버트가 얼른 나서서 그 말을 대신 했다. 베리는 종이에 그 액수를 받아적더니 가족과 상의해보겠다고 했다. 베리와 만나고 난 뒤, 이 일을 마음속에서 지우려고 안간힘을 다했다. 그로부터 두세 주 뒤, 점심 식사를 하고 나서 이메일을 열어보았는데 베리 딜러에게서 온 메일이 한 통 있었다. 가족들이 1천만 달러의 챌린지 기부를 하기로 결정했다는 단 한 문장의 메일이었다.

하이라인 프로젝트를 처음 시작했을 때부터
사람들은 놀랍고도 대단한 방식으로 후원의 정도를 높여주었다.
베리의 기부금은 그중 단연 으뜸이었다.
절실한 돈이었지만 그 놀라운 숫자 뒤에는 더욱 큰 의미,
즉 하이라인이 뜻하는 바에 대한 믿음이 숨어 있었다.

하이라인 프로젝트를 처음 시작했을 때부터 사람들은 놀랍고도 대단한 방식으로 후원의 정도를 높여주었다. 베리의 기부금은 그중 단연 으뜸이었다. 절실한 돈이었지만 그 놀라운 숫자 뒤에는 더욱 큰 의미, 즉 하이라인이 뜻하는 바에 대한 믿음이 숨어 있었다. 그날부터 수주에 걸쳐 로버트와 나는 베리, 다이앤, 알렉스, 타티아나에게 무슨 말로 감사의 말을 전해야 할지 고심했지만, 그 한없는 고마움은 이루 다 표현할 수 없었다.

로버트 / 필 애런즈는 처음에 일을 벌여 순항을 돕는 작업에 애착을 느꼈다. 그는 하이라인 위원회의 시작 때부터 위원장직을 맡았고 위원장으로 공식 지명되기 전에도 자기 몫을 해냈다. 하이라인 프로젝트가 점차 성공을 거두면서 필이 결국 그만두고 싶어 할 거라는 사실을 직감했다.

누가 다음번 위원회 위원장이 될 것인가? 처음에 나는 모금 행사를 도와줄 사람을 선출해야겠다고 생각했다. 필은 돈을 부탁하는 일이라면 질색을 했다. 그 일은 조슈아와 내가 일일이 나섰다. 기부 청탁을 맡아 많은 돈을 조달하는 위원장을 선출한다면 하이라인에도, 다른 대의를 위해서도 대단한 일일 터였다. 그런데 우리에게는 여전히 복잡한 사업 관련 문제가 산적해 있었고, 이런 문제 때문에 나는 필과 거의 매일같이 설계 요소, 뉴욕 시와의 관계, 공사 절차, 조차장 분쟁에 관해 얘기를 나눴다. 이렇게 보면 위원장의 일이란 단순히 기금을 조성하는 직무만 있는 게 아니었다. 매일매일 나와 거리낌 없이 얘기할 실무형 위원장이 필요했다.

추측대로라면 필은 하이라인 1구간 개장 직후 위원장직을 사임할 것 같았다. 그런데 개장을 몇 달 앞두고 필이 나에게 전화를 걸었다. "이제 그만두고 싶어요. 새로운 누군가에게 개장식 때 위원장이 될 기회를 줘야지요." 필은 그렇게 해야 하이라인을 개장할 때 새로운 위원장을 지도부 위치로 격상시킬 수 있다고 생각했다. 우리의 협력자인 시 공무원과 하이라인 후원자들의 눈에 드는 사

람을 선출해서, 시민 단체인 하이라인 조직을 공원 운영 관리 조직으로 바꿀 수 있는, 그러한 입지를 새 위원장에게 부여하자는 것이다.

공원을 개장할 때 세상의 주목을 받을 수 있는 기회를 다른 누군가에게 넘겨주면서, 필은 우리에게 늘 권했던 일을 몸소 실천하고 있었다. '다른 사람에게 공을 돌리세요.' 필은 우리가 하이라인 성공의 공을 다른 사람에게 넘겨주면 넘겨줄수록, 하이라인은 더욱 성공가도를 달릴 거라고 말했다.

필이 전화했을 때 나는 가족과 함께 텍사스에 있었다. 그때는 이미 1년 넘게 존 앨슐러에게 위원장직을 맡기면 좋겠다고 생각하던 중이었다. 조슈아에게도 이 얘기를 해서 이미 동의를 받아둔 상태였다. 필과의 통화가 끝나자마자 나는 존에게 전화를 했다. 존은 너무 기쁘고 영광스러운 제안이지만 하루 이틀쯤 생각해볼 시간이 필요하다고 했다.

조슈아 / 2009년 5월, 계획했던 하이라인 1구간 개장일 한 달 전 어느 저녁, 하이라인 위원회 위원들은 34번가부터 갱스부르트 가까지 하이라인 전 구간을 걸었다. 로버트가 낸 아이디어였다. 하이라인을 걷는 일은 우리가 드디어 공원을 개장한다는 사실을 기념하고 필과 그의 지도력에 영광을 돌리는 일이었다.

하이라인 위원회 위원들 대다수가 하이라인을 구간별로 방문해본 적은 있어도 전체 구조물을 한 번에 쭉 다녀본 일은 없었다. 나만 해도 겨우 몇 차례 해본 일이다. 하이라인의 끝에서 끝까지 걸어 다녀보니 진짜 여행하는 느낌이었다. 어떤 면에서는 프로젝트 자체의 연대기를 시간순으로 따라가보는 것 같았다. 우리는 자연 풍경이 그 자리에 그대로 남아 있는 조차장에서 출발했다. 이곳은 로버트와 내가 처음 접하고, 조엘 스턴펠드가 사진으로 담은 하이라인 구간이다. 이 구간에서 우리 조직은 처음 출범 때와 똑같이 여전히 시민 단체 형태로, 하이라인을 구시대 유물과 장애물로 보는 사람들과 투쟁하고 있었다. 조차장을 둘러본 뒤 콘크리트가 그대로 드러나 있는 2구간 공사 현장으로 이동했다. 그곳에서 과거는 싹 없어지고 미래가 기다리는 하이라인의 변신 초기 단계를 바라보았다. 우리는 20번가에 난 문을 통해 1구간으로 들어갔다. 그곳 공원은 공사가 거의 끝나 있었다. 인부들이 아직도 현장에서 바삐 작업하고 있고 여전히 할 일이 많이 남아 있었지만, 이제 막이 올라 드라마가 펼쳐질 거라는 사실에는 의심의 여지가 없었다. 우리는 스탠더드 호텔에서 위원회 회의를 열었다. 두세 달 전에 문을 연 이 호텔은 리틀 웨스트 12번가와 13번가 사이의 하이라인 구간에 걸쳐 있었다. 로버트와 내가 10년 전 하이라인 프로젝트를 시작했을 때는 정육 공장 구간이었다. 이제 우리는 최신 유행을 따라 조명을 어둡게 한 엘리베이터를 타고 올라갔다. 엘리베이터 내부 벽에서는 아티스트의 비디오가 상영되고 있었는데, 영혼들이 연옥에서 올라와 천국으로 들어갔다가 다시 지옥으로 떨어지는 장면이었다.

판유리창 너머로 하이라인이 내려다보이는, 스탠더드 호텔 회의실의 길고 윤나는 테이블에 둘러앉아 뉴욕 시와 공원관리국과 공식적인 협력 관계를 새롭게 맺게 된 것에 축배를 들었다. 3년에 걸친 협상으로 운영권 계약은 마무리되었다. 두세 주 뒤 하이라인을 공개할 때 '하이라인 친구들'은 뉴욕 시 공원관리국이 되며, 이와 동시에 공원 조성을 처음 요구해 계속 그 자리를 지켜온 단체로서, 또 공원 개장 첫날부터 새 공원을 운영하는 최초의 단체로서 그 역할을 하게 될 터였다.

공원 관리 책임자인 에이드리언 베네프는 우리가 떠맡을 짐에 대해 심각하게 얘기했다. 그는 누구보다도 공원 운영의 어려움을 잘 알고 있었다. 무엇보다 하이라인에 사람들이 붐빌 경우에 대비하자는 토론이 시작되었다. 얼마나 많은 사람이 찾아올지 알 길이 없었다. 수효를 예측할 만한 실질적인 방법이 전혀 없었기 때문이다. 그러나 분위기로는 느낄 수 있었다. 뉴욕은 흥분에 차 있었다. 로버트는 공원 방문객 수를 조절하는 방안을 설명했다. 공원 개장 후 몇 달 동안 두 명의 직원이 클리커clicker(누르면 '딸각' 소리가 나는 계수기 — 옮긴이)를 통해 모든 하이라인 진입 통로를 지나는 방문객 수를 산정해 일정한 수가 넘어가면 하이라인 진입 통로를 폐쇄하고 이후 사람이 충분히 빠져나가면 다시 방문객을 안전하게 받아들이는 방안이다.

당시 회의실 분위기는 여기까지 프로젝트를 끌고 오는 데 우리 위원들이 너무 많은 일을 해냈다는 감격 때문이었는지 평소의 회의 때보다 감정이 복받쳤다. 우리는 하이라인을 맨 처음 지켜준 위대한 수호자 어맨다 버든과 기포드 밀러에게 감사를 전했다. 어맨다 버든은 최근 뉴욕 시에 '동일 토지 이용 검토 절차' 신청을 공인하도록 압력을 넣었는데 이에 대한 특별 발표가 있었다. '동일 토지 이용 검토 절차' 신청은 하이라인 조차장 구간을 철도 회사 측으로부터 획득하기 위한 승인 절차였다. 소유권 양도 자체는 수년이 걸릴지도 모른다. 도시교통국, 릴레이티드 컴퍼니, 뉴욕 시, '하이라인 친구들'은 조차장 구간의 하이라인을 처리하는 문제를 놓고 여전히 이견이 많았다. 그러나 이는 앞으로 나아가기 위한 희망적인 절차였고, 언젠가는 소유권이 양도되어 조차장 구간이 공원으로 조성될 것임을 뉴욕 시가 예상하고 있다는 의미였다. 우리는 이런 경제 혼란기에 '하이라인 친구들'을 여기까지 이끌어준 위원회의 모든 위원에게도 감사의 말을 전했다. 특히 알렉스 폰 퓌르스텐베르크와 웬디 키즈는 여러 차례 거액의 기부금으로 자금 모금 캠페인을 시작하고 뒷받침해주었다. 필에 관해 언급하는 사람도 여러 명 있었다. 필과 하이라인을 위해 그가 이룬 모든 업적에 대해 축배를 들고, 존 앨슐러를 하이라인 위원회 차기 위원장으로 선출했다.

로버트 / 필은 하이라인 프로젝트를 막 시작했을 때 만났고, 이후 나의 멘토가 되어주었다. 이제 필과 셸리 부부는 나의 가장 친한 친구다.

하이라인 공원이 현실로 이루어질 수 있도록 도움의 손길을 준 사람은 너무 많았다. 기포드는 정치적인 의지와 핵심적인 공공 자금을 제공해주었다. 필은 전략과 자신감을 불어넣어주었고 일종의 도덕적인 나침반 역할을 했다. 어떤 사람들은 필이 개발업자여서 도움이 되었고, 그의 위상이 우리의 신뢰도를 높여주었다고 생각한다. 뉴욕 시 공원과 사적 보존 후원자인 조앤 데이비슨Joan Davidson은 초기에 주최한 하이라인 행사에서 필에게 하이라인을 지지하는 최초의 '성인adult'이냐고 물었다. 그런데 필은 무엇이 하이라인의 중요성과 관심을 높여줄 수 있는가에 대해서도 감이 상당했다. 그는 하이라인 프로젝트 중에서도 성공 가능성이 희박해 보이는 별난 일을 좋아했다. 예를 들어 아이디어 공모전은 하나의 조직으로서 우리의 합당성을 알려주었다. 창의적인 아이디어에 대한 그런 식의 투명성은 우리가 지향하는 부분이었기 때문이다. 안전하고 쉬운 일과 전망은 밝지만 위험한 일 중 하나를 택하라고 한다면 필은 항상 위험을 무릅쓰라고 권유했다.

꿈으로 만든 공원

조슈아 / 6월 1일, 하이라인을 일반에게 공개하기 일주일 전, 베리 딜러와 다이앤 폰 퓌르스텐베르크는 하이라인에서 개장 전 디너 행사를 주최했다. 2백 명의 손님이 초저녁에 도착해 갱스부르트 계단Gansevoort Stairs을 올라 처음으로 공원에 발을 디뎠다. 어떤 손님들은 하이라인 위원회 위원이면서 최고 액수의 기부자였다. 또 다른 손님들은 베리와 다이앤이 초대한 친구들로, 하이라인 프로젝트 후원에 관심을 가질 만한 사람들이었다. 며칠만 있으면 공사가 모두 끝나는 시점에, 우리는 산책로를 따라 쭉 걸었다. 설계사의 계획 그대로, 끝이 좁아지는 콘크리트 판 사이를 뚫고 풀이 돋아났다. 스탠더드 호텔 아래를 통과해 14번가 통로를 거쳐 선데크Sundeck로 왔을 때, 그곳에는 칵테일 바가 차려져 있었다. 해가 강 뒤로 넘어가기 시작할 때 우리는 첼시 마켓 통로를 따라 길게 놓인 두 개의 테이블에서 디너 행사를 열었다.

수개월 동안 계획한 디너 행사였다. 딜러-폰 퓌르스텐베르크 가문의 챌린지 기부금을 발표한 것도 이 자리에서였다. 〈뉴욕 타임스〉 기자인 로빈 포그레빈Robin Pogrebin은 긴 테이블 자리에 앉아 조용히 브리핑을 받았다. 로빈은 다음 날 아침 기사로 낼 계획이었다.

디너 행사는 우리가 계획한 대로 시작되었다. 격앙되는 호흡으로 딜러-폰 퓌르스텐베르크 가문의 챌린지 기부금을 발표했을 때 우레 같은 박수와 환호가 터져나왔다. 이어서 다음 순서를 진행했다. 다이앤과 베리가 하이라인 2구간 완공과 추후 기부금 조성을 위해 약속한 챌린지 기부를 완수하기 위해 지도력을 발휘하는 모습에서 우리가 얼마나 감명을 받았는지 얘기했다. 그런데 그때 리사 팰컨이 내 쪽으로 걸어와 마이크를 달라고 했다. 나는 대본에 없는 상황이라 주저했다. 리사는 내 귀에 대고 뭔가를 속삭이고 나를 포옹해준 다음 내 손에서 마이크를 가져갔다. 리사 자신과 남편 필립이 베리와 다이앤에게 고무되었다며, 1천만 달러를 기부해 1천만 달러 챌린지 기부를 완수하겠다고 발표하자, 장내는 놀라움에 순식간에 잠잠해졌다가 방금 전보다 더 우렁찬 박수갈채를 쏟아냈다. 기자와 가십거리를 찾는 사람들이 그 순간을 잡아내느라 분주했지만 아무도 상황을 바로 납득하지 못했다. 리사와 나는 금융 위기의 끔찍한 시기를 겪는 동안 숱하게 만났다. 그녀와 만날 때마다 나는 프로젝트의 진행 상황과 미래를 위해 필요한 사항을 설명한 다음, 필립과 함께 우리를 도와줄 수 없는지 물었다. 나는 분명 간청하지는 않았지만 힘든 해였던 만큼 리사는 내 눈에서 간절한 애원의 빛을 감지할 수 있었을 것이다. 리사는 내가 내민 자료를 보며 자기 목을 만지면서 "너무 아름답네요" 하고 말하면서도 유감스럽다는 듯 고개를 흔들었다. 뭔가를 하고 싶어 했지만 당시로서는 당장 그 일을 할 수 없는 듯했다. 그러나 적절한 순간이 오면 한 몫을 해줄 거라는 생각이 들었다. 나는 리사를 포함한 소수의 사람들에게 다이앤과 베리의 챌린지 기부에 대해 언급했다. 리사는 곧 내 생일이라는 것도 알고 있었다. 디너 행사는 6월 1일이었고 내 생일은 6월 3일이었다. 내 손에서 마이크를 가져가 깜짝 발표를 하기 바로 직전, 리사는 내 목에 길고 부드러운 팔을 감고는 귀에 대고 "생일 축하해요"라고 속삭였다.

로버트 / 개장식 준비는 경주의 막판과도 같았다. 개장 이틀 전까지도 여전히 많은 작업이 진행되고 있었다. 하지만 우리가 시장과 함께 개장 날짜를 못 박았으니 무슨 일이 있어도 그때까지는 일을 마무리해야 했다.

설계 초기 단계에서는 우리가 계획하는 공원이 조엘 스턴펠드 사진에 나오는 원래 하이라인 풍경에 못 미치는 게 아닐까 염려되곤 했다. 완공일이 다가오면서는 다른 걱정이 슬슬 시작되었다. 언론의 조명을 숱하게 받아놓고 정작 최종 결과물이 이들의 과장 보도에 못 미치는 건 아닐까 하는 두려움이었다.

무엇보다도 조경이 가장 걱정이었다. 최상의 조건이라도 하이라인에 심은 식물이 얼마나 잘 자라줄지 알 수가 없었다. 배수 시스템은 제대로 작동할까? 배수가 제대로 되지 않으면 식물 뿌리가 모두 썩어버릴 터였다. 하이라인은 기본적으로 다리이고 위아래로 공기가 흘러 겨울에는 빨리 얼고 여름에는 푹푹 찐다. 기온이 오르락내리락하면 분명 남아나는 것 없이 모두 죽어버릴 것 같았다.

나는 하이라인의 모든 식물 종을 선정하고 위치를 지정한 피에트 우돌프에게 조언을 구했다. 피에트는 괜찮을 거라며 걱정하지 말라고 했다. 그의 말대로 땅에 아직 눈이 남아 있는 3월부터 이미 봄꽃 알뿌리가 나오고 나무에 꽃이 피어나기 시작했다. 우리 직원과 인부 외에는 아무도 하이라인에 올라가지 않았다. 운 좋게도 이렇게 몇몇 사람만 네덜란드 전구협회가 기증한 4만 개의 전구로 봄꽃을 즐기게 되었다. 개장식 즈음해서는 식물이 보기 좋게 무성해졌다. 그렇게 짧은 기간에 심은 것들이 이렇게 무성해지다니 믿어지지 않았다.

우리 직원들은 개장식 전날 밤, 하이라인에서 작은 행사를 계획했다. 어떤 사람이 준 1.5리터 샴페인의 마개를 따고 우리 모두 기진맥진한 가운데 미소를 지었다. 꽤 오래전부터 우리는 일주일에 꼬박 7일씩 일하고 있었다.

나는 확신에 차 있었다. 패트릭 컬리너가 위원회에 합류해 첫 1년간 공원의 모든 운영과 원예를 봐주기로 한 것이다. 패트릭과 멜리사 피셔는 훌륭한 정원사와 관리인 인력을 고용했다. 9미터 상공의 공원을 관리하는 일에 대해서는 제대로 아는 사람이 아무도 없었지만 우리는 이들이 하이라인을 잘 운영할 수 있다고 믿었다.

과연 내가 하이라인의 성공을 만끽할 수 있을까 종종 궁금했다. 항상 문제가 있을 때 오히려 잘 지내왔기 때문이다. 그런데 다이앤과 베리가 주최한 디너 행사가 있던 날 밤부터 나는 하이라인의 성공을 즐길 수 있었다.

사람들이 내게 와서 "믿어지지가 않아요. 축하합니다"라고 말했고, 나 스스로도 우리가 특별한 일을 해냈다는 것을 실감할 수 있었다. 하이라인 첫 모금 행사 때 우리를 도와준 제임스 라포스는 이런 이메일을 보내왔다. "이제 당신은 살면서 다른 일을 할 필요가 없습니다. 이제 일은 그만해도 됩니다." 이 글을 접하니 몇 년간 읽었던 모든 자기계발서가 덜 거북하게 다가왔다.

조슈아 / 개장식은 스탠더드 호텔 아래에서 열렸다. 이곳을 개장식장으로 정한 것은 그곳의 보행로가 의자를 몇 줄로 놓아도 충분할 정도로 넓고 사진이 잘 받는 곳이었기 때문이다. 연단은 나무가 있고 잔디가 깔린 공간 앞에 놓았다.

블룸버그 시장, 내들러 의원, 퀸 의장, 스트링어 맨해튼 자치구 구청장, 어맨다 버든, 에이드리언 베네프, 다이앤, 베리, 팰컨, 로버트, 나까지 우리는 모두 번갈아 가며 연단에 섰다. 나는 수많은 마이크를 앞에 두고 많은 관중에게 이야기했다. 그날 그 자리에 있던 사람들의 얼굴만큼 즐거운 표정은 이제껏 한 번도 본 적이 없다. 나는 가족과 직원들의 얼굴을 똑바로 볼 수가 없었다. 몇몇이 울고 건축가들은 마치 실현 가능성이 거의 없는 렌더링처럼 보인다고 했다. 그러나 하이라인의 경우, 이상적인 비전이 현실로 이루어졌다.

있어서 그들 얼굴을 보면 나도 울 것 같았다. 나의 시선은 줄곧 블룸버그 시장의 수석부시장인 퍼트리샤 해리스에게 머물렀다. 퍼트리샤 부시장의 이름은 우리가 뉴욕 시와 함께 일한 7년 동안 끊임없이 들려왔다. "어맨다(또는 에이드리언 또는 댄)가 이 일을 패티(퍼트리샤 수석부시장의 애칭 — 옮긴이)에게 맡기겠지요." 단에 올라 패티를 바라보고 그녀가 웃는 모습을 보니 하이라인 프로젝트를 위해 각계각층의 얼마나 많은 사람들이 동참해주었는지, 고마운 마음이 우러났다.

로버트 / 부모님이 공원 개장식 참석차 텍사스에서 비행기를 타고 오셨다. 지난 수년간 하이라인 프로젝트와 관련된 그 많은 중요한 일에도 부모님은 어김없이 참석하셨다. 어머니는 모금 행사에 한 번도 빠진 적이 없다.

특히 프로젝트 초창기를 생각하면 어머니가 떠오른다. 당시에는 정말 이루어질 법한 아이디어 같지 않았다. 어머니는 예기치 못한 별난 일, 다른 사람들이 지나칠지도 모르는 일에서 아름다움을 찾고 비록 그 일이 기존 틀에서 벗어나더라도 열정으로 밀고 나아가라고 가르쳐주셨다.

아버지는 어머니보다는 틀에 박힌 분이었기 때문에, 내가 몇 년이 지나서야 하이라인 프로젝트에 관여하게 된 데는 아버지의 영향도 있었다는 사실을 깨달았다. 아버지는 보석 도매업에 종사하셨는데 틈날 때마다 비영리 조직에서 일하셨고 건축, 보존, 공원 일에 열정이 있었다.

하이라인을 개장했을 때는 내가 이 프로젝트에 10년간 매진한 후였다. 하이라인 프로젝트는 부모님 두 분이 가진 여러 자질을 한데 결합한 일이었다.

조슈아 / 그날은 손에 가위를 든 사람이 너무 많았다. 단체별 사진 촬영이 순식간에 끝난 다음 리본 커팅식이 거행되었다. 모든 연설이 끝나고, 수년간의 작업 끝에 드디어 개장식도 끝이 났다.

따로 개장식 광고를 하지는 않았지만, 하이라인 아래 거리에 있던 사람들이 연설을 듣고 계단으로 와서 기다렸다. '지금 바로 하이라인을 개장한다'는 소문이 온라인으로 삽시간에 퍼져, 수년 동안 프로젝트를 지켜봤던 사람들이 공원의 첫 방문객이 되기 위해 밀려들었다.

나는 사람들이 계단으로 올라오는 모습을 보지 못했다. 영화 〈그녀는 요술쟁이Bewitched〉에서 주인공 서맨사가 코끝을 찡긋하면 주문이 이루어지듯, 하이라인이 마치 순식간에 변신을 한 것만 같았다. 하이라인은 난간에서 아래를 내려다보는 사람들, 벤치에 한 번 앉아보는 사람들, 종이컵 커피를 마시는 사람들, 서로 사진을 찍어주는 사람들로 꽉 찼다. 그중에는 결혼 예복을 완벽하게 차려입은 신랑 신부도 있었다. 이들은 라디오에서 개장식 소식을 듣고 급히 턱시도와 드레스를 차려입고 사진 촬영을 위해 달려온 것이다.

하이라인에서 낯선 사람들을 그렇게 많이 보니 어리둥절했다. 너무 오랫동안 하이라인에는 우리밖에 없었다.

직원들과 함께 개장식 전날 밤 하이라인에서 축배를 들었을 때 나는 공사가 막 완료된 텅 빈 상태의 공원을 보고 경탄을 금치 못했다. 건축가들은 마치 실현 가능성이 거의 없는 렌더링처럼 보인다고 했다. 렌더링은 항상 실현될 수 없는 이상적인 비전만을 보여주는 경향이 있기 때문이다. 그러나 하이라인의 경우, 이상적인 비전이 현실로 이루어졌다. 우리 직원들은 집게와 광택제를 들고 하이라인을 구석구석 돌아다녔다. 유리와 강철에서는 반짝반짝 빛이 났고, 모판에는 솜털처럼 잎이 돋아나 완벽한 야생 그 자체로 보였다. 10년간의 작업 끝에, 나는 개장식 전날 밤 텅 빈 원시의 하이라인보다 더 아름다운 것은 상상하기 어렵겠다고 생각했다. 그 모습은 완벽했다.

개장식 날 아침, 각양각색의 사람들이 공원으로 쏟아져 들어오면서 하이라인은 이제 완벽함은 조금 잃었지만 훨씬 아름다워졌다. 하이라인은 더이상 우리만의 것이 아니었고, 이미 살아 숨 쉬고 있었다.

하이라인에서는 꿈을 잡는다

로버트 / 2009년 6월 8일, 우리는 제1구간 개장식을 거행했다. 이후 2년 동안 4백만 명 이상의 사람들이 공원을 다녀갔다. 그 절반은 뉴욕 시민이고 절반은 타 지역 사람들로, 절반의 타 지역 방문객도 미국인과 외국인으로 나뉘었다. 공원의 인기는 조슈아와 내가 기대했던 수준을 훨씬 뛰어넘었다. 그렇게 많은 사람이 오리라고는 정말 상상도 못했다. 1년에 30만 명 정도가 찾아올 것으로 예상했고, 그것도 시간이 지나면 방문객 숫자가 줄어들지도 모른다고 생각했다. 그런데 오히려 그 수는 증가하는 추세다.

조슈아 / 화창한 주말, 낮 12시부터 저녁 6시까지가 가장 붐비는 시간인데, 처음에는 신경이 날카롭게 곤두섰다. 어디서든 당장이라도 사고가 일어날 것만 같았다. 그러나 사고는 발생하지 않았다. 사람들은 피크닉을 즐기고, 서로 손잡고 걷고, 책을 읽거나 조경 관리인에게 말을 붙이는가 하면, 아이스바를 먹거나, 우리가 설치해놓은 예술 작품을 감상하고, 딜러-폰 퓌르스텐베르크 선데크 라운지에서 꾸벅꾸벅 졸기도 했다.

오전 일찍, 8시 정도에 공원에 가면 하이라인을 거의 독점할 수 있다. 정원사가 막 잡초를 뽑기 시작하고 물을 주고 나무에 가지치기를 하는데, 이때야말로 정원사들이 무엇을 심는지, 어떤 것을 솎아내는지, 사람들에게 이런저런 질문을 받지 않고 쉼 없이 일할 수 있는 시간이다.

일몰 전과 후는 좀 더 친숙한 분위기가 조성된다. 사람들은 특별한 목적 없이 여유롭게 천천히 산책로를 거닌다. 하늘빛이 오렌지색에서 어두운 푸른색으로 희미해지면 하이라인의 모판 안쪽에서 빛이 은은하게 새어 나온다. 사실상 하이라인의 모든 조명 시설은 풀숲 뒤, 사람의 허리춤 정도나 그보다 낮은 높이의 스테인리스 강철 난간에 감싸여 있다. 조명 디자인 회사 '롭세르바투아르 앵테르나시오날L'Observatoire International'의 세계적인 조명 디자이너 에르베 데코트Hervé Descottes가 밤하늘을 보다 잘 감상할 수 있도록, 빛이 눈으로 직접 가지 않게 설계했다.

로버트 / 하이라인에서는 많은 사람이 손을 잡고 있다. 일반적으로 뉴욕에서는 손을 잡고 다니는 사람이 많이 눈에 띄지 않는다. 뉴욕이란 도시는 손잡는 분위기가 아니지만 하이라인에서는 다르다.

조슈아 / 이탈리아에는 전통적으로 '파세지아타Passeggiata'라는 산책 시간이 있다. 소도시, 대도시 할 것 없이 사람들은 초저녁에 밖으로 나와 일부러라도 중심가나 중앙 광장을 한가롭게 거닌다.

하이라인 프로젝트를 시작했을 때, 내 마음 한구석에 하이라인이 이탈리아의 파세지아타 같은 산책을 위한 장소가 될 수 있으리라는 생각이 들었다. 사람들이 그저 거닐기 위해 찾아오는 곳, 같은 시민들 사이에 끼어 웃고, 장난치고, 지나가는 사람들의 옷차림을 구경하는 곳, 저녁을 일찍 먹고 부모님과 함께 걷거나 데이트 약속을 하는 곳 말이다.

로버트 / 하이라인에서는 1년에 3백 일 이상 시민 행사가 잡혀 있다. 시민 행사는 처음 사무실 비서로서 '하이라인 친구들' 직원으로 시작해 공원관리국 책임자 자리까지 승진한 다냐 셔먼Danya Sherman이 감독한다. 그런데 하이라인에서 벌어진 일 중 가장 기억에 남는 것들은 미리 계획하지 않았던 우발적인 상황에서 발생했다.

웨스트 20번가, 하이라인 바로 옆에 사는 패티 헤플리Patti Heffley라는 여성은 그곳에서 30년 이상 거주한 토박이다. 그녀는 하이라인을 처음 개장했을 때, 계단의 보안등 불빛이 자기 집 창으로 직접 들어온다며 불만을 제기했다. 그러다 불빛 덕분에 자기 집 비상구를 무대로 만들 수 있고, 게다가 하이라인을 지나가는 사람들이 있어 관객을 확보하는 데도 문제가 없다는 걸 알고부터 그곳에서 공연할 가수들을 초청하기 시작했다. 헤플리는 이 공연을 '하이라인 변심자 카바레High Line Renegade Cabaret'라고 불렀다. 소문이 퍼지면서 관중이 모여들기 시작했고, 〈뉴욕 타임스〉 기자가 이를 기사화하자 공연은 하이라인 초기 전설 중 하나로 손꼽혔다. 그러나 아쉽게도 헤플리는 공연을 그만둬야 했다. 집주인이 비상구를 그런 식으로 이용하는 것은 불법이라고 이의를 제기했기 때문이다.

많이 들어봤지만 직접 목격하지는 못한 이야기가 또 하나 있다. 바로 스탠더드 호텔 유리창 너머로 들여다보이는 남녀간 정사 장면이다. 호텔이 완성되면서, 우리는 바로 아래 하이라인에서 호텔 방이 보인다는 사실을 발견했다. 호텔 침실 창문이 모두 공원 쪽을 바라보고 있기 때문이다. 하이라인 1구간 개장 바로 직후까지 아무도 이에 대해 언급하지 않는 게 놀라울 따름이었다. 내 기억에는 〈뉴욕 매거진〉 온라인 사이트nymag.com에서 처음으로 이에 관한 기사를 실었는데, 〈뉴욕 포스트〉 지에서 호텔 침실 창문으로 보이는 벌거벗은 남녀의 사진을 싣고 스탠더드 호텔을 "눈요기 타워"라고 부르며 기사화하자, 이 얘기는 바이러스처럼, 하이라인에 관한 어떤 기사보다도 온라인상에서 삽시간에 멀리 퍼져나갔다. 이후 수개월 동안 하이라인을 찾는 사람들은 호텔 아래 모여들어 무슨 일이 일어나기를 기다리며 올려다보지만, 그런 일은 좀처럼 발생하지 않는다.

조슈아 / 하이라인 계단을 오르거나 엘리베이터를 탈 때마다, 나는 아침 7시부터 문 닫는 시간까지 누구나 원하면 아무 때나 하이라인으로 올라갈 수 있다는 게 얼마나 놀라운 일인지 새삼 깨닫는다. 로리 이제스와 함께 했던 CSX 투어, 하이라인 방문 약속과 확인, 모두에게 굽이 없는 신발을 신도록 당부했던 일, 권리 포기 서명, 철창 아래 자갈과 깨진 유리 위를 통과했던 일, 그 모든 일들이 스쳐 지나간다. 사람들이 언제 어느 때고 원하면 찾아올 수 있다는 사실, 바로 이것이 처음에 우리가 바라던 바였다. 공사 비용 조달을 걱정하거나, 설계 출품작 선정에 고심하거나, 파티 초대장 글씨 크기를 어떻게 할지 고민하기 전에 우리가 바라던 일이었다. 하이라인을 방문하는 사람들은 어떤 우여곡절 끝에 공원이 탄생했는지 거의 알지 못한다. 그들이 몰라서 다행이다. 마치 내가 파티의 주인이라도 된 기분이랄까. 그저 사람들이 즐거운 시간을 보내주길 바랄 뿐이다.

로버트 / 대형 공공 프로젝트는 대개 상의하달식으로 진행된다. 선출직 공무원이 프로젝트를 밀어붙이면 성사된다. 하이라인 역시 뉴욕 시의 선출직 공무원이 없었다면 탄생하지 못했을 테지만, 나는 항상 하이라인을 '하의상달식 프로젝트'라고 표현한다. 조슈아는 이런 말을 할 때마다 게이 냄새가 난다며 웃어넘기지만, 사실 하이라인 프로젝트는 공동체 기반에서 시작되었다.

최근 경영사상가 맬컴 글래드웰Malcom Gladwell과 같이한 패널 토론 자리에서 내가 이 점을 언급하자 맬컴은 내 이름을 부르며 이렇게 말했다. "하이라인은 세련됨을 추구하는 건축가와 도시계획가 집단으로부터 시작된 하의상달식 프로

어떤 사람들은 공원을 도시로부터의 탈출구로 여기지만, 하이라인은 결코 뉴욕에서 벗어나지 않는 데서 그 진가를 발휘한다. 자동차 경적음을 들을 수 있고 지나가는 차와 택시를 볼 수 있다. 이것들이 실처럼 짜여 뉴욕을 이룬다. 그리고 혼자만이 아니다. 다른 뉴요커들과 함께 하이라인을 걷고 있다.

젝트였습니다. 내 말은 그런 게 '하의상달식'이라면 나도 기꺼이 아래 대열에 끼고 싶은데요."

조슈아 / 뉴욕은 끊임없이 변화하고 있다. 이제까지 하이라인 주변에서 벌어진 변화는 앞으로 닥칠 변화에 비하면 아무것도 아닐 것이다. 하이라인 주변에 새 건물이 계속 들어서고 휘트니 미국미술관도 갱스부르트 가에 새로 문을 열 것이다. 1백 10만 제곱미터의 새 건설 부지가 있는 허드슨 야드 조차장 개발 사업을 통해, 이곳은 하이라인을 바로 옆에 두고 사무실과 아파트, 상점, 호텔, 문화센터, 공원을 갖춘 하나의 도시로 성장해, 수백만 명의 주민, 노동자, 방문객이 살아갈 것이다.

사람들은 가끔 우리에게 걱정을 늘어놓는다. 이쪽 새 건물이나 저쪽 새 건물 때문에 하이라인이 훼손되지 않을까, 또 관광객이 하이라인을 훼손하거나 우리 이후의 차기 관리자가 설계를 변경해 하이라인을 망치지 않을까 하는 걱정이다. 로버트와 나는 하이라인을 보호하는 입장이면서도 그 회복력에 마음이 놓인다. 하이라인은 규모가 크다. 본래 정량을 꽉 채운 화물열차 수송을 위해 건설되었다. 우리는 하이라인 주변에서 벌어지는 일에 맞서 그 모습 그대로를 지킬 수 있으리라 생각한다.

로버트 / 며칠 전 하이라인을 통해 출근하다가, 마치 수스 박사Dr. Suess(시인이자 만화가, 어린이 동화책 작가 — 옮긴이)의 책에 나오는 정원을 거니는 듯한 느낌이 들었다. 키가 크고 노란색 깃털 모양의 꽃이 피는 에레무루스로부스투스(영어명은 '여우꼬리백합' — 옮긴이), 먹을 수 있는 열매가 가득 열린 채진목, 깃털 모양으로 부푼 꽃씨가 바람에 날리는 옻나무를 지나치다 문득 떠오른 생각이다. 이런 식물들은 특별한 것이라 이름을 알지만 대부분의 식물은 이름조차 모른다. 하이라인의 분위기는 개별 식물이 아니라 식물들 전체가 어우러져 빚어내는 효과다. 어떤 사람들은 공원을 도시로부터의 탈출구로 여기지만, 하이라인은 결코 뉴욕에서 벗어나지 않는 데서 그 진가를 발휘한다. 사람들은 열대 정원에 있는 것이 아니다. 자동차 경적음을 들을 수 있고 지나가는 차와 택시를 볼 수 있다. 이것들이 실처럼 짜여 뉴욕을 이룬다. 그리고 혼자만이 아니다. 다른 뉴요커들과 함께 하이라인을 걷고 있다.

조슈아 / 뉴욕에 몇 년간 살면서 많은 랜드마크가 사라지는 것을 목격했다. 역사적이거나 건축학적으로 가치 있는 랜드마크뿐 아니라 도시 생활의 랜드마크도 자취를 감춘다. '펄레이디엄Palladium'이나 레스토랑 '플로랑', '고담 북마트Gotham Book Mart', 8번가와 웨스트 23번가 모퉁이 거리를 지나던 행인들이 즐겨 찾던 이름 없는 도넛 가게처럼 자영업 건물이 없어지기도 한다. 아니면 호텔 체인인 '하워드 존슨즈Howard Johnson's'와 중국 음식점인 '차이나 볼China Bowl', 남성 희극장 '게이어티Gaiety'가 있던 자리인 구 타임스 스퀘어처럼 주변이 통째로 사라지기도 한다.

이뿐만 아니라 믿기 어려울 정도로 많은 신축 공사 현장을 만나기도 한다. 배터리 파크 시티Battery Park City, 리버사이드 사우스Riverside South, 허스트 빌딩Hearst building, 트럼프 타워Trump Tower, 타임 워너 센터는 2011년에 공사를 시작했다. 웨스트 13번가 구역의 하이라인에 서서 미드타운 쪽을 바라보면, 로버트와 내가 하이라인 프로젝트를 시작한 뒤로 들어선 고층 건물들이 열 손가락으로 세도 모자랄 정도로 많다. 이렇게 많이 변한 곳에서도 살아남은 것들은 사람들을 다른 시공간으로 이동시켜주는 위력이 있다. 며칠 전 새로 사귄 친구에게 하이라인 주변을 보여주며, 하이라인이 조성되기 전에는 이 동네가 현대 미술, 구글, 마사 스튜어트로 유명했고 열차, 배, 공장이 전부였다고 설명해주다가 느낀 점이다. 우리는 웨스트 25번가 바로 북쪽에서 발걸음을 멈추고 창고 건물들 사이로, 하이라인이 지어진 당시 아직 가동중이었던 한 쌍의 굴뚝을 바라보았다. 웨스트 16번가에서는 허드슨 강의 썩어가는 말뚝을 경이롭게 바라봤다. 예전의 나비스코 공장과 냉동 창고에서 눈에 들어오던 광경이었다. 여객선이 정박했던 부두에 남겨진 것은 그 말뚝이 전부였다.

로버트와 나는 오래된 뉴욕 센트럴 철도 선로 일부를 하이라인에 다시 설치하고 싶었다. 선로 모양이 마음에 들었고, 따로 역사 수업을 받지 않더라도 방문객들이 이 선로를 통해 구조물의 지난날을 알았으면 했다. 새싹이 돋기 시작하는 초봄에는 선로를 확실히 볼 수 있다. 우리는 여름 중순까지 초목이 얼마나 무성하게 우거질지는 감안하지 못했다. 이 책을 쓰는 지금, 하이라인에 깔린 구 선로는 간신히 볼 수 있을 정도다. 우리가 심은 풀과 관목이 무척 빽빽하게 자라났기 때문이다. 며칠 전 친구와 하이라인을 산책했을 때는 선로가 사사프라스나무 그늘에 묻혀버려 그 자리를 손으로 가리켜야 했다.

로버트 / 하이라인에 대해 나는 세 가지 목표를 품고 있다. 언제까지나 뉴욕 시민의 사랑을 받는 것, 다른 사람들이 그들만의 프로젝트를 시작하는 데 영감을 불어넣는 역할을 하는 것, 조슈아와 내가 이 자리에 없어도 발전을 거듭하는 것이다.

건강한 조직임을 알 수 있는 진정한 자질은 창립자에게 의존하지 않는 독립성이다. 이 점이 하이라인에 원하는 바다. 하이라인이 지속적으로 성장하고 변화하기를, 그리고 프로젝트를 처음 시작했던 조슈아와 나를 비롯한 핵심 단체에 의존하지 않았으면 하는 마음이다.

하이라인이 사람들에게 영감을 주기를 바란다고 해서 반드시 고가 철도 구조물에 공원을 많이 조성하도록 유도하자는 뜻은 아니다. 물론 현재 미 전역의 많은 도시 중 저지시티, 시카고, 필라델피아에서도 우리와는 또 다른 조직이 공원 프로젝트를 시도하고 있으며 우리는 이들을 지지한다. 우리 역시 다른 단체들로부터 힘과 영감을 받았다. 하이라인을 보고 사람들이 힘을 내서 성사되기 어려운 온갖 프로젝트를 밀고 나갔으면 한다. 비록 하이라인이 한때 그랬던 것처럼, 그 일이 전혀 이루어지지 않을 헛된 꿈처럼 보일지라도.

하이라인 PHOTOGRAPHS

IZOD
EXCHANGE
PARK FAST
ONE WAY

MICHIGAN
CENTRAL

왼쪽
1847년, 뉴욕 시는 맨해튼 웨스트사이드 대로에 철도 선로를 놓는 안을 승인했다. 그 후 수십 년 동안, 거리를 다니던 화물열차들이 수많은 사고를 일으켜, 이 지역은 '죽음의 거리'로 알려졌다.

아래
사고를 예방하기 위해 화물열차 운영 기관인 '뉴욕 센트럴 레일로드'는 따로 인력을 고용해, 각 열차 앞에서 말을 타고 붉은 깃발을 흔들어 보행자와 자동차에 길을 비키라는 신호를 하도록 조치했다. 이들은 '웨스트사이드 카우보이'라고 불렸다.

죽음의 거리

맨해튼의 웨스트사이드는 하이라인이 건설되기 전, 한 세기 가까이 번잡한 산업 부두 지역이었다. 거리에 공장과 창고가 늘어서 있었고 선박, 열차, 트럭이 농산물과 원자재 등을 공장이나 유통 센터로 운반했다.

위
휴 페리스Hugh Ferriss의 작품. 1927년 건축 포럼 출품작.

오른쪽
〈왕이 꿈꾼 뉴욕〉은 1908~1909년에 유행한 삽화 시리즈 〈왕이 본 뉴욕King's Views of New York〉 중 한 편이다. 이 시리즈는 당시 사람들이 도시 문제를 풀기 위해 미래 지향적인 해결책에 매혹되어 있음을 보여준다.

내일의 도시

20세기 초기 건축과 도시계획은 상상력이 가미된 미래주의를 표방했는데, 도시 과밀화 현상으로 인한 교통 혼잡과 위험한 환경 문제를 해결하는 데 중점을 두었다. '내일의 도시City of Tomorrow' 운동은 종종 교통수단을 다른 높이에 분산시킬 것을 제안해, 당시 건축과 도시계획에 영향을 주었다.

KING'S DREAM OF NEW YORK
EUROPE
JAPAN
NORTH POLE
PANAMA CANAL
SOUTH POLE

하이라인 건설

웨스트사이드 개선 프로젝트의 일환으로 화물용 구름다리가 35번가부터 스프링 가의 세인트존스 파크 역까지 건설되었다. '뉴욕 센트럴 고가 스퍼New York Central Elevated Spur'로 알려진 이 구조물의 공사는 1929년부터 1934년까지 진행되었다. 이와 동시에 서쪽으로는 자동차 전용의 밀러 고가 고속도로Miller Elevated Highway가 들어섰다.

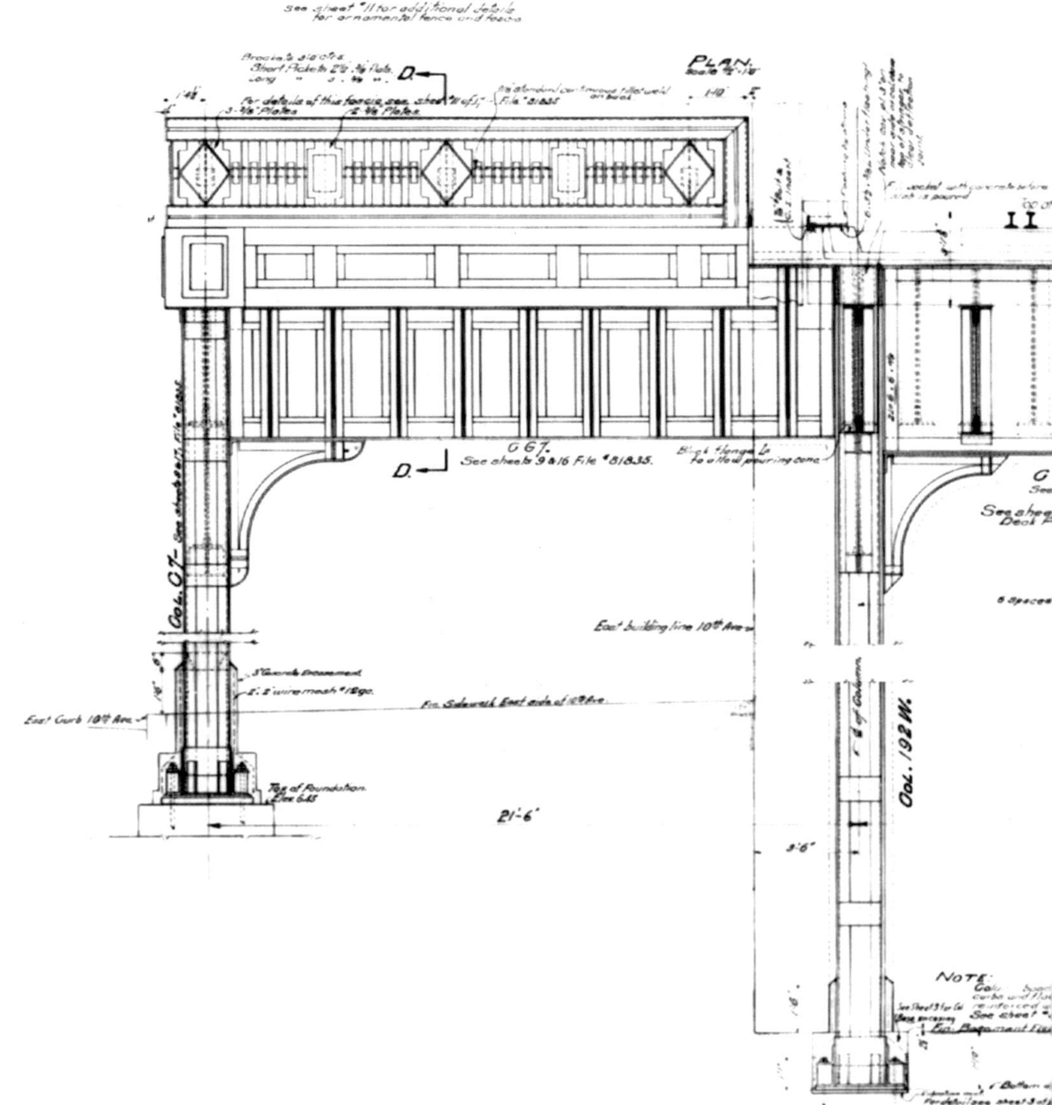

61515

왼쪽
열차는 현재 웨스트베스Westbeth 예술 복합 단지로 변신한 옛 벨 텔레폰 연구소Bell Telephone Laboratories 건물 안을 통과했다. 이 구간은 화물 수송량이 감소되자 나중에 철거되었다.

위
10번가와 웨스트 17번가 교차로에 위치한 머천트 냉동 창고Merchant's Refrigerated Warehouse의 3층 높이 하역장.

고가 철도의 탄생

하이라인은 도로가 아닌 개인 소유의 대지 위에 세워졌는데, 3층 높이의 건물 안으로 열차가 통과했다. 그 때문에 기존 건물들을 화물열차가 지나다닐 수 있도록 개조했고 이러한 화물 수송 시스템의 이득을 누리기 위해 새로운 공장과 창고가 재빨리 들어섰다.

위
전형적인 '뉴욕 센트럴 레일로드'의 차량 모습.

오른쪽
1950년대 30번가 상공에 건설된 하이라인 위의 기관차.

8350

왼쪽
하이라인 건설 직후의 모습. 웨스트 17번가에서 북쪽을 바라본 모습이다.

아래
'뉴욕 센트럴 레일로드'의 광고. 1930~1940년대에 웨스트사이드 지역에 새롭게 등장한 철도 노선을 홍보한 것이다.

뉴욕의 생명선

1934년부터 1980년까지 하이라인은 육류와 우유, 과일, 농산물을 웨스트사이드의 냉동 창고와 유통 센터로 운반했다. 당시 하이라인은 '뉴욕의 생명선'이었다.

MEET THE
PROS OF CON
HUSTLE
ROMEO BAG

열차 운행의 중단

보도에 따르면 1980년, 하이라인 마지막 운행 열차는 냉동 칠면조를 실은 세 량의 유개화차였다고 한다. 마지막 열차를 끝으로 운행을 중단한 하이라인의 철제 선로와 자갈들 사이로 식물이 자생하기 시작했다. 들풀, 야생화, 관목이 뿌리를 내리면서 서서히 하이라인을 점령했다.

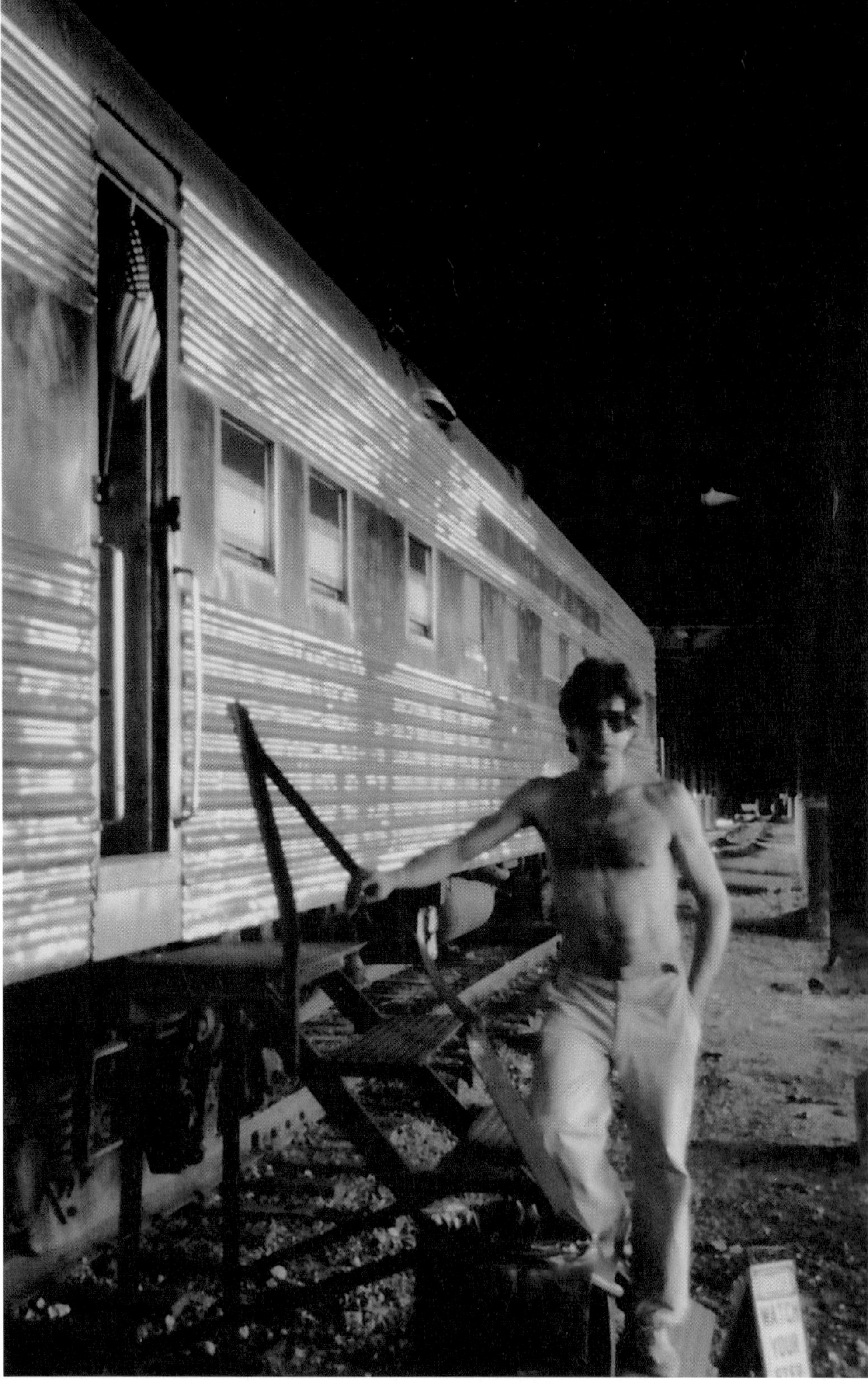

철도광 피터 오블레츠

첼시 주민이자 시민활동가, 철도광인 피터 오블레츠(왼쪽 사진)는 1980년대 하이라인 철거 시도에 반기를 들었다. 결국 오블레츠는 통합 철도 회사인 '콘레일'로부터 10달러에 하이라인을 사들였다. 그렇지만 이 거래는 추후 뉴욕 주 대법원의 판결로 무효화되었다. 한동안 오블레츠는 웨스트사이드 조차장 구간의 하이라인 구조물 아래에서 풀먼fullman car(침대 설비가 있는 특별 기차—옮긴이) 식 침대차를 개조해 살았다.
1981년, '주택 가교'(아래 사진)라는 프로젝트에서 건축가 스티븐 홀은 사용하지 않는 선로 기반 구조 위에 주택과 공용 공간을 지어 하이라인을 다른 목적으로 전용하자고 제안했다.

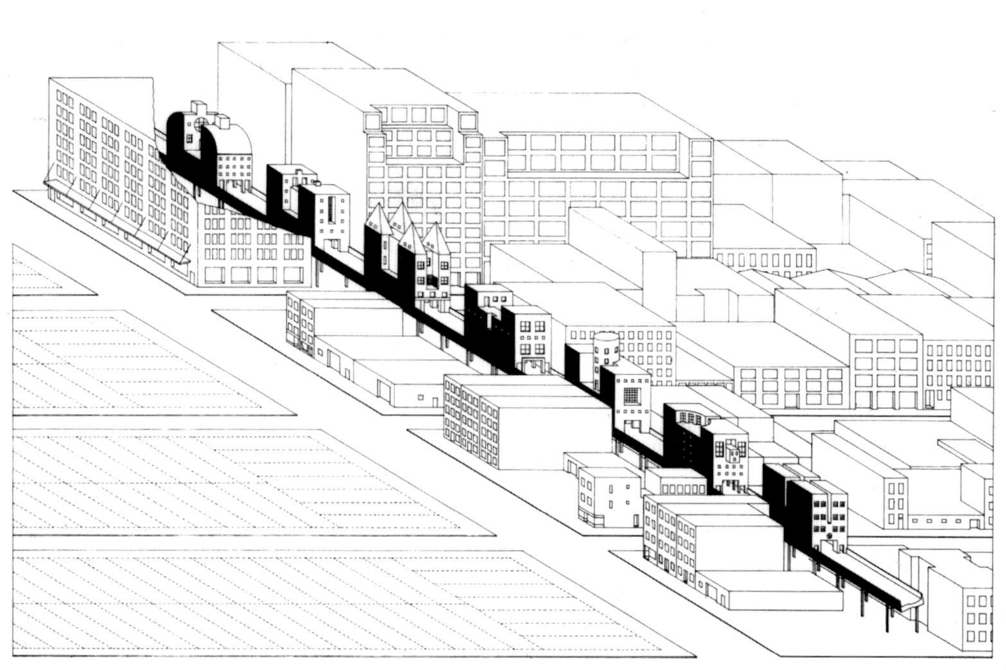

왼쪽
1999년 폴라 셔가 디자인한 하이라인 로고.

위
조슈아 데이비드(왼쪽)와 로버트 해먼드.
'하이라인 친구들'의 공동 창립자.

하이라인 친구들

1999년, 이웃 주민인 로버트 해먼드와 조슈아 데이비드는 하이라인의 불확실한 미래를 논의하기 위한 커뮤니티 위원회 모임에서 처음 만났다.
하이라인 구조물을 보존하기 위한 조직화된 커뮤니티 운동이 전혀 없다는 사실을 깨닫고 곧 합심하여 '하이라인 친구들'을 공동 창립한다.

《하이라인을 걸으며》, 2001~2002년

'하이라인 친구들'의 제안과 CSX 운송 회사의 허가를 얻어 사진작가 조엘 스턴펠드는 하이라인의 사계절 풍광을 담은《하이라인을 걸으며》를 펴냈다. 발상을 전환시켜준 조엘의 사진 덕분에 지역 주민들 사이에 하이라인 보존을 지지하는 목소리가 퍼져나갔다.

Elevators, fireproof, free parking, with doorman.
Manhattan Mini Storage
212-STORAGE

Elevators,
fireproof,
free parking,
with doorman.
(You should live this well.)
Manhattan
Mini Storage
212-STORAGE
Private,
secure
and in your
neighborhood.
Manhattan
Mini Storage
212-STORAGE
GAP
GAP KHAKIS

Vol. 5

HIGH LINE REAL/TY

Produced by Chelsea Property Owners, a group of concerned businesses and citizens who care about
• effective, *not wasteful*, city spending • safety • logical economic growth for New York

WHY CAN'T JOHNNY SWING?

Because the High Line is too narrow. It won't even be able to fit this backyard playset! How useful is a park that can't even accommodate kids?

Our city needs money for important things-stop wasting money on the High Line.

하이라인 현실

왜 조니가 그네를 못 타냐고요?

하이라인이 너무 좁기 때문입니다. 그곳에는 이런 놀이 기구도 들여놓을 수가 없습니다.
아이들도 불러들이지 못하는 이런 공원이 무슨 소용이 있을까요?

**우리 시는 중요한 일에 돈을 써야 합니다.
하이라인에 이제 돈을 그만 허비합시다.**

15년 동안 하이라인 철거를 위해 로비를 해온 첼시 부동산 지주들은 '하이라인 친구들'을 설립하자 더욱 열성적으로 활동했다. 이 단체는 철거 노력의 일환으로 2002년, '하이라인 현실'이라는 제목의 전단지를 하이라인 지지자들에게 정기적으로 발송했다.

HIGH LINE REAL/TY

Vol. F

Produced by Chelsea Property Owners, a group of concerned businesses and citizens who care about
• effective, *not wasteful*, city spending • safety • logical economic growth for New York

Money doesn't grow on trees… and the last time we checked it wasn't growing in the weeds of the High Line either.

The Friends of the High Line seem to assume money for a "park in the sky" will just fall out of the sky. Their plans for funding are: "Public moneys, corporate sponsorships, foundation grants, public/private partnership and donor support." In other words, they're not sure where the money will come from. They held their big fundraiser and raised $200,000. Sounds like a lot until you realize it's less than one quarter of one percent of what even their supporters estimate the work will cost.

Perhaps The Friends of the High Line haven't heard that the City of New York is seeking money to rebuild crumbling schools, and maybe even fix the parks that we already have. Millions of dollars for a park in the sky??? Please. **New York still has not determined where it will get the $183,000,000 to finish the Hudson River Park, less than one block away!!**

하이라인 현실

돈은 나무에서 자라지 않습니다… 아무리 눈을 씻고 봐도, 하이라인의 잡초에서도 돈은 자라나지 않았습니다.

하이라인 친구들'은 '하늘공원'을 조성할 돈이 하늘에서 뚝 떨어질 거라고 생각하는 것 같습니다. 이들은 공사 비용을 공공 자금, 기업 후원금, 재단 기부금, 공공/민간 협력 및 기부 지원으로 충당한다는 계획을 세우고 있습니다. 다시 말해 어디에서 돈을 끌어올지도 확실히 모르는 상황이지요. '하이라인 친구들'은 대규모 모금 행사를 열어 20만 달러를 조성했습니다. 많은 금액 같지만, 실상을 알고 나면 하이라인 지지자들이 추정하는 사업 비용의 0.25퍼센트도 안 됩니다.

하이라인 친구들'은 무너져가는 학교 재건축과 기존 공원의 보수를 위해 뉴욕 시에서 재원을 확보중이라는 소식을 듣지 못했나 봅니다. 하늘공원을 조성한다고 수백만 달러를 쓰겠다니요? 제발 부탁입니다. 뉴욕 시는 하이라인에서 한 블록도 채 떨어지지 않은 허드슨 리버 파크 완공을 위해 1억 8천 3백만 달러를 어디에서 끌어올지도 아직 결정하지 못한 상태입니다.

CORP.

양쪽 페이지 작품
〈하이라인 풀The High Line Pool〉
나탈리 린Nathalie Rinne 작, 오스트리아 빈

210~211쪽 작품
〈브루클린의 우회로Detour of Brooklyn〉
존 클리터John Cleater 작, 뉴욕

2003 설계 아이디어 공모전

2003년, '하이라인 친구들'은 아이디어 공모전을 주최했다. 당시 하이라인은 공원 조성이 확실하게 결정되지 않은 상태였다. 출품작에 현실성과 실용성을 담을 필요는 없었다. 공모전의 의도는 하이라인의 미래에 대한 대화의 장을 마련해보자는 것이었다. 이 공개 아이디어 공모전에는 36개국으로부터 7백 20점의 작품이 접수되었다.

BAD

PIER 72
PIER 66
PIER 64
WEST SIDE HIGHWAY
FISHING
FISHING
FISHING
DON'T MISS
30TH ST.
29TH ST.
28TH ST.
11TH AVE.
10TH AVE.
25TH ST.
22ND ST.
21ST ST.
17TH ST.

212~213쪽 위
리처드 프렐리Richard Preli 작
로드아일랜드 디자인 스쿨 소속

212~213쪽 아래
리처드 존스Richard Jones 작
뉴욕 브루클린 잼JAAM 디자인 소속

왼쪽
뉴욕 프런트 스튜디오FRONT Studio 작.

아래
설계 공모전에 모인 모든 출품작은 2003년 여름,
그랜드 센트럴 역의 밴더빌트 홀에서 전시되었다.

2004 설계 공모전

설계 아이디어 공모전에 이어 2004년, '하이라인 친구들'과 뉴욕 시는 건축가, 조경 설계사, 엔지니어, 원예가, 조명 디자이너 및 기타 많은 분야의 전문가로 구성된 학제간 설계 팀을 찾는 참가 신청서RFQ 공고를 냈다. 이 공모전에서 네 팀의 결선 진출 팀을 선정했고, 이들 출품작은 그리니치빌리지의 건축센터에 전시되었다.

테라그램

아래는 테라그램TerraGRAM 팀의 설계안. '마이클 밴 발켄버그 어소시에이츠'와 D. I. R. T 스튜디오, '베이어 블라인더 벨' 연합 팀이다.

HIGH
LINE

자하 하디드
'자하 하디드 아키텍츠'와 '발모리 어소시에이츠' (스키드모어, 오윙스 앤 메릴 LLP와 스튜디오MDA) 연합 팀의 설계안.

스티븐 홀
'스티븐 홀 아키텍츠'와 '하그리브즈 어소시에이츠', HNTB 연합 팀의 설계안.

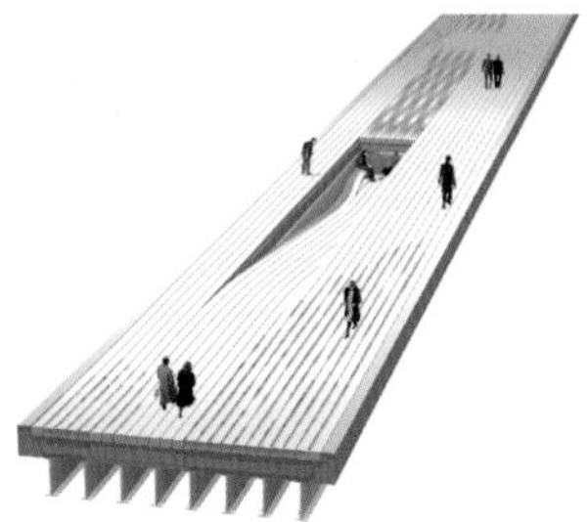

피트
0% : 100%

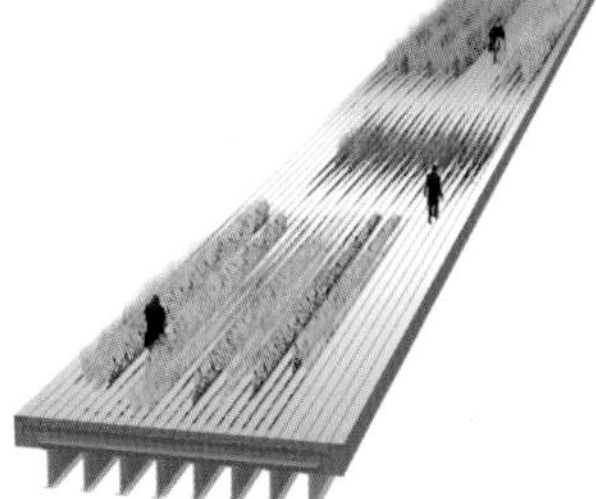

평지
40% : 60%

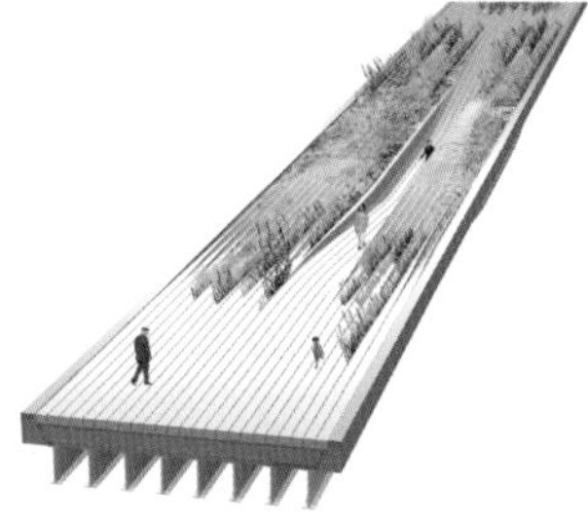

다리
50% : 50%

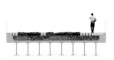

이끼 지역
디에라눔
레우코부리움(흰털이끼)
폴리트리쿰(솔이끼)
뒤디움(깃털이끼)

습함

키 큰 목초지
귀리
김의털
억새
수크령
소르그하스트룸

건조함

습지대
과꽃
사초
삼지구엽초
루줄라
부채꽃
버베나

습함

작은 언덕
55% : 45%

경사로
60% : 40%

플라이오버
100% : 10%

잡목숲 지대
아디안툼
아사룸
베툴라 니그라 '헤리티지'
매화오리나무
사사프라스
오스문다
가막살나무

습함 / 보통

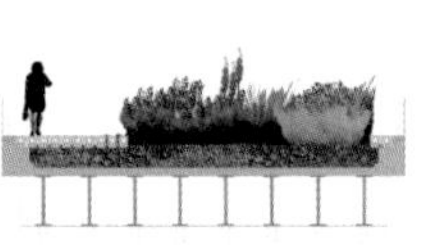

다년생 혼성 목초지
쑥
큰도깨비풀
헤우케라
모나르다
여뀌
오이풀
깨꽃

건조함 / 보통

어린 나무 숲
아가스타케
회양목
박태기나무
라바테라
붉나무
살릭스 엘레아그노스

보통

'제임스 코너 필드 오퍼레이션'과 '딜러 스코피디오+렌프로'
이 우승 팀의 설계안이 지금 하이라인의 설계로 발전했다.

what will grow here?

하이라인을 만든 사람들

하이라인의 설계는 커뮤니티 기반의 협의 과정을 거쳐 탄생했다. 이 과정에서 하이라인 지지자, 지역 주민, 관심 있는 여타의 집단은 설계사와 '하이라인 친구들'에 요구 사항을 직접 전달했다.

아래
우편으로 발송한 2003 커뮤니티 의견 듣기 포럼 초대 엽서.

오른쪽
'하이라인 친구들'의 2007년 인물 사진 프로젝트 이미지. 하이라인 후원자들의 인물 사진을 1천 장 이상 모아놓았다.

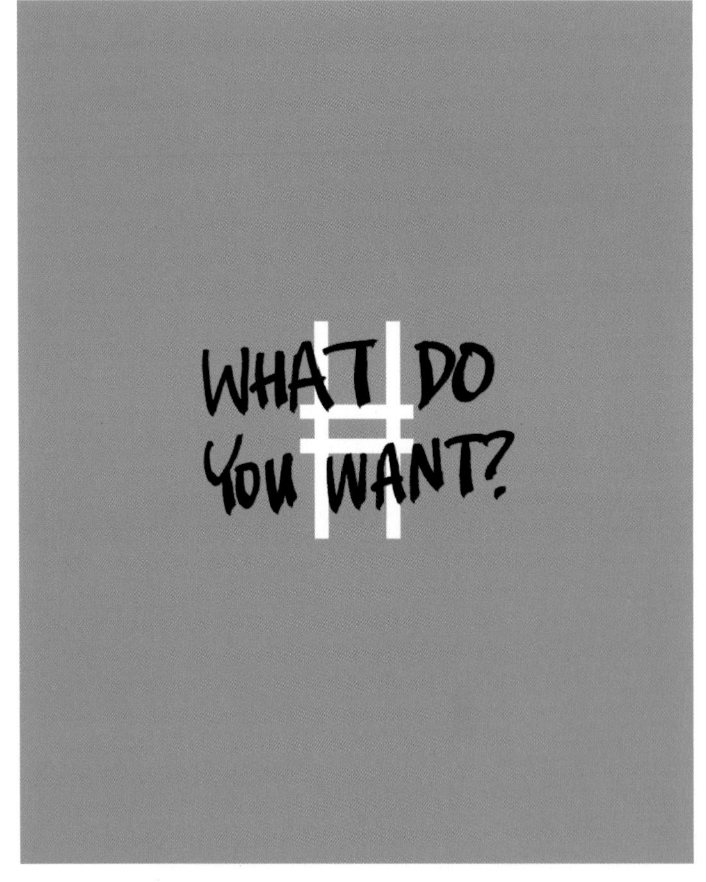

ROCKY
MARCIANO

왼쪽
시의회 의장 크리스틴 C. 퀸은 시 정부 인사 중 처음으로 하이라인 편을 들어준 한 사람이다.

위
도시계획위원회 위원장 어맨다 버든과 '하이라인 친구들' 위원회 위원장 존 앨슐러.

아래
하이라인 자금 모금 캠페인의 수장인 리사 마리아와 필립 팰컨.

왼쪽
플로랑 모를레와 함께한 조슈아 데이비드와 로버트 해먼드

위
DVF 스튜디오에서 열린 2003 모금 행사에 참석한 조슈아 데이비드, 다이앤 폰 퓌르스텐베르크, 로버트 해먼드.
당시 모금 행사 직전, 뉴욕 시는 하이라인 재이용 방안을 찬성하는 쪽으로 정책을 바꾸었다.

아래
필 애런즈, 셸리 팍스 애런즈, 로버트 해먼드, 기포드 밀러.

왼쪽
하이라인 설계 팀 구성원. (위 왼쪽부터 시계 방향으로) 매슈 존슨, 찰스 렌프로, 리사 스윗킨, 제임스 코너, 황나현, 엘리자베스 딜러, 릭(리카르도) 스코피디오.

위
뉴욕 시 경제 개발 및 재건축 담당 부시장인 대니얼 닥터로프가 하이라인 기공식에서 연설하고 있다.

아래
에드워드 노턴, 로버트 해먼드, 조슈아 데이비드, 케빈 베이컨.

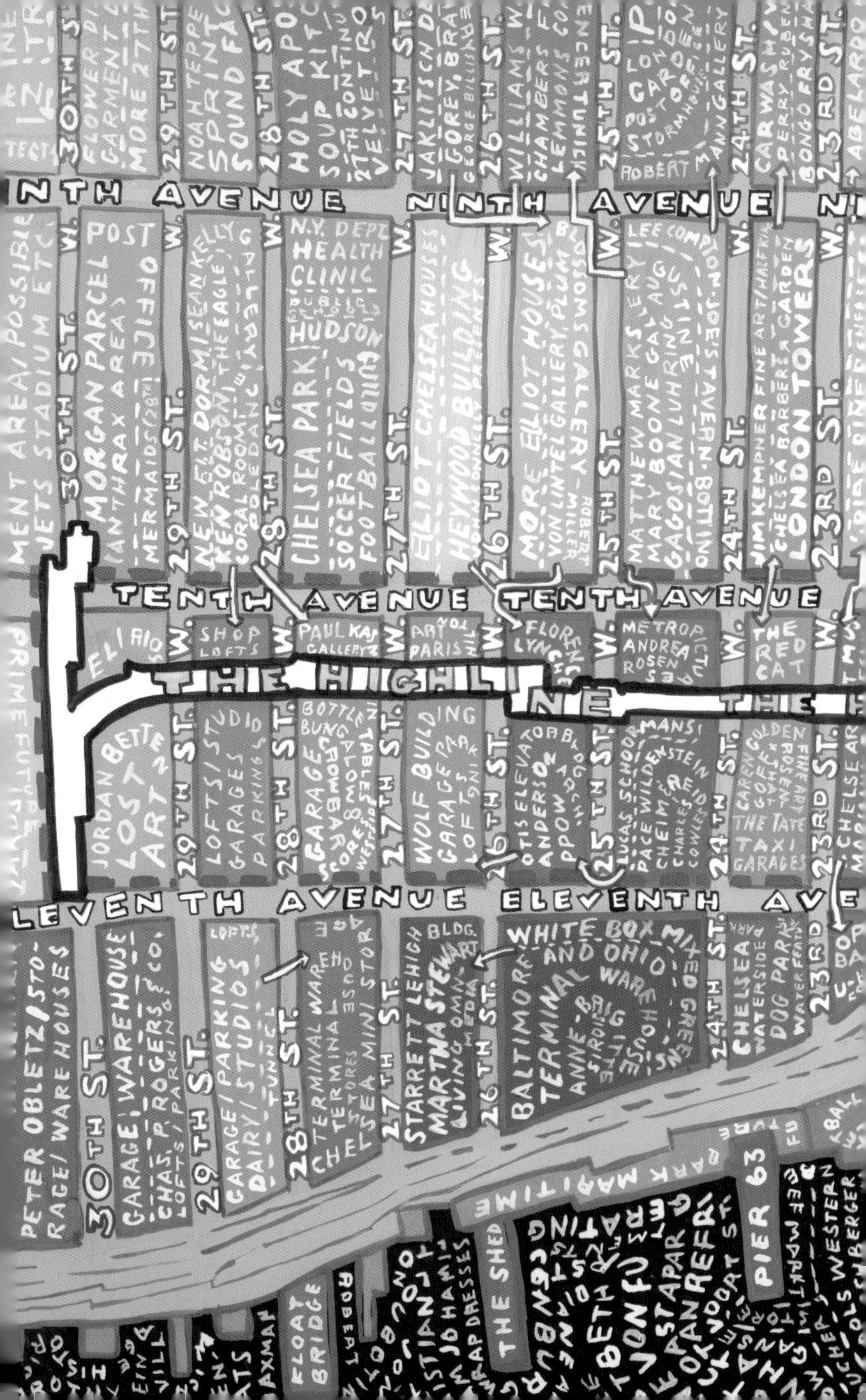

NINTH AVENUE
TENTH AVENUE
ELEVENTH AVENUE
30TH ST.
29TH ST.
28TH ST.
27TH ST.
26TH ST.
25TH ST.
24TH ST.
23RD ST.
FLOWER DISTRICT
GARMENT
MORE 27TH
NOAH TEPPER
SPRINT
SOUND FAC
HOLY APOSTLES
SOUP KITCHEN
27TH CONTINENT
VELVET
JAKLITSCH
GOREY, BRAD
GEORGE BILLIS
WILLIAMS
CHAMBERS
LEMMONS
TUNICK
POST
LONDON
GARDEN
STORMHOUSE
ROBERT MANN GALLERY
CARWASH
PERRY RUBENSTEIN
BONGO FRY
ABELARD
POSSIBLE JETS STADIUM ETC.
POST OFFICE
MORGAN PARCEL
(ANTHRAX AREA)
MERMAIDS
N.Y. DEPT. HEALTH CLINIC
HUDSON
CHELSEA PARK
SOCCER FIELDS
FOOTBALL
ELLIOT CHELSEA HOUSES
HEYWOOD BUILDING
MORE ELLIOT HOUSES
VON LINTEL GALLERY
PLUM
BLOSSOMS GALLERY
ROBERT MILLER
LEE COMPTON
MATTHEW MARKS
MARY BOONE
GAGOSIAN
LUHRING AUGUSTINE
JOE'S TAVERN
JIM KEMPNER FINE ART
CHELSEA BARBER
CHELSEA GARDEN
LONDON TOWERS
SHOP LOFTS
PAUL KASMIN GALLERY
ART PARIS
FLORENCE LYNCH
METRO PICTURES
ANDREA ROSEN
THE RED CAT
THE HIGH LINE
JORDAN BETTE
LOST ART
LOFTS / STUDIO
GARAGES
PARKING
BOTTLE
BUNGALOW
GARAGE
CROWBAR
SCORES
WOLF BUILDING
GARAGE PARK
LOFTS
OTIS ELEVATOR
ANDERSON
LUCAS SCHOORMANS
PACE WILDENSTEIN
CHEIM & READ
CHARLES COWLES
GAGOSIAN
BARBARA GLADSTONE
CAREN GOLDEN
ROSE FINE ART
THE TATE
TAXI GARAGES
PETER OBLETZ / STORAGE / WAREHOUSES
GARAGE / WAREHOUSE
CHAS. P. ROGERS & CO.
LOFTS / PARKING
LOFTS
GARAGE / PARKING
DAIRY / STUDIOS
TUNNEL
TERMINAL WAREHOUSE
TERMINAL STORES
CHELSEA MINI STORAGE
LEHIGH BLDG.
STARRETT LEHIGH
MARTHA STEWART
LIVING OMNIMEDIA
WHITE BOX
MIXED GREENS
BALTIMORE AND OHIO
TERMINAL WAREHOUSE
ANNE-BRIGITTE SIROIS
CHELSEA WATERSIDE PARK
DOG PARK
23RD ST.
PARK
MARITIME
PIER 63
THE SHED
FLOAT BRIDGE
AXMAN
ROBERT
ROBERT SOLOTIC
JOHAN
MAP DRESSES
BETH
BON FU
GANSEVOORT ST.
WESTBETH
WESTBERGER

NINTH AVENUE
AVENUE
HUDSON ST.
GANSEVOORT
W. 21ST ST.
W. 20TH ST.
W. 19TH ST.
W. 18TH ST.
W. 17TH ST.
W. 16TH ST.
W. 15TH ST.
W. 14TH ST.
WEST 12TH ST.
LITTLE W. 12TH ST.
WASH
THE HIGH LINE
GENERAL THEOLOGICAL SEMINARY
PRETTY BROWNSTONES
CLEMENT CLARK MOORE PARK
192 BOOKS
HISTORIC DISTRICT
THE PROXY
THE ROXY
FULTON HOUSES
THE PARK
RED ROCK WEST
THE CHELSEA
MERCHANTS REFRIDGERATING
NATIONAL BISCUIT
NABISCO
PORT AUTHORITY
MARITIME
LA LUNCHONETTE
LUXEMBOURG
JEFFREY
COW PARIS
NOVAK
BRASS MONKEY
LAMB UNLIMITED
HIGHLINE RESTAURANT
THOM BROWNE
DIAMOND MEAT PACKERS
MEAT TRUCKS
LIBERTY INN
MEAT HOOK
WOMEN'S PRISON
MUSEUM
EDISON PARKING
MANHATTAN MINI STORAGE
PLAYGROUND, KIDS, DOGS, PICNICS
SUNBATHING
HUDSON RIVER PARK
CHELSEA PIERS
PIER 61
SEAGULLS
HOCKEY
PIER 60
PIER 59
KAYAK RENTAL
PIER 57
CUNARD PIER
TITANIC
GANSEVOORT PENINSULA
PILINGS
MANHATTAN FRUIT EXCHANGE
CHELSEA MARKET
W22 CONTINUED
MATHEW MARKS
PAULA COOPER
TANYA BONAKDAR
GALLERY
PHILLIPS DE PURY
FLORENT
OXYGEN
THE CLEAVER CO.
CHELSEA WINE VAULT
SOHO HOUSE

234~235쪽 그림
아티스트이자 그래픽디자이너인 폴라 셔의 2005년 시리즈, 〈더 맵스The Maps〉의 하이라인 인근 지역 그림 지도.

기공식에 참석한 유명 인사들

시의회 의장 크리스틴 C. 퀸, 공익옹호관 벳시 고트바움, 상원의원 힐러리 클린턴과 찰스 E. 슈머, 마이클 R. 블룸버그 시장, 도시계획위원회 위원장 어맨다 M. 버든, 제럴드 내들러 의원이 2006년 4월에 열린 하이라인 기공식에서 철도 선로를 들어 올리는 일을 도왔다.

2006년, 공사의 시작

하이라인이 화물 선로 가대에서 공원으로 변모하기 시작한 것은 2006년부터였고 여러 단계의 작업을 거쳤다. 우선 풀, 흙, 선로, 가대를 비롯해 여러 자재를 들어냈다. 다음으로 부지를 보수하고 방수 공사 후 산책로, 하이라인 접근 통로, 의자, 조명, 모판 기반 구조, 식물 등 공원 환경 요소를 제자리에 배치했다.

하이라인의 핵심, 조경 공사

하이라인에 원래 있던 철도 선로는 대부분 새로 조성한 조경 부지에 다시 깔았다. 하이라인 산책로는 끝으로 갈수록 폭이 좁아지는 테이퍼형 콘크리트 판을 설치해 조성했다.

JOBEAGY INC

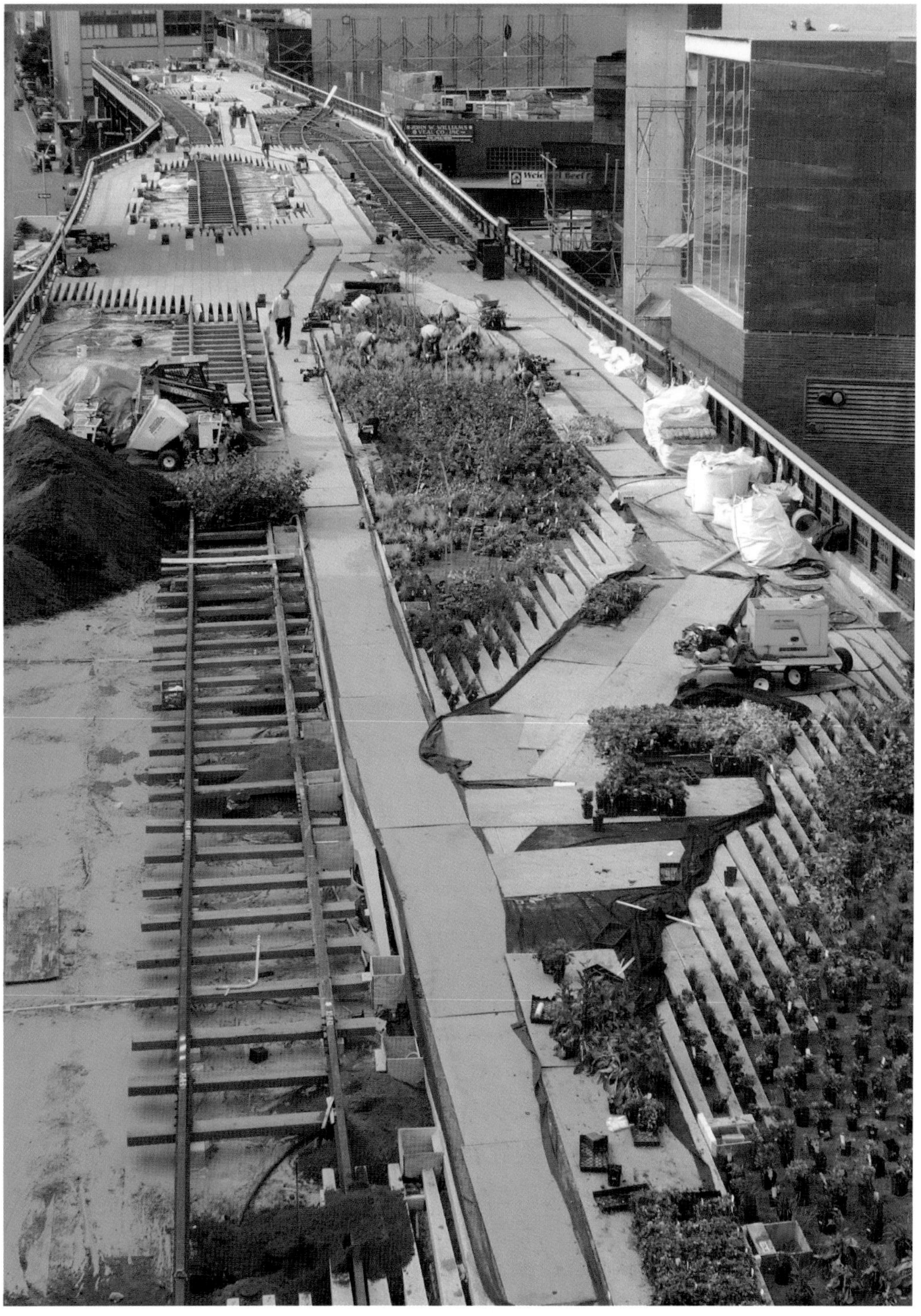

왼쪽

웨스트 13번가 위의 모판에서 일하는 조경 인부들.

위

14번가 남쪽 모판에 식물을 심는 장면.
남쪽을 바라본 모습이다.

하이라인, 개장하다

2009년 6월 8일, 리본 커팅식이 끝난 뒤 하이라인 1구간을 시민들에게 공개했다.

갱스부르트 플라자

하이라인 남부 종착지는 인상적이다. 갱스부르트 가와 워싱턴 가 모퉁이를 점유하고 있으며, 거리에는 작은 공공 광장을 조성했고 하이라인 높이에 갱스부르트 전망대가 자리하고 있다.

De Bragga & Spitler, Inc.

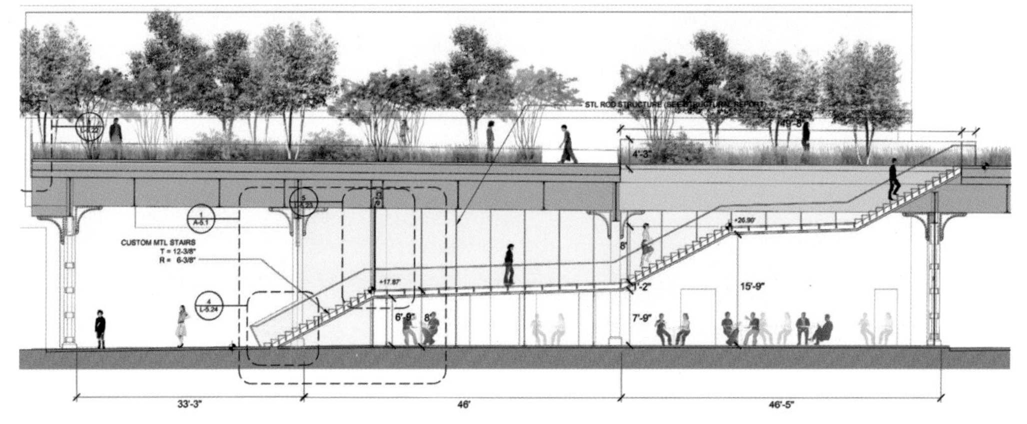

STL ROD STRUCTURE (SEE STRUCTURAL REPORT)
CUSTOM MTL STAIRS
T = 12-3/8"
R = 6-3/8"
1
A-5.1
5
L-5.23
4
L-5.24
+17.87'
+26.90'
4'-3"
8'
1'-2"
15'-9"
6'-9"
8'
7'-9"
33'-3"
46'
46'-5"

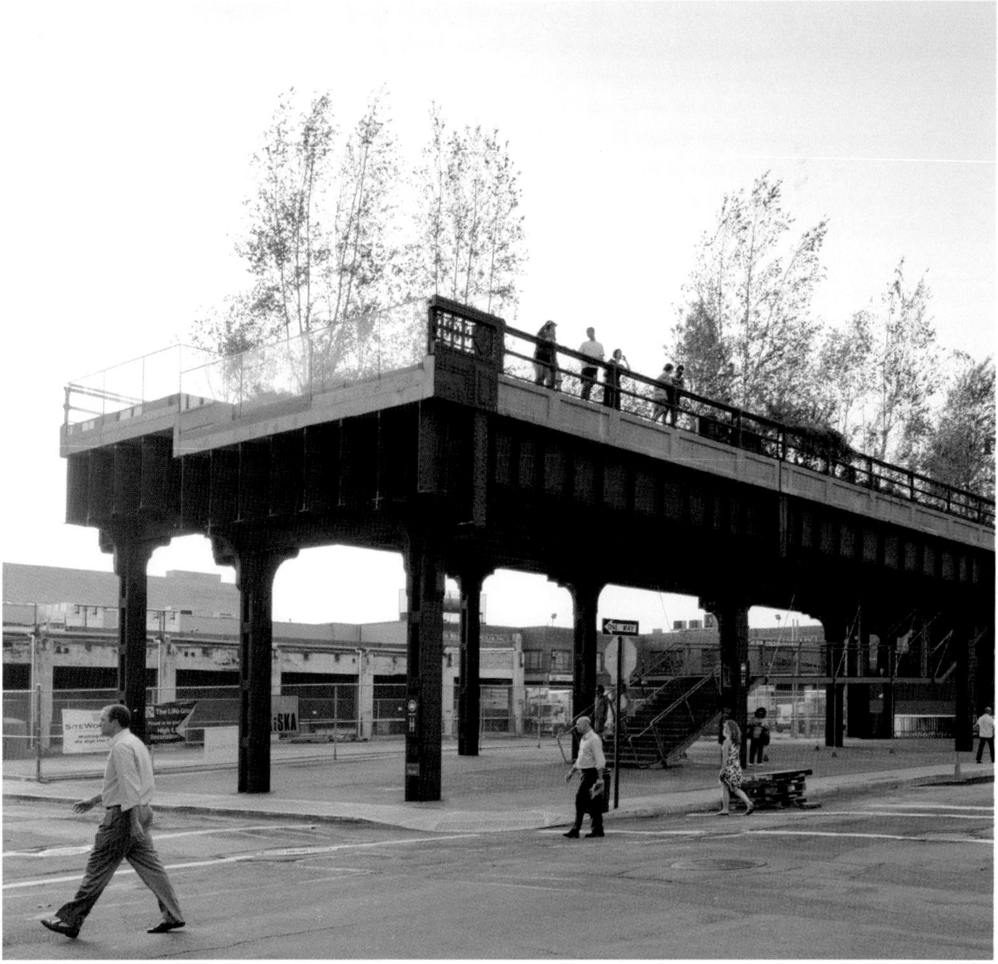

갱스부르트 삼림 구역과 워싱턴 풀숲 구역

갱스부르트 삼림 구역과 워싱턴 풀숲 구역은 하이라인 남단의 세 개 블록에 걸쳐 있고, 뉴욕 스탠더드 호텔 바로 아래에서 끝난다.

위
워싱턴 풀숲 구역의 초기 건축 렌더링을 보면 하이라인 설계의 중점적인 특징이 드러난다. 바로 조경 구역과 일체화된 테이퍼형 콘크리트 판의 모듈식 시스템이다.

허리 아래의 조명

하이라인 조명 시스템은 '롭세르바투아르 앵테르나시오날'에서 설계했다. 기존의 머리 위 조명 방식은 눈부심을 유발할 수 있는데, 하이라인에 설치한 에너지 절감 방식의 LED 조명은 벤치와 난간 등의 조경 시설 속에 있어 산책로와 모판을 은은하게 밝혀준다.

Weichsel Beef

웨스트 14번가

하이라인은 현재 반폐 상태인 옛 '쿠더헤이Cudahy 정육 공장'의 짐 싣는 로딩 독을 통과해 웨스트 14번가로 나온다.

딜러-폰 퓌르스텐베르크 선데크

선데크는 강 전망이 뛰어나고, 등받이 각도가 완만한 라운지체어와 인공 수로가 있어 하이라인에서도 사람들이 많이 모이는, 가장 인기 있는 장소다. 이곳 보행로에는 얕은 유수층流水層이 형성되어 있는데, 이런 수경 시설 덕분에 아이들에게 인기가 많다.

COL

첼시 마켓 통로

웨스트 15번가에서 하이라인은 현재 첼시 마켓인 옛 '나비스코 베이커리'를 지난다. 이곳 통로는 하이라인에서 공공 프로그램을 가장 많이 진행하는 곳이다. 통로 창에는 스펜서 핀치Spencer Finch의 〈양 방향으로 흐르는 강〉이라는 작품이 설치되어 있다.

노던 스퍼 보존 구역

10번가를 가로질러 구 냉동 창고로 연결되는 선로 돌출부(스퍼)는 야생식물의 보금자리로, 계절마다 매우 다채로운 풍경을 보여준다.

10번가 스퀘어

하이라인은 웨스트 17번가에서 10번가를 가로지르며 인상적인 광장을 창출해낸다. 이곳은 하이라인에서 가장 넓은 공간이며 공원에서 가장 인기 있는 명소로 꼽힌다. 10번가 스퀘어에는 계단식 좌석이 조성되어 있고 벽면을 도려낸 큰 창이 있어 10번가를 내려다볼 수 있다.

ONE WAY
W 17 ST
SPECIAL AGENT

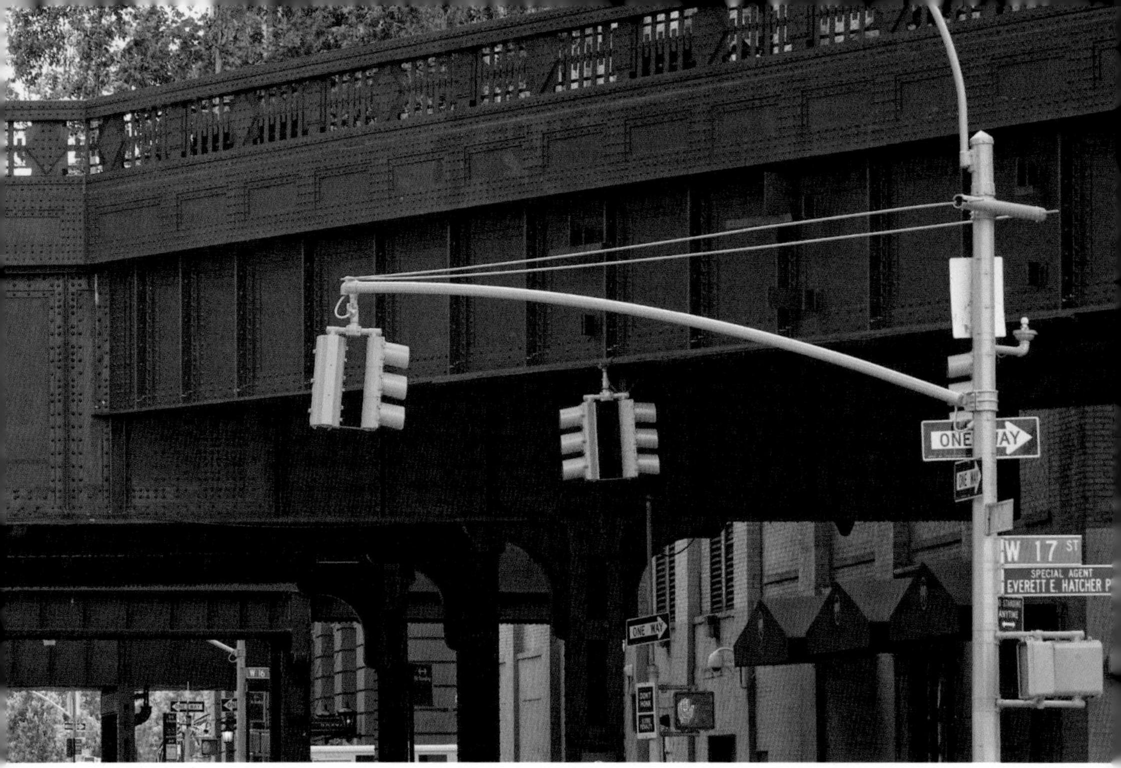

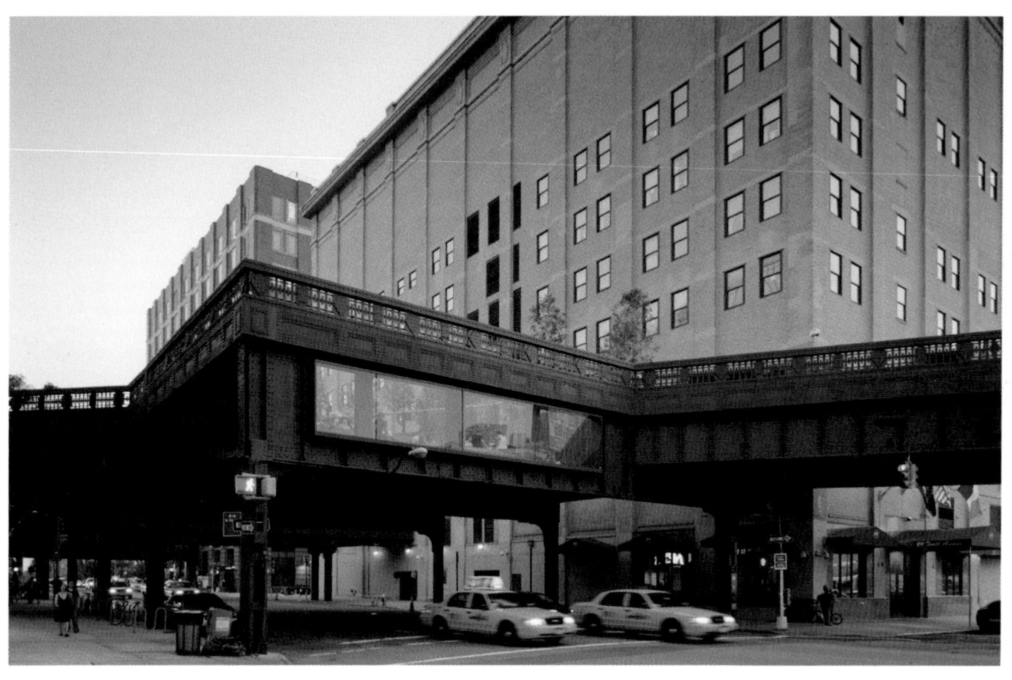

Calvin Klein
BEAUTY
ORANS

U.S.PIRG

첼시 풀숲 구역

웨스트 첼시 구역에서부터 세 블록에 걸쳐 조성된 첼시 풀숲 구역은 햇빛을 좋아하는 풀과 다년생 야생화가 특징적이며 주변 건물 전망이 뛰어나다.

Where switching meets
saving
statefarm.com
BE MVP

첼시 잡목숲 구역

웨스트 20번가부터는 하이라인 중에서 가장 최근에 조성된 구역으로, 2011년 6월 대중에게 공개되었다. 첼시 잡목숲 구역은 이 지점부터 북쪽으로 두 블록에 걸쳐 있는데, 층층나무와 호랑가시나무, 쇠뜨기 칠엽수, 장미를 포함해 잎이 무성한 여러 가지 관목이 굽이진 길을 따라 조성되어 있어 빽빽한 숲의 축소판 같다.

계단식 좌석과 웨스트 23번가 잔디

웨스트 22번가에는 스타디움식 좌석을 계단형으로 올라가게 배치해 하이라인 서쪽의 구 창고 건물 벽돌담과 맞닿게 했다. 하이라인 폭이 가장 넓어지는 첼시 지점에서는 예전에 로딩 독이 있던 자리에 재생 티크 널판을 채워 편안한 좌석을 창출했다. 공원 콘크리트 산책로는 이곳 23번가에서 무성한 잔디밭으로 바뀐다. 북쪽으로 더 가다 보면 하이라인 표면에 돋아난 잔디가 조금씩 벗겨지면서 23번가를 따라 양쪽에서 강을 전망하기 좋은, 약간 도톰하게 올라오는 부분이 형성된다.

오른쪽
23번가 잔디와 계단식 좌석에서 남쪽을 바라본 모습. 멀리 첼시 잡목숲 구역과 첼시 풀숲 구역이 보인다.

212·storage
Manhattan Mini Storage

P PROCESSORS

왼쪽
창고 건물은 강 쪽에서 하이라인으로 불어오는 바람을 막아주고, 나무가 무성하게 자라기에 더할 나위 없는 보호 구역을 조성해준다.

리사 마리아와 필립 A. 팰컨 플라이오버

하이라인 폭이 좁아지면서 두 채의 대형 창고 건물 사이를 통과하는 지점에서 격자 모양의 탄탄한 금속 재질 보행로가 하이라인 표면에서 위쪽으로 경사져 올라간다. 이 팰컨 플라이오버는 2.5미터 정도 높이까지 뻗어 있으며, 사람들은 올라가면서 지붕처럼 우거진 큰잎목련, 사사프라스, 채진목을 지나쳐 간다. 하이라인 표면에 조성된 보행로 아래는 음지를 좋아하는 다년생식물과 지피식물로 가득하다.

양쪽
재생 티크나무로 만든 대형 벤치가 동쪽과 서쪽을 바라보게 배치되었고, 그 주위로 큰잎목련이 하이라인 표면에서 자라난다.

Residences
available now

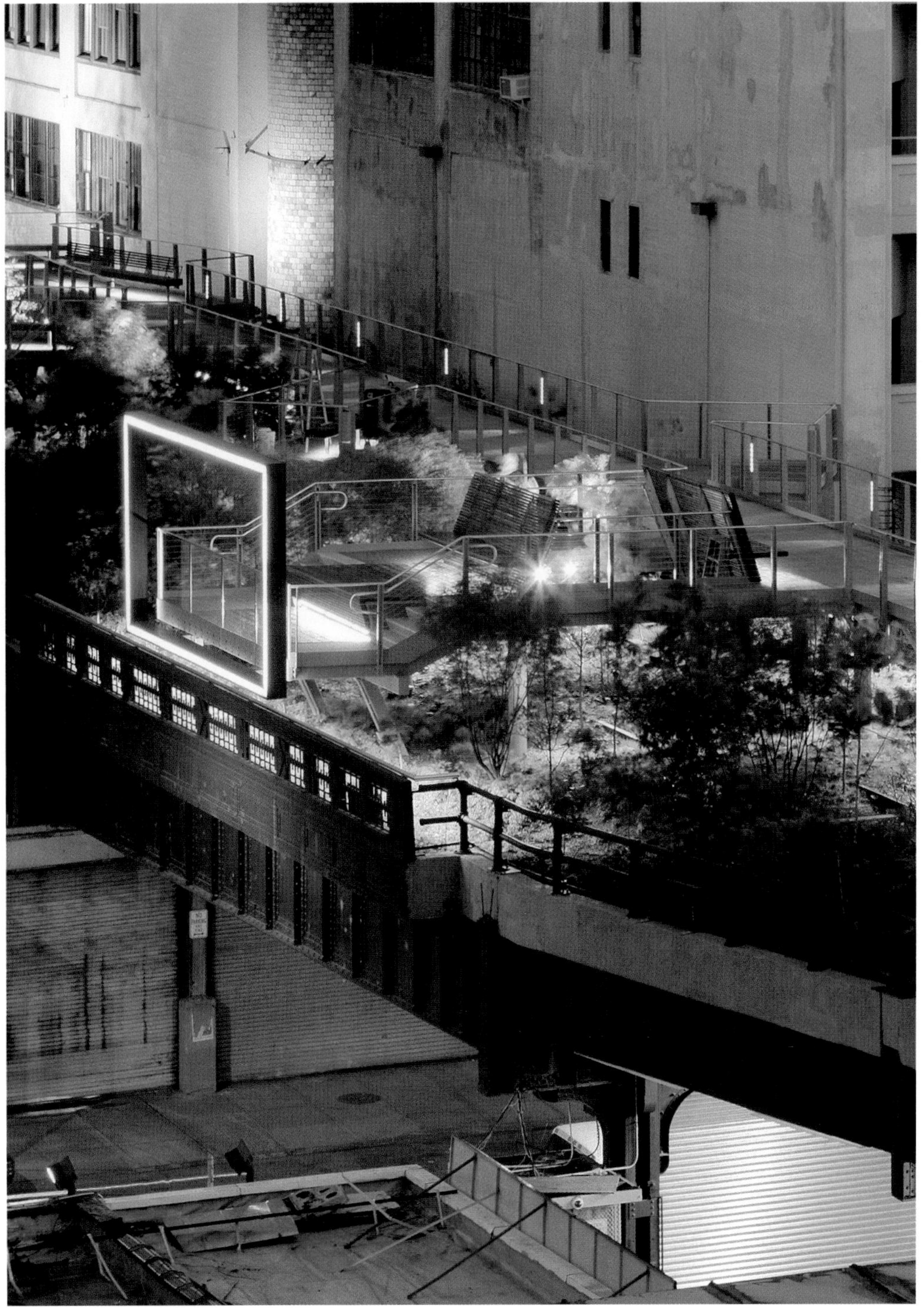

왼쪽
24번가 위에서 북쪽으로 팰컨 플라이오버를
바라본 모습.

야생화 구역

하이라인은 웨스트 첼시 북단에 근접하면서 구조물 폭이 좁아진다. 이곳 보행로는 단순하게 쭉 뻗어 있고 햇빛이 잘 들어 하이라인의 아름다운 원예가 빛나는 구역이다. 3월 초부터 10월 말까지 다년생 야생화가 녹황색 잔디 사이에서 만개한다.

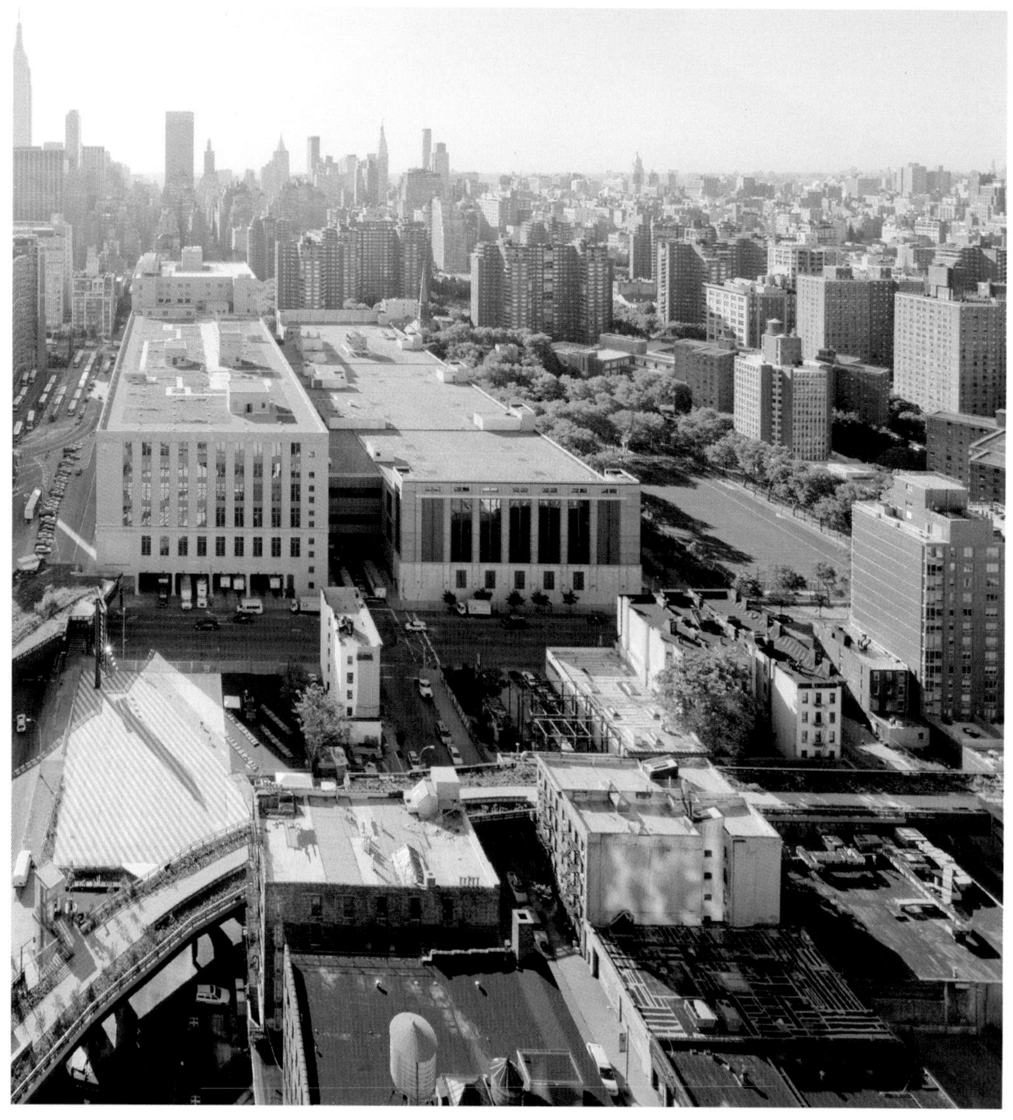

웨스트 30번가 굽잇길

하이라인이 허드슨 강을 향해 서쪽으로 완만하게 휘기 시작하는 웨스트 30번가에서는 하이라인의 커브 곡선을 따라 벤치가 반원 모양으로 길게 설치되어 있다. 이 벤치는 현재 하이라인 북단 근처에서 사람들이 많이 모이는 장소이며, 얼마 안 있어 조차장 구간으로 들어서는 전환 지점 역할을 할 것으로 보인다.

왼쪽
남쪽을 전망한 모습. 하이라인은 웨스트 30번가부터 웨스트 16번가에서까지도 보인다.

웨스트 30번가 전망대

하이라인이 웨스트 30번가를 통과하는 지점에서는 구조물의 콘크리트 바닥이 철거되어 육중한 격자 구조의 철강과 하이라인 아래의 거리 보도가 그대로 드러나 있다. 이곳 바닥에는 철망 전망대를 깔아 아래쪽 전망과 서쪽 허드슨 강 전체 조망이 가능하게 했다. 전망대는 계단과 엘리베이터를 이용해 올라갈 수 있도록 완성했으며, 현재 이곳은 하이라인 공원의 북쪽 종착 지점이다.

독특한 풍경

'제임스 코너 필드 오퍼레이션'과 원예가 피에트 우돌프가 공동으로 조성한 하이라인 조경은 끊임없이 변화하는 환경이다. 2백 종 이상의 풀, 야생화, 관목, 나무가 이런 독특한 풍경을 이루어내며 계절의 다양성, 질감, 색채 변화, 강건함을 강조한다. 하이라인 초목은 대부분 자생으로 자란 것들이고 가뭄에 잘 견디는 변종이다.

위
원예 디자이너 피에트 우돌프.

Jacob K. Javits Convention Center
Future new 7 subway station
Hudson River
Rail Yards
West 35th Street
West 34th Street
West 33rd Street
West 31st Street
West 30th Street
Morgan Post Office
West 28th Street
Terminal Stores Building
Starrett-Lehigh Building
Eleventh Avenue
Tenth Avenue
Ninth Avenue
West Chelsea Historic District
West 26th Street
Chelsea-Elliott Houses
West 25th Street
West 24th Street
London Terrace
West 23rd Street
West 22nd Street
West 21st Street
General Theological Seminary
West 20th Street
Chelsea Historic District
West 19th Street
West 18th Street
Fulton Houses
West 17th Street
West 16th Street
Chelsea Market
West 15th Street
West 14th Street
Gansevoort Market Historic District
Little West 12th Street
Gansevoort Street
Jane Street
West Side Highway / 9A
Chelsea Piers
Hudson River Park
최근 개발된 건물 일부 목록
: 완공되었거나 공사중인 건물
1 옴, 스티븐 B. 제이컵스 그룹
2 웨스트 30번가 500, 로버트 A. M. 스턴 아키텍츠
3 아발론 웨스트 첼시, SLCE 아키텍츠
4 +aRt, GF55 파트너스
5 포트 10, H. 토머스 오하라 아키텍츠
6 호텔 아메리카노, TEN 아키텍토스
7 웨스트 27번가 520, FLANK
8 첼시 아트 타워, 코사 앤 게리
9 애비뉴: 더 월드 스쿨, 개조 공사
10 10번가 245
델라 발레+베른하이머
11 보스키 갤러리, 데보라 버크+파트너스
12 11번가 200, 안나벨레 셀도르프
13 베스타 24, 개릿 골리 아키텍트 PLLC
14 하이라인 519, 린디 로이
15 HL23, 닐 디너리
16 웨스트 23번가 500,
거너 크로니크+발카셀 아키텍츠
17 라이프세이버 로프츠, 스튜디오 D+FORM
18 첼시 인클레이브, 폴셰크 파트너십
19 100 일레븐스 애비뉴, 장 누벨
20 IAC/인터액티브코퍼레이션, 게리 파트너스
21 메탈 셔터 하우스, 반 시게루
22 웨스트 19번가 520, 안나벨레 셀도르프
23 웨스트 19번가 456, 타마킨 코퍼레이션
24 웨스트 18번가 459, 델라 발레+베른하이머
25 첼시 모던, 오드리 매트록 아키텍츠
26 더 칼레도니아, 핸덜 아키텍츠
27 드림 다운타운 호텔, 핸덜 아키텍츠
28 더 포터 하우스, SHoP 아키텍츠
29 애플 스토어, 볼린 사이윈스키 잭슨
30 450W14, 모리스 아지미 아키텍츠
31 다이앤 폰 퓌르스텐베르크 스튜디오 본사, WORKac
32 뉴욕 스탠더드 호텔, 폴셰크 파트너십
33 시어리, 모리스 아지미 아키텍츠
34 휘트니 미국미술관, 렌조 피아노 빌딩 워크숍과 쿠퍼,
로버트슨 앤 파트너스 합동 건축 사무소
35 하이라인 본사, 렌조 피아노 빌딩 워크숍과 베이어 블라인더 벨
개발 계획 중이거나 추후 개발할 건물
36 허드슨 야드 이스트, 릴레이티드 컴퍼니/옥스퍼드 프라퍼티즈와 KPF
37 허드슨 야드 웨스트, 릴레이티드 컴퍼니/옥스퍼드 프라퍼티즈
38 브룩필드 프라퍼티즈
39 포머 스튜어트 딘 앤 코퍼레이션 부지, 셔우드 이쿼티즈
40 하이라인 타워, 리 해리스 포머로이 아키텍츠
41 웨스트 21번가 500, 셔우드 이쿼티즈
42 웨스트 20번가 508, 셔우드 이쿼티즈
43 에디슨 파킹
44 리얼 에스테이트 이쿼티즈 코퍼레이션
45 로마노프 이쿼티즈 회사
46 워싱턴 가 837, 테코닉 인베스트먼트 파트너스
47 부두 57, 영우 앤 어소시에이츠+로텍

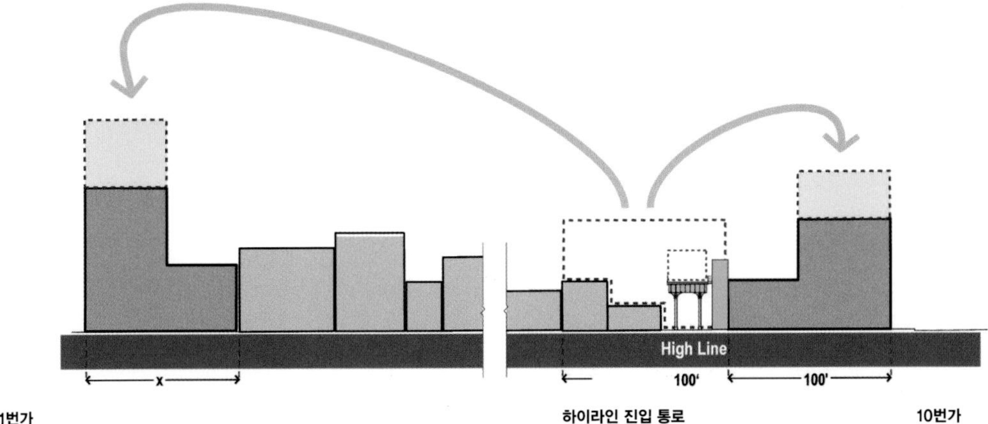

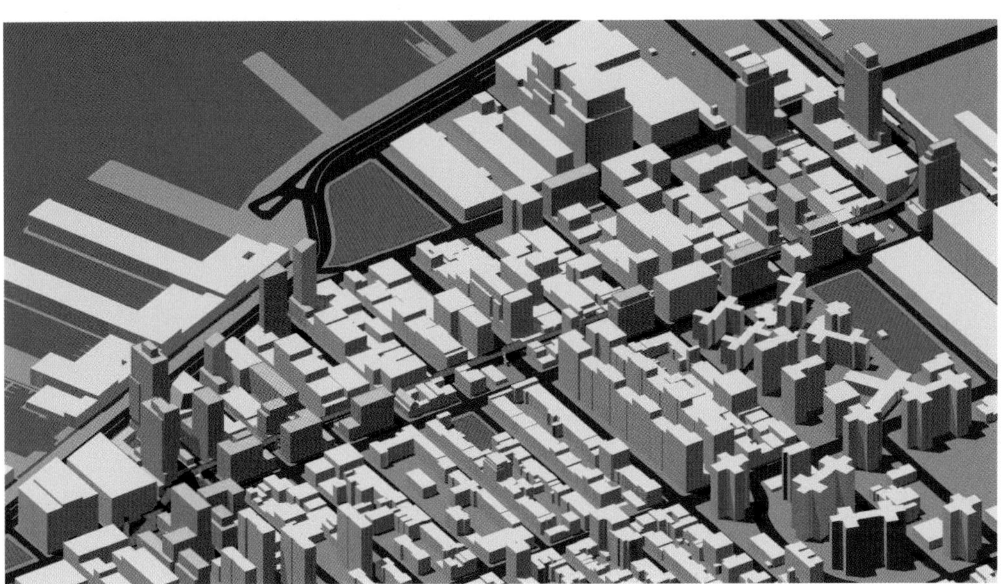

웨스트 첼시 지구 개편

2005년 뉴욕 시가 개발한 웨스트 첼시 특별 지구에는 하이라인 주변 블록이 포함된다. 지구 개편 작업 덕분에 철거와 재개발 대신 공원화를 하면서 행사할 수 없었던 지주들의 하이라인 부동산 개발권을 10번가와 11번가 부지로 이전할 수 있었다.

왼쪽
스탠더드 호텔, 워싱턴 가 848, 폴셰크 파트너십 설계.

아래 (위 왼쪽부터 시계 방향으로)
10번가 245, 델라 발레 베른하이머 설계.
더 칼레도니아, 웨스트 17번가 450, 핸델 아키텍츠 설계.
웨스트 19번가 456, 타마킨 코퍼레이션 설계.
웨스트 14번가 450, 하이라인 빌딩으로 알려짐, 모리스 아지미 증축,
이 건물은 역사적인 옛 쿠더헤이 정육 공장 위에 지어짐.

새 건축 바람

하이라인 주변 지역의 상업 지구 개발로 인해 새로운 건물들이 들어섰는데 이 지역 건물들은 혁신적인 설계로 명성을 얻고 있다.

위 (위 왼쪽부터 시계 방향으로)
메탈 셔터 하우스, 웨스트 19번가 524, 반 시게루 아키텍츠 설계.
100 일레븐스 애비뉴, 장 누벨 설계.
IAC 본사, 게리 파트너스 설계.
다이앤 폰 퓌르스텐베르크 스튜디오 본사, WORKac 설계.

오른쪽
HL23, 웨스트 23번 517, 닐 디너리 설계.

웨스트사이드 조차장

하이라인의 3분의 1은 웨스트사이드 조차장 주변부를 통과한다. 이 부분은 하이라인에서 가장 볼거리가 많은 구간으로 손꼽히며, 이곳에서는 미드타운의 스카이라인과 허드슨 강이 한눈에 내려다보인다. 약 10만 5천 3백 평방미터의 조차장 구역에는 향후 10년간 대규모 주거 및 상업 지구를 조성할 예정이다. 이 부지에 대해 그동안 제시되어온 많은 개발 계획 중에는 하이라인을 부분적으로 또는 전체적으로 철거하는 안이 포함되어 있었다. '하이라인 친구들'은 지속적으로 웨스트사이드 조차장 구역의 하이라인 구조물 전체를 보존하자고 주장해오고 있다.

UNITED

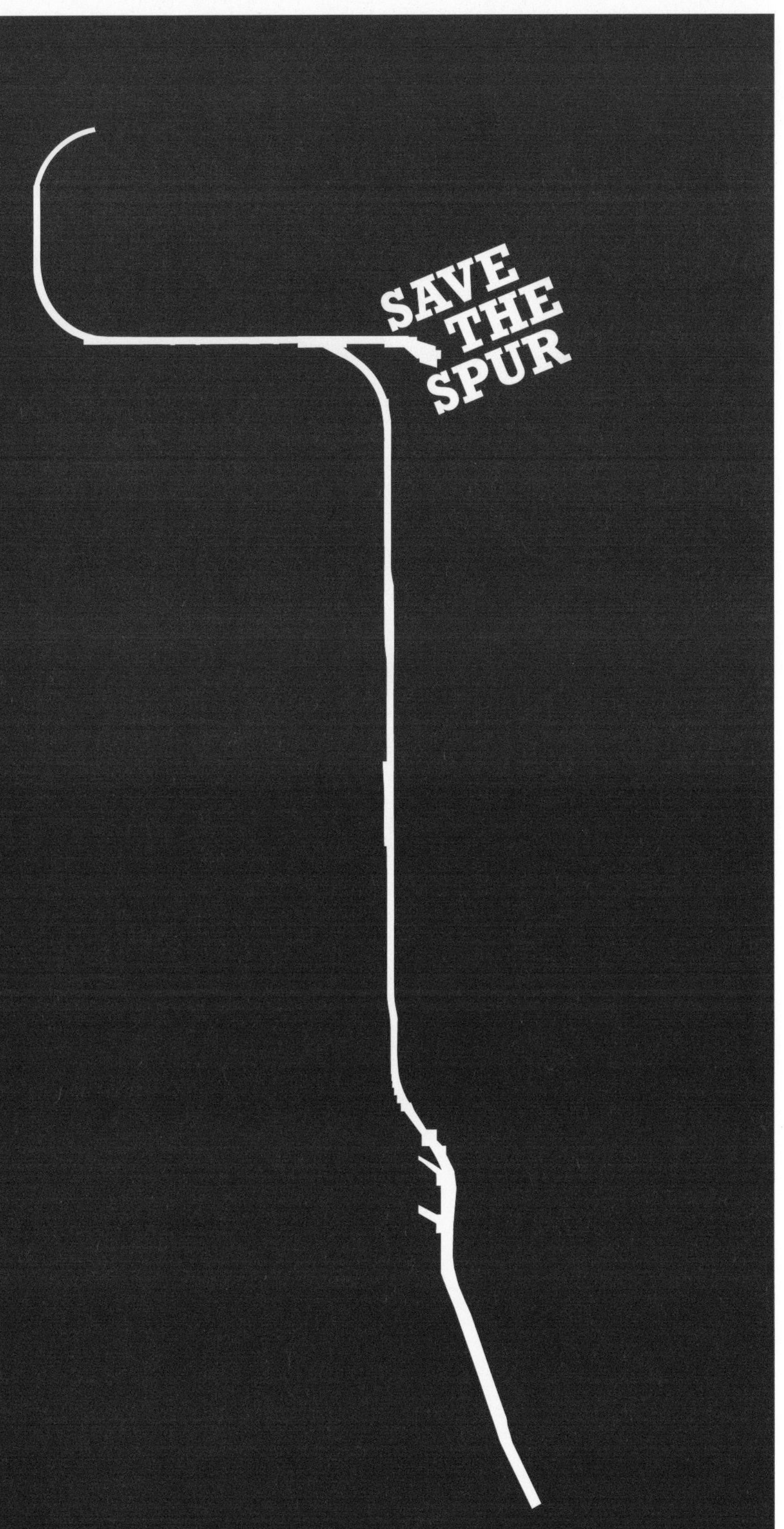
SAVE
THE
SPUR

SPACE FOR RENT
HELMSLEY-NOYES CO.
924-3880
CHELSEA
MINI-STORAGE
564-7735

CHELSEA
MINI
STORAGE
564-
7735

제츠 스타디움

초기 조차장 조성 계획 중에는 '뉴욕 제츠' 팀의 미식축구 스타디움을 새로 짓는 안이 포함되었다. 뉴욕의 2012년 올림픽 유치 신청에서도 스타디움 건설은 대표 공약이었다. 스타디움 조성 계획은 2005년 취소되었다.

조차장 개발과 하이라인의 미래

2007년 도시교통국은 개발업자들에게 조차장 부지에 건설할 권리를 임대하기 위한 입찰서를 받겠다고 발표했다. 조차장 부지는 약 1백 20만 제곱미터의 주거 및 상업용 건물과 문화 시설, 공공 개방 공간을 수용하도록 편성되었다. 입찰 과정에서 개발 업체 다섯 곳의 개발안이 나왔다. 그중 몇 개는 하이라인을 보존하자는 안이었지만 다른 몇 개는 하이라인 일부나 전부를 철거하자는 계획이었다.

아래
엑스텔 개발 회사
설계: 스티븐 홀

오른쪽
브룩필드 프라퍼티즈
설계: 스키드모어 오윙스 & 메릴
토머스 파이퍼 & 파트너스
SHoP 아키텍츠
딜러 스코피디오+렌프로
카주요 세지마+류 니시자와
핸덜 아키텍츠

허드슨 야드 계획

도시교통국은 릴레이티드 컴퍼니를 웨스트사이드 조차장 부지 개발 사업체로 선정했다. '허드슨 야드'라고 불리는 개발안에는 약 1백 20만 제곱미터의 주거 및 상업용 고층 건물 개발, 문화 시설, 개방 공간 개발 계획이 잡혀 있으며 하이라인 사업도 이 개발안에 속해 있다.

양쪽
허드슨 야드 개발안의 2011 렌더링과 부지 계획.

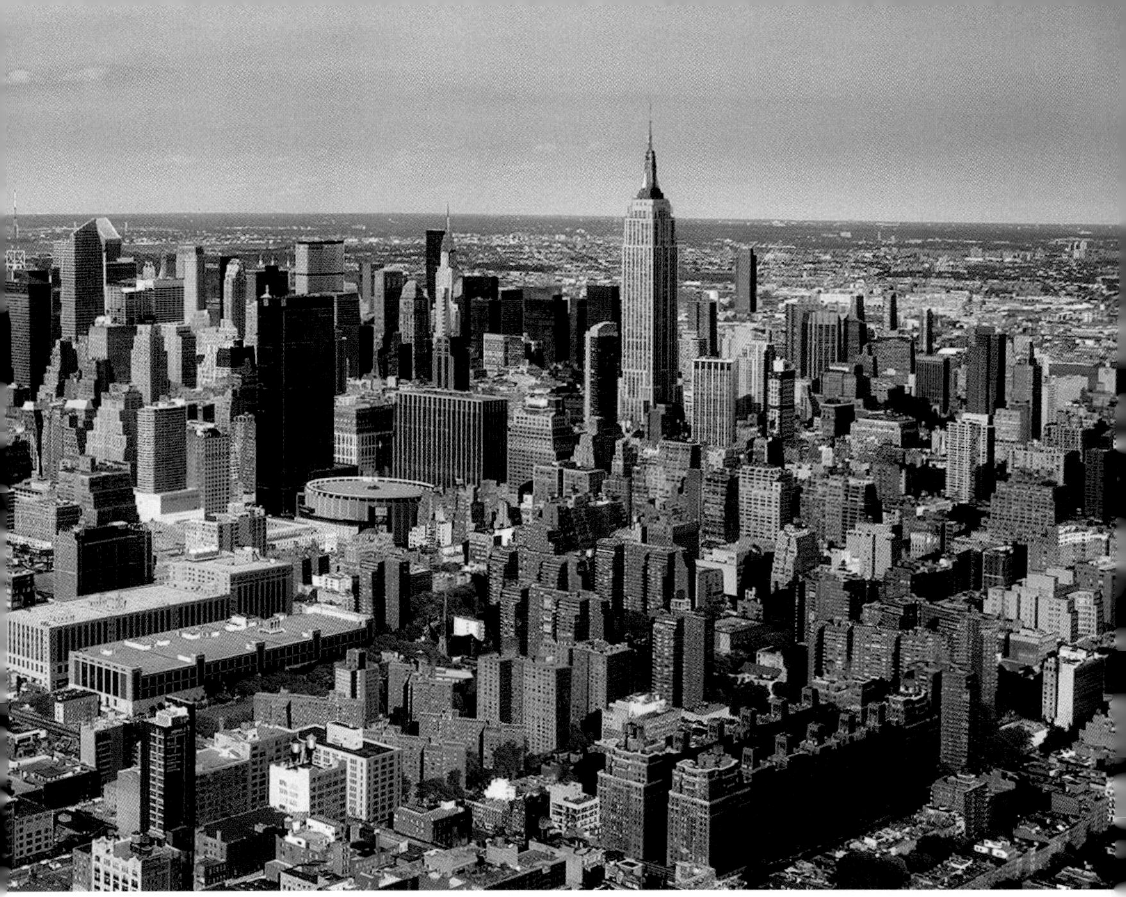

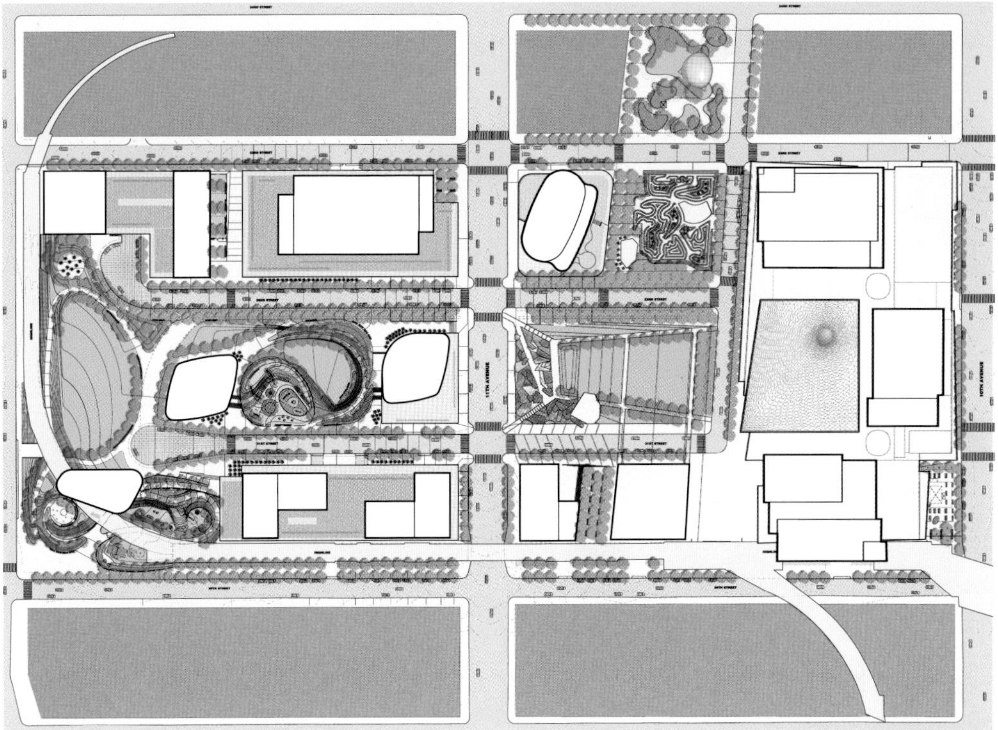

휘트니 미국미술관과 하이라인 본사

미트패킹 구역의 갱스부르트 가와 워싱턴 가에서 하이라인 남단 종착지와 인접한 부지는 추후 휘트니 미국미술관 지국이 들어설 자리다. 이 미술관은 렌조 피아노 빌딩 워크숍과 쿠퍼, 로버트슨 & 파트너스 합동 건축 사무소에서 설계했으며, 2015년 개관 예정이다(왼쪽). 이 부지에는 하이라인의 유지 보수 및 운영 시설도 자리할 예정이다(아래).

LOUIS ZUCKER & CO
212-242-4474
CAFE
DINER
Hector's
CAFE & DINER
212-206-7592
ONE WAY
ONE
STOP

다양한 하이라인 공공 프로그램

'하이라인 친구들'이 주최하는 일반인 대상 프로그램은 무료로 또는 저렴한 비용으로 이용할 수 있다. 이런 프로그램들은 다양하고 포용적이며 생동감 넘치는 커뮤니티를 조성하는 데 도움을 준다. 이 프로그램 덕분에 공원을 방문한 사람들은 하이라인의 역사와 최근 공원으로 변모한 과정을 알아갈 수 있다. 또한 프로그램을 통해 모인 사람들은 하이라인에서 영감을 받고 공원을 활동적으로 함께 즐긴다.

3
C.R.
COSTA RICA TRAIL

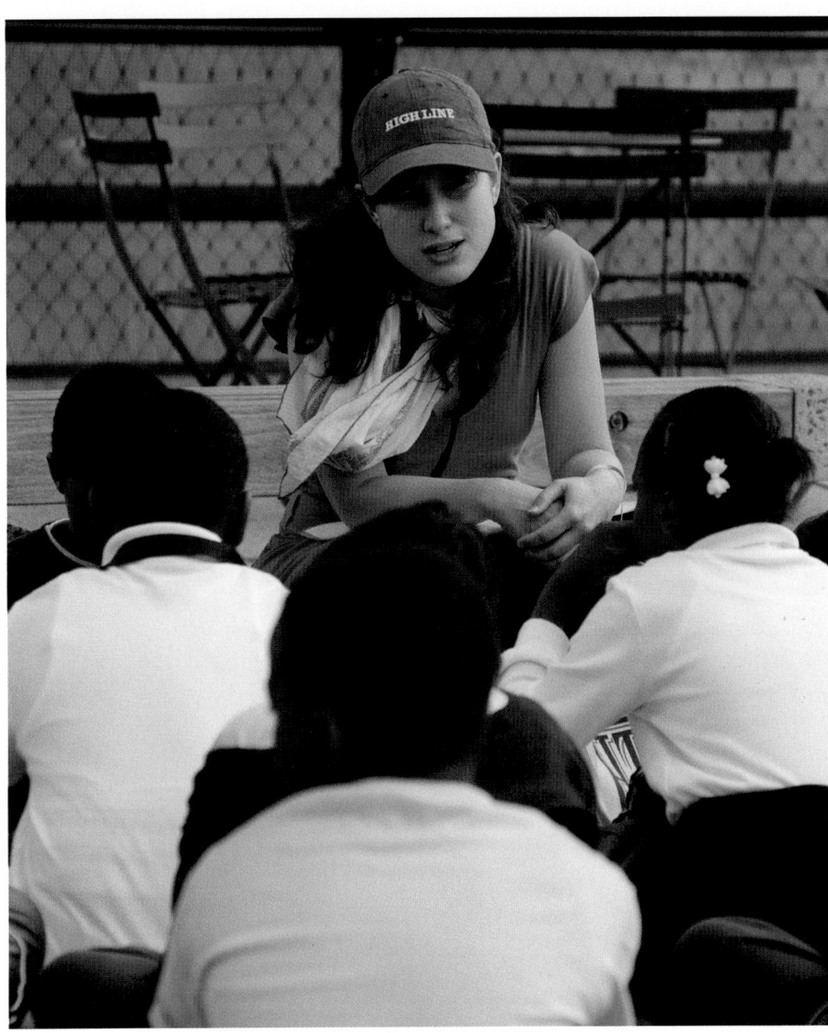

왼쪽
뉴욕의 아마추어 천문학자협회와 함께
하이라인에서 별을 보는 모습.

위
할렘 아트 스쿨 학생들이 하이라인 견학
프로그램의 일환으로 하이라인 역사에 대해
배우고 있다.

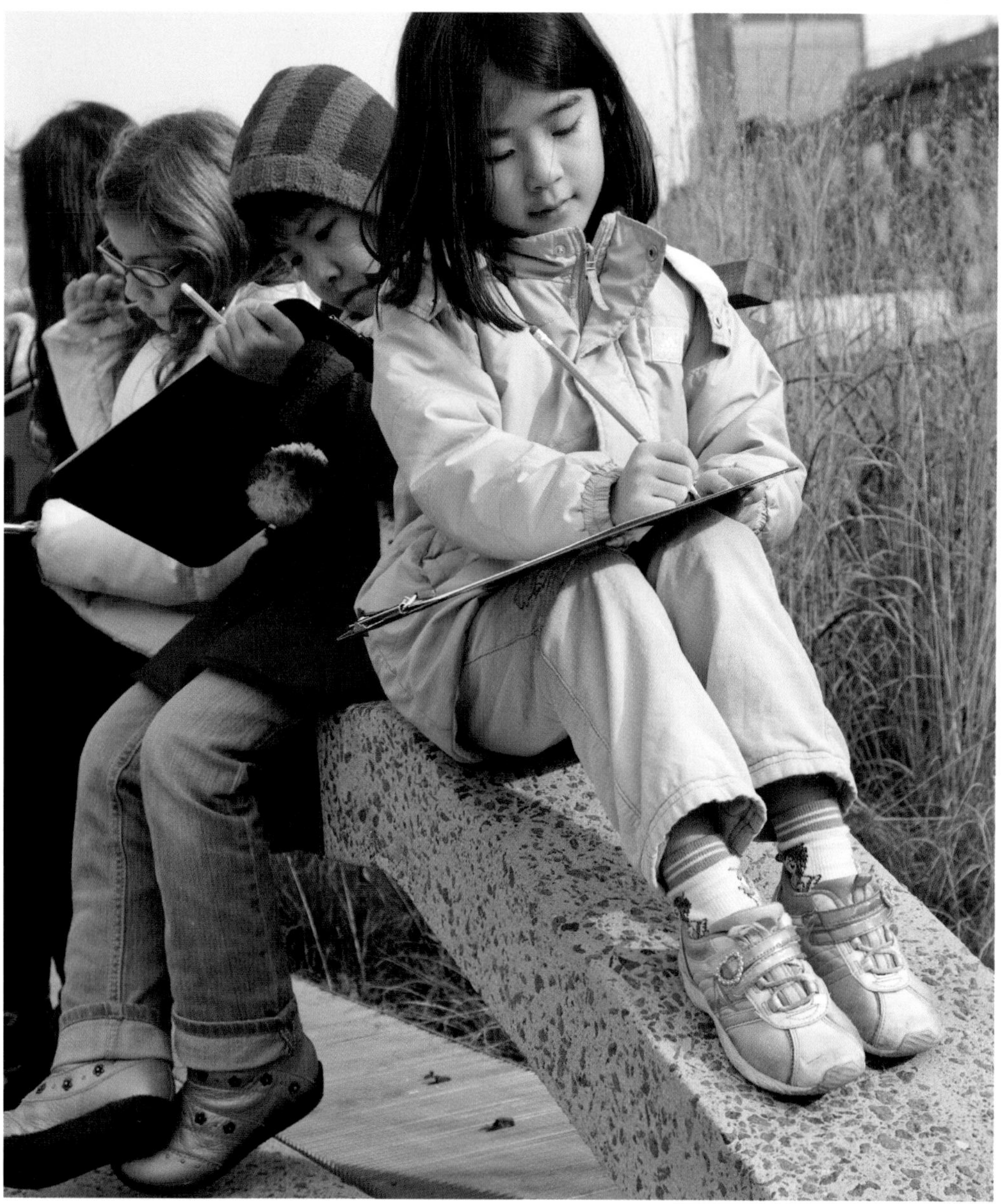

위
학생들이 하이라인에 견학 와서 관찰 기록문을 쓰고 있다.

오른쪽
온갖 연령대의 댄서들이 〈어텀 크로싱Autumn Crossing〉을 공연하고 있다. 〈어텀 크로싱〉은 '하이라인 친구들'이 처음 의뢰받은 댄스 작품으로, '나오미 골드버그 하스 댄스Naomi Goldberg Haas Dances for a Variable Population' 팀이 안무를 맡고 '허드슨 길드'에서 공동 후원했다.

첼시 마켓 통로에서 이루어지는 요가 수업.

하이라인 아트

'하이라인 친구들'의 아트 프로그램인 '하이라인 아트High Line Art'는 뉴욕 시 공원레크리에이션관리국과 협력해 하이라인의 특성에 부응하는 작품을 특정 장소에 임시로 설치하고 전시한다.

아래
킴 벡Kim Beck의 〈사용 가능한 공간Space Available〉, 2011년 하이라인과 인접한 건물 지붕에 설치.

오른쪽
리처드 갤핀Richard Galpin의 〈역을 바라보며Viewing Station〉, 2010년 18번가 하이라인에 설치.

위
디미트리어스 올리버Demetrius Oliver의 광고 게시판 작품 〈주피터Jupiter〉,
시각예술과 공연, 컴퓨터 프로그래밍을 결합한 2010년 멀티미디어 작품이다.

아래
스펜서 핀치Spencer Finch의 〈양쪽으로 흐르는 강The River That Flows Both Ways〉,
2009년 '크리에이티브 타임'과 합작으로 첼시 마켓 통로에 전시.

하이라인 사람들

'하이라인 친구들'은 정원사, 방문객 서비스 담당 요원, 기술자, 수위, 화장실 관리인 등의 유지 보수 및 운영 직원을 두어 공원을 원활하게 운영한다.

STAFF

← ½ BLOCK

하이라인 단기 공연

하이라인 주변에서는 때때로 단기 공연도 펼쳐진다. '하이라인 변심자 카바레'는 2009년 여름, 인근 주택의 비상구에서 자주 공연을 열었다. 아래 사진은 마이클 앤젤로Michael Angelo의 〈립스틱 초상Lipstick Portraits〉의 일부인 어맨다 리포어Amanda Lepore의 모습.

위
'하이라인 친구들'의 2003년 여름 모금 행사용으로 디자인한 임시 문신 도안.

아래
2003년 커뮤니티의 의견을 알아보기 위해 배포한 카드에 한 주민이 적어준 글귀. "하이라인은 야생 지역 그대로 손대지 말고 보존해야 합니다. 틀림없이 하이라인은 망가지겠죠. 그래서 사라지고 말 겁니다."

THE HIGH LINE SHOULD BE PRESERVED, UNTOUCHED, AS A WILDERNESS AREA.

☐ **Yes,** I will attend

Name
Address

Phone
Email

☐ Please send me more information concerning the High Line

☐ No, I will not be able attend, but I wish to contribute

NO DOUBT YOU WILL RUIN IT. SO IT GOES.

craftsteak

하이라인의 모든 친구들에게

2010년 말, 이 책을 쓰기 시작했을 때 우리는 웨스트 20번가부터 웨스트 30번가까지 하이라인 2구간 개장을 위해 박차를 가하고 있었다. 이제 공원 크기는 두 배가 될 것이며, 이에 따라 직원을 새로 고용하고, 새로 심은 5만 포기의 식물을 관리하기 위해 준비하고, 교육과 시민 참여 프로그램을 확대하고, 두 배로 커진 하이라인의 운영 자금을 확보하기 위해 '하이라인 친구들' 개발 예산 부서의 규모를 키워야 했다. 마침 하이라인 마지막 구간인 웨스트사이드 조차장 구간의 1단계 계획을 시작한 참이기도 했다. 따라서 다른 일을 시작하기에 이상적인 시기는 아니었지만, 잘 하건 못 하건 이만하면 되겠다는 수준을 넘어서기 위해 일에 매진하자는 원칙을 세운 터였다. 게다가 10년 전에 일어났던 일의 모든 세세한 부분까지 오랫동안 기억할 수 있을 것 같지가 않았다.

우리는 이제까지의 하이라인 프로젝트를 한 번 쭉 짚어보고 그 변신 이야기의 일부를 사람들과 같이 나누기로 했다. 동시에 하이라인의 보존과 설계, 건설을 위한 10년간의 여정을 시작했을 때 우리가 처음부터 장기적인 사업 계획이나 확실한 목표를 가지고 뛰어들었을 거라는 사람들의 생각을 바꿔주고 싶었다. 이 책에서 보여준 것처럼 우리는 하이라인 프로젝트에 다소 맹목적으로 뛰어들었다. 수많은 친구, 공무원, 창의성이 뛰어난 전문가, 위원회 위원, 직원, 이웃, 기부자, 자원봉사자 등 많은 사람들의 재능과 호의에 많이 의지했다.

12월 내내 우리는 케이티 로라와 매일같이 만났다. 케이티는 하이라인의 전 홍보 팀장으로, 이 책의 빡빡한 일정을 맞추는 데 도움을 받기 위해 영입했다. 케이티는 우리를 따로 인터뷰했는데, 대개는 창이 없는 비좁은 뒤쪽 창고에서였다. 혼잡한 열린 사무실에서 유일하게 어느 정도 방음이 되는 곳이었다. 인터뷰는 몇 시간씩 이어질 때도 있었고, 가끔은 법적인 국면과 회의, 하이라인 프로젝트의 전환점이 마련된 사건의 순서를 기억하느라 머리를 쥐어짰다. 인터뷰는 이후 글로 옮겨져 수백 장의 원고로 바뀌었다. 우리는 결코 끝내지 못한 2005 역사 구술 프로젝트의 인터뷰를 샅샅이 뒤지기도 했다.

조슈아는 이 인터뷰를 내용 단위로 잘라 우리가 잊었던 것을 추가하고 정확히 기억나지 않는 것은 재구성하는 일을 맡았다. '패러 스트라우스 앤 지루Farrar, Straus and Giroux' 출판사에 근무하는 폴 엘리Paul Elie의 뛰어난 지도로 이른 새벽부터 밤늦게까지 수개월에 걸쳐 하이라인 이야기가 한데 모였고, 조슈아는 하이라인 사무실에서 업무 틈틈이 글을 쓰고 편집했다.

'펜타그램'의 폴라 셔와 마이클 슈네프Michael Schnepf에게 감사를 표한다. 이들의 한결같이 품격 있는 디자인 덕분에 우리 이야기가 글을 곁들인 아름다운 작품으로 바뀌었다. 하이라인 로고와 공원 표지標識를 비롯해 그동안 많은 디자인을 담당해왔던 펜타그램의 폴라 셔와 동료 직원들은 현재 하이라인의 존재를 정의하는 데 주도적인 역할을 해왔다.

우리가 한동안 책의 아이디어를 가지고 이리저리 고심할 때 로버트의 동료이자 로마 상 수상자이며 친한 친구인 엘리자 그리즈월드Eliza Griswold는 '패러 스트라우스 앤 지루'의 사장이자 출판인인 조너선 갤러시Jonathan Galassi를 소개해주었다.

하이라인 공원 조성 자체를 도와준 많은 이들의 지도력과 개인적인 참여, 아량에 감사한다. 너무 많아서 여기에 일일이 이름을 올리지 못했다. 이분들이 없었다면 책도 세상에 나오지 못했을 것이다.

이런 노력의 선봉에 선 것은 시 공무원으로, 중요한 공적 자금을 받도록 헌신적으로 힘써주어 하이라인 공원을 실현하도록 도와주었다. 뉴욕 시장 마이클 R. 블룸버그, 시의회 의장 크리스틴 C. 퀸과 기포드 밀러, 맨해튼 구청장 스콧 스트링어, 미 상원의원 찰스 E. 슈머와 힐러리 로댐 클린턴, 커스틴 길리브랜드Kirsteen Gilibrand, 미 의원인 제럴드 L. 내들러가 없었다면 하이라인 프로젝트는 성사할 수 없었다.

수석부시장 퍼트리샤 E. 해리스, 경제개발 부시장 로버트 K. 스틸Robert K. Steel과 그의 전임자인 로버트 C. 리버Robert C. Lieber와 대니얼 L. 닥터로프, 경제개발공사 사장 세스 W. 핀스키Seth W. Pinsky, 공원레크리에이션관리국 과장 에이드리언 베네프, 도시계획위원회 위원장 어맨다 M. 버든 등 하이라인 공동 사업자인 뉴욕 시 관계자의 선견지명에 감사를 표한다. 수석부시장 사무국, 공원레크리에이션관리국, 경제개발공사, 시계획국, 시법무국, 뉴욕발전시장기금, 공공디자인위원회, 건물및랜드마크보존국, '지체장애인을 위한 시장 사무국', 시장공

보국, 운송국, 뉴욕 시의회, 맨해튼 구청장 사무국, 맨해튼 커뮤니티 위원회 4, 맨해튼 커뮤니티 위원회 2 등 뉴욕 시 정부 관계자들의 한없이 재치 있고 헌신적인 조언에도 감사를 표한다.

뉴욕 주의 결정적인 지원은 상원의원 토머스 K. 두에인Thomas K. Duane과 의회 의원인 리처드 N. 고트프리드Richard N. Gottfried, 데보라 J. 글릭Deborah J. Glick으로부터 시작했다.

공원 신축 공사와 추후 공원의 유지 보수 및 운영 기부금 조달을 위한 하이라인 캠페인을 선견지명으로 지지해준 후원 동반자들에게도 깊은 감사를 표한다. 딜러-폰 퓌르스텐베르크 가족 재단, 필립 A. 팰컨과 리사 마리아 팰컨 부부가 이런 후원의 물결을 이끌었고, 우리는 하이라인에서 가장 사랑받는 일부 특정 시설에 그들의 이름을 붙였다. 도널드 펠스와 웬디 키즈, '티파니 재단', '퍼싱 스퀘어 재단Pershing Square Foundation', 셰리와 더글러스 올리버 부부, 한슨 패밀리, '애비뉴: 더 월드 스쿨', 데이비드와 허민 헬러 부부, 마이클과 수키 노보그라츠 부부, 엘리자베스 벨퍼, '골드만삭스', '구글', '필립 앤 재니스 레빈 재단The Philip and Janice Levin Foundation', 애덤과 브리트니 레빈슨 부부, '크리스티 앤 존 맥 재단Christy and John Mack Foundation', 캐서린과 도널드 매런 부부, 이들 모두는 하이라인의 주요 설비와 시설을 후원해 뉴욕 시에 큰 선물을 안겨주었다. 이 밖에 후원의 손길을 준 존 블론델, '보볼링크 재단Bobolink Foundation'과 웬디 폴슨, 알랜드 D. 윌리엄즈 2세, 필립 E. 애런즈와 셸리 팍스 애런즈, '존 페인블라트 앤 애버 D. 웅거 재단John Feinblatt and The Aber D. Unger Foundation', 로런스 B. 베넨슨, 니콜라스 하버드 빙햄(1984~2004), 제임스 F. 캐펄리노와 '캐펄리노+컴퍼니', 크리스토퍼와 샤론 데이비스, 바버럴리 다이아몬슈타인 슈필보겔, 크리스틴 M. 디키, 올리비아 더글러스와 데이비드 디도메니코, '에스티로더 컴퍼니', 재닛과 하워드 케이건, 마이클과 데보라 매카시, 에드워드 노턴, 엘리자베스와 마이클 오브라이언, 마리오 J. 팔롬보 2세, 폴 패리저와 에린 라이더패리저 부부, 조엘과 조너선 레스닉, 스티븐 루벤스타인, 조앤과 프레드 윌슨, 주디스 재린과 제럴드 로센펠드, 그 외 익명을 요구한 여러 후원자들에게 감사를 표한다.

또한 하이라인 구조물을 뉴욕 시에 아낌없이 양도해준 'CSX 운송'에도 감사 인사를 드린다.

하이라인 위원회 위원들은 프로젝트 시작 이후로 우리를 인도해주고 후원하는 등 없어서는 안 될 역할을 해주었다. 초대 위원회 위원장인 필립 애런즈와 현 위원회 위원장인 존 앨슐러, 위원회 위원인 캐런 애크먼, 브루스 빌, 존 블론델, 제임스 캐펄리노, 크리스틴 디키, 브라이언 유리, 리사 마리아 펠컨, 필립 펠컨, 재니스 파버, 알렉산더 폰 퓌르스텐베르크, 게리 핸덜, 허민 리걸 헬러, 유진 케일린, 웬디 키즈, 캐서린 매런, 기포드 밀러, 도널드 멀란, 에드워드 노턴, 마리오 팔룸보, 스티븐 루벤스타인, 제이슨 스튜어트, 대런 워커, 조앤 윌슨, 피터 윌슨, 브론슨 밴 윅이 없었다면 하이라인은 그 자리에 없었을 것이다. 이메리투스 위원회Emeritus Board 멤버인 비샨 차크라바르티, 크리스토퍼 콜린스, 바버럴리 다이아몬슈타인 슈필보겔, 올리비아 더글러스, 엘리자베스 길모어, 로버트 그린후드, 마이클 오브라이언, 리처드 소카리즈, 앨런 스틸먼은 오늘날의 조직을 만드는 데 핵심 역할을 했다.

직권상 하이라인 위원회 일을 겸무하는 퍼트리샤 E. 해리스, 크리스틴 C. 퀸, 로버트 스틸, 에이드리언 베네프, 어맨다 M. 버든의 결정적인 공헌에도 감사의 마음을 표한다.

하이라인 방문객이 즐기는 아름다운 공원은 하이라인의 기발한 설계 팀 덕분이며 이들에게도 감사드린다. 설계 팀은 '제임스 코너 필드 오퍼레이션'의 제임스 코너와 리사 스윗킨, 황나현, '딜러 스코피디오 플러스 렌프로'의 리즈 딜러와 릭 스코피디오, 찰스 렌프로, 매슈 존슨 그리고 원예가 피에트 우돌프, '롭세르바투아르 앵테르나시오날'의 에르베 데코트, '펜타그램 디자인'의 폴라 셔, '뷰로 해폴드Buro Happold'의 크레이그 슈비터, '로버트 실먼 어소시에이츠Robert Silman Associates'의 조지프 토토렐러다.

설계 팀의 야심찬 비전은 '리로/대니얼 프랑크푸르트LiRO/Daniel Frankfurt', '사이트웍스SiteWorks', '키스카 컨스트럭션KiSKA Construction', '시에이시 인더스트리CAC Industies'가 이끄는 솜씨 좋은 시공 팀을 통해 훌륭하게 재현되었다.

하이라인의 헌신적인 직원들에게도 우리는 항상 경탄을 금치 못한다. 이들은 하이라인과 하이라인 조직을 최상의 수준으로 운영하기 위해 매일매일 일하고 있다. TJ 오스틴, 제프 안스타인, 조던 벤키, 대릴 보이, 디온 브로더스, 맬릭 브라운, 로베르토 카스티요, 주느비에브 샤팽, 제니퍼 첸, 제나로 키에르키오, 메리아 다이너드, 카일라 디퐁, 멜리사 피셔, 로건 포드, 애덤 갠서, AV 굿셀, 메그 그레이엄, 제니퍼 길버트, 존 건더슨, 패트릭 하자리, 베스 헤이디어, 벤 홀브룩, 조 수, 스테판 잭슨, 새나야 코프먼, 얼리샤 킹, 엔버 코레니카, 마이크 람파리엘로, 메건 라킨, 샘 레너드, 루이즈 에들스턴 루이스, 케이트 린드퀴스트, 조니 린빌, 릭 리틀, 니콜 멜란슨, 딜랜스 마이너피, 캐런 마이너피, 다니엘 미리솔라, 미슐레 미리솔라, 엠비언 미첼, 데미언 무어, 태라 모리스, 피터 멀란, 톤 머피, 로버트 뉴가든, 퍼트리샤 오티즈, 칼라 오소리오페레즈, 션 패터슨, 앤디 페티스, 에밀리 핀코비츠, 애나 란, 팀 리스, 토머스 로버트슨, 브라이언 로드리게스, 피터 슈미츠, 멜리나 샤논디피에트로, 미셸 샤키, 다나 셔먼, 주디스 사이먼, 케이트 심슨, 이안 스미스, 존 스펙, 제니 스테일리, 메리앤 스터브스, 에드워드 스타일스, 해나 톨리, 메이브 터너, 미셸 어덤, 미란다 바렐라, 네이샤 바스케즈, 막스 와스작, 헤더 와이즈, 카스파 위트링거, 크리스 라이트 등 하이라인 직원들에게 많은 감사를 표한다.

그동안 수년에 걸쳐 하이라인 조직을 만들기 위해 힘써 도와주었던 예전 직원에게도 감사한다. 줄리아 앨슐러, 벤 밴 버쿰, 해리 비셀, 줄리아 보이어, 수지 브라운, 얼레나 버클리, 잭 찬, 콜린 치점, 가디너 컴포트, 패트릭 컬리너, 캐라 도브, 스콧 두모이스, 헬리머 던컨, 달리아 엘사예드, 오젤 이피니터, 레이첼 필즈, 라냐 피셔, 엘리자 헤버리헐링, 제프 해프너, 디나 헤어, J. C. 조저스트, 조시 커첨, 애덤 컨, 살만 칸, 케이티 로라, 다이앤 닉사, 줄리엣 페이지, 파멜라 라이첸, 린 리처드슨, 저스틴 루드, 로렌 로스, 제임스 러셀, 에드윈 사울스, 매슈 셰익스피어, 앤드루 샤피로, 도슨 스미스, 올리비아 스틴슨, 마이클 스위프트, 체라 테이펀, 메러디스 테일러, 하워드 와이가 그들이다.

아울러 철도광이자 커뮤니티 리더였고 첼시 주민이자 초기의 하이라인 보존 운동 투사였던 고故 피터 오블레츠를 감사한 마음으로 떠올린다.

마지막으로 1999년 이후 하이라인 프로젝트를 진행하면서 개인적으로 우리를 도와준 사람들에게 감사의 인사를 드린다.

조슈아 / 28년 지기 친구인 스티븐 허시에게 감사한다. 하이라인 프로젝트를 진행하는 동안 스티븐은 모든 고된 일은 쉽게, 모든 승리는 더욱 달콤하게 만들어주었다. 부모님의 후원에 감사하고 여동생 리사 데이비드와 처남 어니 버거, 조카 나탈리와 클로디아 버거, 그리고 스티븐과 나의 친한 친구인 데보라 애시하임과 조이스 피어폴린에게 감사한다. 조부모님 찰스 데이비드와 진 데이비드, 테레즈 데이비드, 조지핀 델러티스는 모두 나에게 여러모로 용기를 불어넣어주었다. 하이라인에 그들의 흔적이 조금씩 남아 있다. 하이라인의 아낌없는 기부자가 되어준 친구들과 하이라인의 아낌없는 기부자로서 이제 개인적인 친분을 쌓은 분들에게 특히 감사를 전한다. 특별히 로버트에게 감사의 말을 전하고 싶다. 내가 없었더라도 로버트는 하이라인을 성사시켰겠지만, 로버트가 없었다면 하이라인을 조성하는 일은 불가능했을 것이다.

로버트 / 내 가족 모두의 사랑과 후원에 감사드린다. 어머니와 아버지는 아무리 상식에 벗어나는 일이라도 열정을 품었으면 밀고 나가라고 항상 조언해주셨다. 텍사스에 사는 부모들 중에서 여름 한 철 소련에 살고 싶다는 10대 어린아이의 꿈을 들어주기 위해 발 벗고 나설 분이 얼마나 있을까? 내 남동생과 여동생은 아직도 텍사스에 살고 있고 비록 우리의 생활은 전혀 다르지만, 고맙게도 자기들이 이룬 가족이란 굉장한 울타리 안에 나를 끼워주었다.

이 책에서 언급했듯 나는 조슈아와 가장 오랫동안 '파트너십' 관계를 유지해왔지만, 그 외에도 이제껏 사실상 가족이나 다름없는 남자친구들을 곁에 두어 행운이라고 생각한다. 첫번째 동성 연인이었던 스콧 스키와 함께 1994년 웨스트빌리지로 처음 이사를 왔는데, 지금까지도 스콧은 나와 가까운 사이를 유지하면서 하이라인 행사에 지속적으로 도움을 주고 있다. 이 책에서 언급한 시기의 대부분을 함께 보낸 닉 호세아는 예전이나 지금이나 나만큼 하이라인에 열정적이다.

하이라인 일을 하며 보낸 세월 동안, 운 좋게도 많은 절친한 친구들과 함께 일할 수 있었다. 무엇보다 하이라인에 끊임없는 후원을 보내주고 무엇보다 우정을 함께 나눈 기포드 밀러, 필 애런즈, 마리오 팔룸보에게 감사한다.

마지막으로 조슈아에게 감사를 전한다. 이 책은 우리 둘의 이야기이지만, 내가 할 수 없는 일을 하고 이를 말로 바꿔준 사람은 조슈아였다. 조슈아의 협력과 근면한 태도, 불굴의 끈기가 없었다면 하이라인은 존재하지 못했다.

이미지 저작권

15	사진작가 미상
23	Friends of the High Line 제공
33	Friends of the High Line 제공
48	Joel Sternfeld
59	Chris Payne
67	Friends of the High Line 제공
76	Friends of the High Line 제공
82	Friends of the High Line 제공
95	Casey Jones, Friends of the High Line 제공
106	Friends of the High Line 제공
116	Friends of the High Line 제공
126	Joe Marianek
132	Friends of the High Line 제공
142	Alex S. MacLean / Landslides 항공사진
153	David Kimelman
164	© Patrick McMullan
169	Iwan Baan
178~179	Stephen Wilkes
180	사진작가 미상
181	Kalmbach Publishing Company 제공
182	Hugh Feriss, 1927년 건축포럼 출품작
183	Moses King, 〈왕이 본 뉴욕〉(1908년)
184	Consolidated Rail Corporation 제공
185	모든 이미지, Friends of the High Line 제공
186	사진작가 미상
187	Kalmbach Publishing Company 제공
188	사진작가 미상
189	James Shaughnessy
190	사진작가 미상
191	New York Rail Road Enthusiasts 제공
192	Friends of the High Line 제공
193	Abelardo Morell
194	Friends of the High Line 제공
195	위 Jesse Chehak
195	아래 Friends of the High Line 제공
196	Peter Richards
197	Steven Holl
198	Friends of the High Line 제공
199	Joel Sternfeld
200~201	모든 이미지 Joel Sternfeld
202~203	Joel Sternfeld
204~205	Friends of the High Line 제공
206~207	Jonathan Flaum
208~209	모든 이미지 Friends of the High Line 제공
210~211	Friends of the High Line 제공
212~213	모든 이미지 Friends of the High Line 제공
214~215	모든 이미지 Friends of the High Line 제공
216~217	모든 이미지 Friends of the High Line 제공
218~219	모든 이미지 Friends of the High Line 제공
220~221	모든 이미지 Friends of the High Line 제공
222~223	모든 이미지 Friends of the High Line 제공
224	Terence Koh, Friends of the High Line 제공
225	모든 이미지 Tom Kletecka, Friends of the High Line 제공
226~227	모든 이미지 Tom Kletecka, Friends of the High Line 제공
228	Barry Munger
229	위 Barry Munger
229	아래 © Patrick Mcmullan
230~231	모든 이미지 © Patrick McMullan
232	Joan Garvin
233	위, 아래 모든 이미지 © Patrick McMullan
234~235	Paula Scher
236~237	Spencer Tucker, 시장 집무실
238~239	모든 이미지 Barry Munger 제공
240	Barry Munger
241	위 Tim Schenck
241	아래 Friends of the High Line 제공
242	위 Friends of the High Line 제공
242	아래 Barry Munger
243	Tim Schenck
244	Barry Munger
245	Friends of the High Line 제공
246~247	© Partick McMullan
248~249	Barry Munger
250~251	모든 이미지 Barry Munger
252	Iwan Baan
253	위 James Corner Field Operations and Diller Scofidio + Renfro, 뉴욕 시 제공
253	아래 Iwan Baan
254~255	위 Barry Munger
254~255	아래 Borja Martínez
256	Marcin Wichary
257	Iwan Baan
258~259	위 James Corner Field Operations and Diller Scofidio + Renfro, 뉴욕 시 제공
258	아래 Cristina Macaya
259	아래 Amy Dreher
260~261	Iwan Baan
262~263	모든 이미지 Joan Garvin
264	Iwan Baan
265	Justin Lintz
266	Sean Walsh
267	Patrick Cullina
268~269	Tim Schenck
270	위 Claudia Berger, Friends of the High Line 제공
270	아래 Brian D. Bumby
271	Nikole Bouchard

272~273	Iwan Baan
274~275	모든 이미지 Gary Sloman
276	모든 이미지 Iwan Baan
277	위 Barry Munger
277	아래 Susan Micari
278~279	Iwan Baan
280	Juan Valentin
281	위 Mandee Johnson
281	아래 John Korpics
282~283	위 Christina Macaya
282	아래 James Corner Field Operations and Diller Scofidio + Renfro, 뉴욕 시 제공
283	아래 Iwan Baan
284	Michael Pearce
285	Iwan Baan
286	Yuki Shingai
287	Juan Valentin
288	Christina Macaya
289	Iwan Baan
290	위 Brian D. Bumby
290~291	아래 Iwan Baan
291	위 Christina Macaya
292	John Blough
293	Patrick Cullina
294	Barry Munger
295	Iwan Baan
296~297	모든 이미지 Barry Munger
298~299	모든 이미지 Iwan Baan
300~301	모든 이미지 Iwan Baan
302	Iwan Baan
303	Barry Munger
304~305	모든 이미지 Iwan Baan
306~307	Iwan Baan
308~309	모든 이미지 Iwan Baan
310	Iwan Baan
311	위 James Corner Field Operations and Diller Scofidio + Renfro, 뉴욕 시 제공
311	아래 Barry Munger
312~313	모든 이미지 Patrick Cullina
314	Patrick Cullina
315	위 Barry Munger
315	위 Claudia Berger,Friends of the High Line 제공
316~317	모든 이미지 Patrick Cullina
318	Friends of the High Line 제공
319	모든 이미지 뉴욕 도시계획국 제공
320	Nicolas Koening
321	위 왼쪽 Della Valle Bernheimer
321	위 오른쪽 © David Sundberg/Esto
321	아래 왼쪽 High Line Development, LLC 제공
321	아래 오른쪽 Steve Oles –ADM Studio
322	위 왼쪽 Shigeru Ban Architects
322	위 오른쪽 Ateliers Jean Nouvel
322	아래 왼쪽 Diane von Furstenberg 제공
322	아래 오른쪽 © Albert Vecerka / Esto
323	Hayes Davidson
324	위 왼쪽, 가운데, 오른쪽 Barry Munger
324	아래 Jesse Chehak
325	Alex S. MacLean / Landslides 항공사진
326	위 Alex S. MacLean / Landslides 항공사진
326	아래 Barry Munger
327	Friends of the High Line 제공
328~329	Joel Sternfeld
330	구글 제공
331	Kohn Pederson Fox
332	Steven Holl Architects
333	Brookfield Office Properties
334~335	모든 이미지 The Related Companies 제공
336	Renzo Piano Building Workshop과 Cooper, Robertson & Partners 합동 건축 사무소
337	Renzo Piano Building Workshop과 Beyer Blinder Belle, Friends of the High Line 제공
338~339	Iwan Baan
340~341	모든 이미지 Josiah Lau
342	Karen Blumberg
343	Joan Garvin
344	Joan Garvin
345	위 Karen Blumberg
345	아래 Friends of the High Line 제공
346	Kim Beck
347	위, 아래 Jason Mandella
348~349	위 Jason Mandella
348~349	아래 Luke Stettner
350	David Kimelman
351	위 Friends of the High Line 제공
351	아래 David Kimelman
352~353	위 Patrick Cullina
352~353	아래 David Kimelman
354	Patrick Cullina
355	Friends of the High Line 제공
356~357	Harriet I. Andronikides
358	Patrick Cullina
359	Michael Angelo
360~361	모든 이미지 Friends of the High Line 제공
362~363	Friends of the High Line 제공
364~365	Iwan Baan
374	Friends of the High Line 제공

W 43RD ST
TIMES SQUARE
W 42ND ST
HELL'S KITCHEN
W 41ST ST
BROADWAY
W 40TH ST
W 39TH ST
PIER 79 FERRY TERMINAL
W 38TH ST
W 37TH ST
JACOB K. JAVITS CONVENTION CENTER
W 36TH ST
GARMENT DISTRICT
PIER 76
GREENWAY & BIKE PATH
W 35TH ST
W 34TH ST
W 33RD ST
RAIL YARDS
PENNSYLVANIA STATION
W 31ST ST
W 30TH ST
W 29TH ST
CHELSEA PARK
STARRETT-LEHIGH BUILDING
W 26TH ST
PIER 66
CHELSEA-ELLIOTT HOUSES
W 25TH ST
ELEVENTH AVE
TENTH AVE
NINTH AVE
EIGHTH AVE
SEVENTH AVE
PIER 64
W 23RD ST
CHELSEA WATERSIDE PARK
W 22ND ST
CLEMENT CLARKE MOORE PARK
W 21ST ST
GALLERY DISTRICT
W 20TH ST
CHELSEA
W 19TH ST
IAC
FULTON HOUSES
CHELSEA PIERS
W 18TH ST
HIGH LINE RESTROOM
W 17TH ST
W 16TH ST
CHELSEA MARKET
W 15TH ST
HUDSON RIVER
14TH ST PARK
W 14TH ST
PIER 57
MEATPACKING DISTRICT
HUDSON ST
W 13TH ST
GANSEVOORT ST
EIGHTH AVE
GREENWICH AVE
WEST VILLAGE
PIER 54
HORATIO ST
JANE ST
ABINGDON SQUARE
W 12TH ST
WASHINGTON ST
BETHUNE ST
W 4TH ST
BANK ST
WESTBETH ARTIST HOUSING
HUDSON RIVER PARK
W 11TH ST
GREENWICH VILLA
ORIGINAL HIGH LINE (DEMOLISHED)
PERRY ST
CHARLES ST
BLEECKER ST

하이라인 친구들

'하이라인 친구들'은
뉴욕 시 공원레크리에이션관리국과 계약을 맺고
하이라인 관리를 맡고 있는 비영리 관리위원회입니다.
'하이라인 친구들'은 하이라인 연간 운영 예산의 90퍼센트 이상을
조달하며 공원 관리를 책임지고 있습니다.

하이라인 프로젝트에는 여러분이 참여할 수 있는 방법이 많습니다.
자세한 정보는 www.thehighline.org를 참조하세요.

하이라인 참여 프로그램

'하이라인 친구들'은 간담회, 영화, 공연, 투어, 가족 활동 등 다양한 일반인 참여 프로그램을 무료로 혹은 저렴한 비용으로 마련하고 있습니다.

공공 예술

'하이라인 아트'는 하이라인의 특정 장소에 임시로 설치할 대규모 공공 예술 작품을 의뢰해 신예 및 기존 예술가들의 시각예술이나 공연예술 또는 음향 기반 예술 전시를 위한 토대를 마련하고 있습니다.

회원 가입

매 계절 공원을 성공적으로 관리하기 위해서는 하이라인 회원들의 후원이 무엇보다 중요합니다. '하이라인 친구들'에 지금 가입하면 공원 관리와 운영의 중요한 몫을 담당하는 것이고, 저희는 정원사와 유지 보수 직원을 고용해 하이라인을 최상의 상태로 유지할 수 있습니다. 하이라인 회원이 되면 뉴스레터를 정기적으로 받아보고 근처 매장 할인 등의 여러 특별한 혜택을 받을 수 있습니다. 자세한 정보는 members@thehighline.org에 문의하세요.

자세한 정보를 원한다면

공원 개장 시간, 계단과 엘리베이터 위치, 찾아오는 길, 근처 교통편을 알아보려면 www.thehighline.org를 참조하세요. 페이스북, 트위터, 뉴스레터에서도 '하이라인 친구들'을 만나볼 수 있습니다.

옮긴이 정지호

한국외국어대학교에서 일본어와 영어를 전공하고 성균관대학교 번역대학원에서 문학(번역학) 석사 학위를 받았다. 대학을 졸업하고 영상 및 기술 등 다양한 분야에서 번역 일을 하며 경험을 쌓았다. 현재는 책이 좋아 출판 번역의 길로 들어서서 활동하고 있다. 옮긴 책으로 《부두에서 일하며 사색하며》《시작과 변화를 바라보며》《우리 시대를 살아가며》《한 걸음의 법칙》《영혼의 연금술》《인간의 조건》 등이 있다.

하이라인 스토리

첫판 1쇄 펴낸날 2014년 3월 17일
2쇄 펴낸날 2016년 2월 11일

지은이 조슈아 데이비드, 로버트 해먼드 **옮긴이** 정지호
발행인 김혜경
편집인 김수진
책임편집 김교석
편집기획 이은정 이다희 백도라지 조한나 윤진아
디자인 김은영 정은화 엄세희
경영지원국 안정숙
마케팅 문창운 노현규
회계 임옥희 양여진 김주연

펴낸곳 (주)도서출판 푸른숲
출판등록 2002년 7월 5일 제 406-2003-032호
주소 경기도 파주시 회동길 57-9번지, 우편번호 413-120
전화 031)955-1400(마케팅부), 031)955-1410(편집부)
팩스 031)955-1406(마케팅부), 031)955-1424(편집부)
www.prunsoop.co.kr

ISBN 979-11-5675-503-6(03300)

* 잘못된 책은 구입하신 서점에서 바꾸어 드립니다.
* 본서의 반품 기한은 2021년 2월 28일까지 입니다.

이 도서의 국립중앙도서관 출판시도서목록(CIP)은 e-CIP 홈페이지(http://www.nl.go.kr/ecip)와 국가자료공동목록시스템(http://www.nl.go.kr/kolisnet)에서 이용하실 수 있습니다. (CIP2014007600)